KB140145

학생자치법정의
이론과 실제

한국법교육센터 법교육총서시리즈 3

- 이 프로그램의 가장 중요한 목적은 청소년들이 스스로 판단을 내리면서 책임감을 증진시키고 사법절차를 경험해보도록 하는 것입니다.

- 따라서 청소년들이 판사, 검사, 변호사, 서기, 배심원 등 거의 대부분의 역할을 직접 맡아서 운영하는 것이 가장 큰 특징입니다.

- 그리고 그 대상이 되는 청소년들은 비행이 습관화되지 않은 초범들, 그리고 청소년들 스스로 판단을 해도 큰 문제가 되지 않을 정도의 경비행을 저지른 경우입니다.

학생자치법정의
이론과 실제

박성혁 · 곽한영 지음

한국학술정보㈜

법교육 총서 시리즈는 자녀 안심하고 학교보내기운동 국민재단 오주언
이사장님이 출연해주신 학술기금을 바탕으로 발간되고 있습니다.

법교육 총서 시리즈를 펴내면서……

　법교육은 건전한 법의식 함양을 통해 자신의 권리를 분명히 인식하고 사회에 적극적으로 참여할 수 있는 시민을 길러내는 민주시민교육의 핵심적 영역입니다. 법 관련 전문가를 길러내는 것을 목표로 하는 법학교육과 달리 청소년 및 일반 시민의 법의식 함양을 목표로 한다는 점에서 차이가 있습니다. 전통적인 의미에서의 법교육은 어느 나라에나 있었지만, 민주시민교육으로서 법교육은 1950년대 초반 미국에서 처음 시작되어 크게 확산되었으며 현재 일본, 대만, 영국, 독일, 프랑스 등 각국에서 활발하게 이루어지고 있습니다.

　우리나라에서도 학계에서 법교육에 대한 논의가 산발적으로 이루어져오다가 7차 교육과정에 '법과 사회' 교과가 독립되고 한국법교육학회가 설립되는 한편, 법무부에서 강력한 의지를 가지고 법교육 사업을 펼치면서 법교육이 확산되는 과정에 있습니다. 법교육 관련 학술연구와 프로그램 개발 등을 목표로 2006년 1월 자녀안심하고 학교보내기 운동 국민재단 산하에 설립된 한국법교육센터에서는 이러한 법교육 연구의 내실을 다지고 이론적 기반을 제공하기 위해 국내외 법교육 관련 학술 서적과 연구 성과를 묶어 '법교육 총서 시리즈'로 발간하고 있습니다. 본 시리즈가 법교육에 관심을 가지고 있는 연구자 및 현장 교육자분들께 보탬이 되길 기대하며 아울러 법교육 관련 연구성과나 번역물을 출간하실 계획이 있는 분들은 한국법교육센터로 연락주시기 바랍니다.

서 문

법교육이 가장 활성화된 미국에서는 1950년대 이래 수많은 프로그램들이 각 주 혹은 연방 단위로 시도되어왔다. 그 중 가장 성공적이었던 법교육 프로그램이 바로 '청소년 법정'(Teen Court, Youth Court, Peer Court)이다. 청소년 법정은 2005년 현재 미국 50개 주 전역에서 약 1,035개가 운영되고 있으며 다양한 연구들을 통해 재비행 감소 및 참여 청소년들의 법의식 향상 효과가 확인되고 있다.

법교육의 초기 단계에 서있는 우리나라에서는 현재 주로 '법과 사회'를 비롯한 교과교육의 형태로 법교육이 시행되고 있으나 법교육이 보다 실질적인 효과와 의미를 획득하기 위해서는 다양한 프로그램이 시도될 필요가 있다. 따라서 기존의 여러 프로그램 가운데 매우 성공적인 것으로 평가받고 있는 청소년 법정 프로그램을 국내에 도입하기 위해 본서를 집필하게 되었다.

가장 큰 문제는 미국의 청소년 법정이 정규 사법제도의 일부로 활용되는 우회 교육 프로그램(diversion program)인데 반해 국내에서는 일반인들의 정서 상 청소년들이 다른 청소년들을 사법적으로 판단하는 것이 받아들여지기 어렵다는 점이었다. 따라서 청소년들의 생활공간인 학교 내에서의 자치적 기구로서 청소년 법정을 변형, 적용하는 모델을 구상하게 되었고 그 결과 '학생자치법정'의 기본적 틀과 운영방식을 개발하였다. 이를 학교 현장에서 보다 쉽게 적용하도록 하기 위해 일종의 매뉴얼 형태로 정리해 놓은 것인 본서의 1부에 담긴 내용이다.

다음 단계로 실제로 이러한 학생 자치 법정이 학교 현장에 적용 가능한지, 어떠한 문제점이 발생하고 어떻게 해결될 수 있을지 확인하기 위해 법무부의 지원 하에 국내 5개 고등학교를 시범학교로 지정하여 1년 간에 걸쳐 학생자치법정을 시범 실시하였고 여기서 수집된 자료들을 정리하여 담은 것이 2부의 내용이다.

따라서 학생자치법정을 처음 접하는 사람들도 본서를 통해 청소년 법정 및 학생자치법정의 이론적 이해와 함께 실제 적용 방법을 폭넓게 파악할 수 있을 것이다.

본서에 담긴 2단계의 연구내용들은 모두 법무부의 광범위한 재정적, 행정적 지원을 통해 이루어졌다. 법교육의 발전을 위해 헌신하는 법무부 법교육팀의 노고에 깊은 감사를 드린다. 또한 본서에 담긴 내용의 연구, 편집과 교정 과정에서 함께 고생한 토평고등학교 남성희 선생님과 한국법교육센터의 김자영, 오윤주 연구원에게도 감사의 말을 전한다.

학생자치법정의 실제 현장은 감동의 연속이었다. 학생들은 연구자들의 예상보다 훨씬 적극적이고 긍정적이었으며 자치법정은 단죄의 자리가 아니라 학생자치의 축제의 장이었다. 한 명이라도 더 많은 학생들에게 이런 자치의 경험이 주어질 수 있기를, 그래서 우리 학교 현장이 참으로 학생들을 민주 사회의 주인으로 키워내는 장이 되는데 한걸음 다가설 수 있기를 바라는 마음으로 이 책을 세상으로 내보낸다.

관악의 산자락에서
저자 일동

차 례

2부 학생자치법정 보고서 / 231

1부 학생자치법정 매뉴얼

Ⅰ. 들어가는 말

I

들어가는 말

1　**청소년법정의 개념과 특징**

✳ 청소년법정의 개념 ✳

▷ 1980년대 미국 사회에서는 청소년 비행이 급증하여 커다란 사회적 문제가 되었습니다. 일단 다룰 사건들이 많다보니 소년법원의 업무가 과중해진다는 문제점이 있었고 아직 사회생활을 시작하지도 못한 청소년들이 전과자의 낙인을 받게 되어 범죄자의 길로 들어서게 되는 일도 많았기 때문입니다.

▷ 그래서 처음엔 비행청소년들이 법원에서 준법과 관련된 교육을 일정기간 받고 돌아가게 하거나 반성문을 쓰는 방식으로 처벌 방식을 바꾸어보았습니다. 그러나 오히려 처벌이 완화되었다고 생각한 청소년들이 더욱 습관적으로 비행을 저지르는 문제점이 발생하게 되었습니다.

▷ 따라서 그냥 교육을 실시할 것이 아니라 비행청소년들의 사회적 책임감을 증

진시키는 것이 필요하다고 판단한 사람들에 의해 청소년들이 직접 재판과정에 참여하는 프로그램을 만들어 보는 게 어떨까 하는 아이디어가 생겨나게 되었습니다.

▷ 이런 생각은 사실 1940년대에 이미 시도된 바 있습니다. 오클라호마의 한 청소년 지도자는 자전거 절도 등 사소한 범죄를 저지른 학생들을 매주 토요일날 모아 친구들로부터 판결을 받는 프로그램을 실시했습니다.

▷ 하지만 청소년법정이 본격적으로 시도된 것은 앞서 말씀드린 1980년대 이후입니다. 자세한 내용은 2장 미국의 청소년 법정을 참고하시기 바랍니다.

✹ 청소년법정의 특징 ✹

▷ 이 프로그램의 가장 중요한 목적은 청소년들이 스스로 판단을 내리면서 책임감을 증진시키고 사법절차를 경험해보도록 하는 것입니다.

▷ 따라서 청소년들이 판사, 검사, 변호사, 서기, 배심원 등 거의 대부분의 역할을 직접 맡아서 운영하는 것이 가장 큰 특징입니다.

▷ 그리고 그 대상이 되는 청소년들은 비행이 습관화되지 않은 초범들, 그리고 청소년들 스스로 판단을 해도 큰 문제가 되지 않을 정도의 경비행을 저지른 경우입니다.

▷ 청소년들이 잘못 판단할 가능성도 있으므로 유무죄에 대한 판단은 하지 않고 이미 유죄를 인정한 상태에서 형량만 결정하도록 되어있습니다.

▷ 또한 형량에서도 일정 범위로 재량권을 제한하는 것이 일반적입니다.

▷ 혹시 동료 청소년들로부터 판결받는 것에 동의하지 않을 가능성이 있으므로 재판을 거부할 경우 정규 형사절차를 통해 재판을 받을 수 있도록 하고 있습니다.

▷ 즉, 청소년법정은 이미 존재하고 있는 처벌절차와 함께 선택할 수 있는 대안적 프로그램, 우회프로그램입니다.

▷ 이렇게 될 경우 검사, 변호사는 유무죄가 아니라 피고인이 저지른 잘못의 성격, 반성의 정도, 앞으로의 변화 가능성 등을 중심으로 주장을 펼치게 됩니다.

▷ 또한 피고 청소년이 처벌의 일종으로 다음 재판에서 배심원이나 검사, 변호사 등의 역할을 맡도록 하여 법을 적용시켜보는 입장에도 서보도록 배려하는 것이 매우 큰 특징입니다.

▷ 이 과정에서 비행청소년이 다른 청소년, 성인들과 상호작용을 해보는 경험을 갖게 되는 것도 교육적 효과를 가질 수 있습니다.

2 학생자치법정의 일반적 절차

✳ 미국 청소년 법정(Teens Court)의 일반적 운영형태 ✳

미국 청소년 법정은 일반적으로 다음과 같은 과정을 통해 운영되고 있습니다.

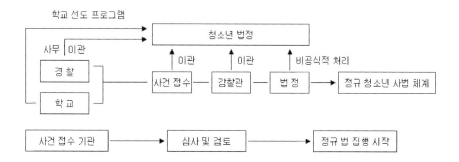

▷ 미국의 경우 학교나 지역사회 내에서 발생하는 경범죄 사건은 소년법원이나 지역사회를 중심으로 운영되는 청소년 법정에서 처리하는 경우가 일반적입니다. 그러나 청소년 법정 제도는 사법제도의 대안적 프로그램으로서, 청소년이 법을 위반했다고 해서 반드시 거쳐야 하거나 무조건적으로 선택할 수 있는 것은 아닙니다.

▷ 대부분의 경우 청소년이 위반한 사건이 ① 경미한 사건이거나 ② 초범인 경우에만 적용 가능토록 한정시키고 있습니다.

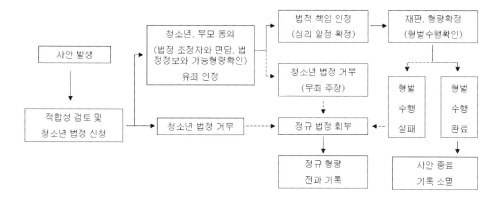

✳ 한국 상황과의 차이점 ✳

미국과 한국의 상황 차이로 인해 미국 청소년 법정을 그대로 도입하기에는 무리가 있습니다. 그렇다면 미국과 한국의 상황은 어떻게 다를까요?

▷ 미국의 청소년 법정은 정규 형사절차의 일부를 구성하고 있다는 점에서 가장 큰 차이가 있습니다. 주(州)나 지역 단위로 자율성이 높은 미국 상황이라면 청소년 법정 제도가 형사절차의 우회프로그램으로서 활용될 여지가 있습니다.

▷ 그러나 한국의 상황은 국민의식의 획기적 전환과 법개정이 이루어지지 않으면 청소년들이 내린 판결을 형사적 구속력을 갖는 것으로 받아들이기 어려울 것입니다. 특히 세세히 명문화되고 복잡한 법적 규정을 통한 판결을 중시하는 대륙법 체계의 특징을 강하게 가진 우리나라의 법규범 상황에서 청소년들에게 적정한 법적 지식과 소양을 갖추도록 하는 것 역시 대단히 어려운 과제입니다.

▷ 미국의 경우 청소년 형사범이 많습니다. 그러나 한국의 상황은 미국의 상황과 달리 주로 경미한 질서범이나 학생의 지위에 따른 의무를 위반한 행위들이 많습니다. 따라서 한국은 미국의 상황과는 달리 위반사건의 개수는 많으면서 그 내용은 훨씬 경미하다는 특징을 가지고 있습니다. 따라서 매 위반사건마다 청소년 법정에 회부하는 미국식의 시스템을 그대로 사용하기에는 무리가 많을 것으로 보입니다.

▷ 그러나 우리나라 상황에 맞추어 정규 형사절차가 아닌 학교현장에 부분적으로 적용하는 것은 가능할 것입니다.

▷ 다음에 소개하는 상벌점제도는 이렇게 미국적 상황과 다른 한국의 학교현장에 청소년 법정을 적용하는 과정에서 형법과 회부절차를 대신할 세부 시스템을 만들기 위해 제안되는 것입니다.

▷ 따라서 별도의 회부절차가 가능하다면 반드시 상벌점제도를 도입하지 않아도 됩니다.

▷ 상벌점제도는 학생들이 판단 가능한 경미한 질서 위반 행위의 누적을 통해 정기적으로 학생자치법정이 열릴 수 있도록 하는 제도적 기반의 역할을 합니다.

3 학생자치법정의 필요성

✹ 처벌의 임의성 문제 해결 ✹

▷ 과거에는 학생들이 교칙을 위반하면 정학이나 퇴학과 같은 처벌 위주의 징계를 해왔습니다. 이러한 징계방식은 객관적인 기준이나 자료가 없어 교사의 주관적 지도에 의한 임의적 처벌이라는 거부감과 부작용이 있었습니다. 또한 학생들도 자신이 왜 처벌받는지에 대해 제대로 알지 못하는 상황에서 일방적으로 처벌을 받아 반성할 계기를 제대로 제공하지 못했습니다.

▷ 이러한 문제점에 대한 대안으로 선도위주의 징계방식이 도입되었습니다. 선도처분, 특별교육, 사회봉사, 학교봉사와 같은 교육과 봉사활동 중심의 징계방식으로 전환된 것입니다. 이러한 변화는 학생에 대한 징계가 최대한 교육적으로 이루어져야 한다는 점을 생각해 볼 때 바람직한 것이라고 볼 수 있습니다. 그러나 학교 현장에서 이를 실효성 있게 적용하는데 어려움이 있습니다.

▷ 현행 학생 징계 처리 절차는 징계가 임의적이어서 학생들이 자신의 행위에

대한 책임감을 인식할 기회가 없고, 따라서 반성할 기회를 갖지 못한다는 점과 적법절차의 권리 보장이 제대로 이루어지지 않는다는 점, 징계 과정에서 해당 학생에 문제아로 낙인찍혀 문제 행동의 악순환이 생긴다는 점 등의 문제가 있습니다.

▷ 또한 여전히 남아있는 학생 체벌로 인한 여러 가지 문제들도 발생하고 있습니다. 선도가 체벌을 대체하는 것이 아니라 선도와 체벌이 이중적으로 적용되어 학생들에게 오히려 더 큰 불만을 야기하는 경우가 많습니다. 학생에 대한 체벌이 적절하지 않다는 것은 모두가 알고 있지만, 학생들을 통제할 마땅한 대안이 없어서 반복적으로 이루어지는 문제가 있습니다.

▷ 본 매뉴얼에서 제시된 상벌점제도와 결합된 형태의 학생자치법정은 이러한 현행 학생 징계 처리 절차의 문제점을 해결하는 하나의 대안이 될 수 있습니다. 학생자치법정이 필요한 이유는 다음과 같습니다.

첫째, 벌점이 일정점수 이상일 경우 법정에 회부되는 시스템은 학생들이 자신의 행동에 대해 예측할 수 있게끔 하고, 미리 행동을 자제할 수 있게끔 합니다.

둘째, 교사의 임의적인 처벌이 아닌 세부화된 규정에 따른 처벌이기 때문에 규칙에 대한 학생들의 신뢰를 높일 수 있습니다.

셋째, 학생들에게 규정에 따른 벌점을 부과하지만, 개개인이 가진 사정에 대해서 법정에서 소명할 기회를 제공하기 때문에 학생들에게 처벌이 합리적이라는 인식을 심어줄 수 있습니다.

넷째, 동료 학생들에 의한 재판과 처벌 결정과정을 거치면서 규칙의 중요성에 대해 다시 한 번 생각해볼 기회를 제공하고, 처벌을 받는 입장에서 처벌을 내리는 입장으로 다시 한 번 경험함으로써 규칙에 대해 객관적으로 살펴볼 기회를 제공합니다.

✳ 학생자치의 경험 제공 ✳

▷ 학생자치법정에서는 학생들이 대부분의 구성원을 차지합니다. 학생판사제의 경우 교사가 학생들을 통제하는 부분은 법정에 열리기 전까지의 준비단계까지이고, 실제로 재판은 학생들에 의해 진행됩니다. 또한 재판에는 교사라도 마음대로 개입할 수 없게끔 되어 있습니다. 따라서 학생들은 스스로 법정을 꾸려나가야 하고, 그 과정에서 겪게 되는 여러 가지 어려움들을 해결해나가야 합니다. 이러한 과정에서 학생들은 동료와 적극적으로 상호작용하게 되고, 책임감과 준법의식을 기를 수 있습니다.

▷ 또한 재판에 과벌점자로 참석한 학생들도 교사의 훈계나 지도가 아닌 자신의 친구들, 혹은 선·후배의 판단에 따른 긍정적 처벌을 받게 됩니다. 이러한 과정에서 학교의 중요한 구성원인 학생들이 자신의 일을 스스로 처리하고 있다는 인식을 심어줄 수 있습니다. 이러한 인식은 학생들이 학교에 대해 좀 더 애착심을 가지고 학교의 구성원으로서 그 책임을 다하게끔 하는데 도움이 됩니다. 또한 연구에 따르면 교칙 위반 학생들은 교사에 의한 일방적 훈계나 지도보다 학생들 간의 상호작용 속에서 더 큰 생활태도 개선의 부담을 느끼게 된다고 합니다.

4 학생자치법정 매뉴얼의 구성

▷ 그러나 학생자치법정을 한국의 학교상황에 적용하는데 가장 큰 문제점은 어떤 사건을 어떤 과정을 통해 재판에 회부할 것인가 하는 점입니다.

▷ 미국의 청소년법정은 형사사법체계의 일부이므로 기존의 법체계를 위반하는

사건들을 각 사법기관을 통해 회부 받으면 되지만 학교 현장의 교칙은 대개 선언적 의미만을 갖는 경우가 많으므로 학생자치법정이 시행 가능하도록 재정비해야 합니다.

▷ 이를 위해 연구팀에서는 상벌점제도를 교칙에 도입하고 이를 운용하기 위한 단위(예를 들어 선도부, 학생부 또는 독립적인 기구)를 만들 것을 제안합니다.

▷ 또한 청소, 반성문 등에 국한되어있는 처벌의 종류를 어떻게 다양화하면서 동시에 긍정적 효과를 갖는 처벌을 개발할 수 있을 것인가도 중요한 과제입니다.

▷ 이상의 내용들이 'Ⅲ. 재판 전단계'에 담겨 있습니다.

▷ 아마 가장 낯설고 많은 고민이 필요한 부분은 실제로 어떻게 재판을 운영할 것인지와 관련된 부분일 것입니다.

▷ 어떻게 학생자치법정의 집행부를 구성하고 운용할 것이며 각자의 역할은 무엇인지, 실제 재판의 절차는 어떻게 되며 처벌결과는 어떻게 확인할 것인지에 대해서도 새로운 시스템이 구축되어야 합니다.

▷ 이 내용들은 'Ⅳ. 재판단계'에 상세하게 설명되어 있습니다.

▷ '별첨자료'에는 운영에 도움이 될만한 서식이나 자료들을 부록으로 따로 실려 있습니다. 여기에 실린 자료들은 학생자치법정을 운영하실 때 필요한 구체적인 자료들로, 실용적으로 활용될 수 있을 것입니다.

▷ 그러나 학교마다 처한 상황이 다르고 학생자치법정을 도입하는 목적도 조금씩 차이가 있을 것입니다. 이 매뉴얼과 연구과정은 어디까지나 각 학교에 가장 걸맞는 시스템을 구축하기 위해 조언을 드리기 위한 것이지 이대로 시행하셔야 한다는 것이 아닙니다.

▷ 따라서 매뉴얼과 보고서의 내용을 참고로 각 학교에서 자신들만의 학생자치법정 시스템을 만드셔야 합니다. 교사와 학생 모두의 노력이 필요할 것으로 예상됩니다.

Ⅱ. 미국의 청소년 법정

★ 이 장에서는 이미 20년 이상 청소년법정을 성공적으로 운영해오고 있는 미국의 사례를 자세하게 소개하여 시사점을 찾도록 하고 있습니다.

★ 물론 미국의 청소년법정과 한국의 학생자치법정은 여러 가지 면에서 많은 차이가 있어서 이를 그대로 한국의 학교 상황에 적용하는 데는 어려움이 있습니다. 하지만, 청소년 법정의 기본적인 틀과 긍정적 효과의 측면에서는 상당부분 유사하기 때문에 청소년 법정을 이해하는데 도움이 될 것입니다.

Ⅱ

미국의 청소년 법정

---

1 **미국의 청소년법정이란?**

문헌에서 발견된 가장 초기의 청소년법정은 텍사스 대평원의 청소년법정 프로그램입니다. 그것은 1976년에 운영되기 시작했다고 전해지고 있습니다. 하지만 이들에 대해서는 제대로 알려져 있지 않습니다. 오히려 1983년에 시작된 미국 오데사의 청소년법정 프로그램이 널리 알려져 있습니다. 그 당시 미국 청소년들에게는 미성년자 음주문제, 약물남용, 무면허 운전, 자동차 절도 등의 문제가 널리 퍼져 있었고 이러한 문제들은 학생들에게 자신의 인생에서 돌이킬 수 없는 사고로 남았습니다. 많은 학생들이 전과기록을 가지게 되었고, 이로 인해 소년법원이 맡아야할 사건의 양도 많아졌습니다. 그래서 소년법원은 정작 중요한 재판에 집중하기가 어려워졌습니다.

이에 대한 해결책으로 미국의 소년법원은 청소년들의 행동을 변화시킬 수 있는 유인책을 제공했습니다. 그 유인책은 좀도둑질, 약물 중독과 같은 경범죄로 체포된

자들을 구속시키지 않고 강의를 듣게 한 후 집으로 돌려보내는 것이었습니다. 하지만 이러한 부드러운 유인책은 오히려 역효과를 가져왔습니다. 오히려 도시의 많은 청소년들은 소년법원의 대책이 가지고 있는 약점인 부드러운 처벌로 인해 습관적으로 더 많은 범죄를 저질렀기 때문입니다. 미국에서 청소년법정을 발전시킨 로스타인은 청소년 범죄의 중요한 부분이 청소년 범죄자들에 대한 유약한 대처에서 비롯된 것이라고 생각했습니다.

그리고 "습관화된 수많은 범법 행위들은 두 번째, 세 번째의 추가적인 범죄를 일으키게 한다. 만일 범죄가 습관화되기 전에, 사법 체계를 통하여 범죄자의 행동에 책임을 지게 하는 체계가 있다면, 범죄의 유형화는 깨질 것이다"라고 로스타인은 생각했습니다. 그래서 그녀는 시애틀, 워싱턴, 덴버를 포함하는 몇몇 도시에서 활용된 우회 계획을 다른 도시들도 채택하도록 장려하였습니다. 지방검찰에서 자금을 지원한 덴버 프로그램은 경범죄로 체포된 초범의 청소년들에게 두 가지 판결 중 하나를 선택하도록 허락했습니다. 하나는 정규소년사법절차에 따라 처리되는 것이고, 다른 하나는 유죄를 인정하고 손해배상을 약속하면 우회프로그램을 받는 것이었습니다. 후자인 덴버시의 우회프로그램은 학생 배심원들이 재판에 참여하여 사건에 대한 판결을 내리도록 허락하였습니다.

로스타인은 오데사시에서 청소년 범죄 해결책을 찾기 위해 3년의 시간을 투자한 후 오데사의 청소년 연맹에 덴버 계획을 제안했습니다. 청소년 연맹은 1983년 11월 오데사시와 협력하여, 새로운 우회 프로그램을 활용한 최초의 청소년법정 프로그램을 실시하였습니다.

오데사의 프로그램은 초기 덴버 계획에서 한층 발전하였으며, 청소년들에게 재판 과정의 대부분을 통제할 수 있는 권한을 주었습니다. 외부자원인사인 판사의 감독 아래 청소년들은 변호사, 집행관, 사무관, 배심원으로 역할하면서, 사실관계를 파악하여 범죄소년에게 알맞는 판결을 내립니다. 당시 청소년법정 프로그램에서 766개의 사건을 처리한 후 그 효과성이 입증되면서 시 의회는 프로그램의 확장을 고려하게 되었습니다.

로스타인의 노력으로 청소년법정은 텍사스에서 급속히 성장하였고 애리조나, 콜로라도, 플로리다 등으로 퍼져나갔습니다. 현재는 미국의 대부분의 주에서 청소년법정 제도를 채택하고 있습니다.

✳ 미국 청소년법정의 개념 ✳

미국의 청소년법정은 teen courts나 youth courts, peer courts 로도 불리고 있으며, 청소년들이 저지른 범죄에 대해 동료소년 들이 재판하는 것을 말합니다. 이것은 경미한 범죄를 저지른 초 범의 청소년들을 다루기 위해 전과의 기록을 남기지 않으면서 정규소년사법절차를 우회할 수 있게 한 대안적 프로그램입니다. 이 프로그램에서는 청소년들에게 의무와 책임을 강조하는 청소년법정을 정규소년법정의 대안으로 제공 하고 있습니다. 청소년들에게 시민의 의무와 관련된 강력한 수업을 실시하여 법 지 식과 재판 과정을 가르쳐 주며, 많은 지역청소년들이 자원봉사자로서 참여할 수 있 으므로 사법제도 내에 교육과 참여의 경험을 동시에 제공하고 있습니다.

✳ 미국 청소년법정 재판정 ✳

✳ 미국 청소년법정의 구조 ✳

1) 미국 청소년법정 형태

알래스카 앵커리지의 청소년법정을 제외하고 미국 대부분의 주에서는 오데사에서 만들어진 기본적인 모델을 따르고 있습니다. 오데사 모델에 기반을 둔 청소년법정 프로그램에서는 청소년법정을 감독하는 판사(성인자원봉사자)를 제외하고는 모든 참가자들이 청소년입니다. 하지만 미국의 정규법정과 달리 청소년법정 배심원은 유죄나 무죄를 결정하지 않습니다. 청소년법정에 회부된 범죄소년은 유죄를 인정하고, 청소년법정 참가를 동의하는 청소년 피고인입니다. 그래서 청소년법정의 배심원들은 유무죄를 판결하는 것이 아니라 형벌부과에 대한 권한만을 가집니다. 하지만 형벌부과에도 제한된 처벌범위가 규정되어 있으며 배심원들의 판결 후에 판사의 동의가 있어야 그 판결이 유효합니다. 그러나 판사가 배심원이 정한 판결을 바꿀수 있는 권한을 가지고 있을지라도, 거의 행사하지 않습니다. 청소년법정에서 판사의 기본적인 역할은 재판을 관리하는 것이기 때문입니다.

2) 청소년법정의 대상

청소년법정 피고인들은 유죄 인정을 한 10세~18세 사이의 청소년들입니다. 유죄인정을 하지 않은 청소년은 정규재판을 받기 위해 청소년법정으로 회부되기 전의 기관으로 다시 돌아갑니다. 일반적으로 청소년법정에 회부되는 범죄는 파괴, 절도, 좀도둑질, 약물이나 알코올 남용, 강간/폭행, 그리고 교통관련 위반들입니다. 이러한 범죄에 대해 청소년법정 프로그램은 정규소년사법절차를 우회할 수 있는 대안이므로, 재판 결과 부여된 긍정적이고 건설적인 처벌을 성공적으로 완수하면 공식적인 법원의 재판 기록은 남지 않게 되어 있습니다.

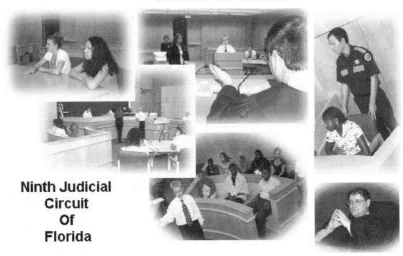

Teen Court

Ninth Judicial
Circuit
Of
Florida

3) 청소년법정의 운영진

일반적으로 청소년법정 프로그램은, 자원 봉사자들과 함께 프로그램을 관리하는 감독관과 청소년법정 프로그램을 총괄적으로 조정하는 코디네이터, 그리고 한 명의 유급 직원으로 운영됩니다. 프로그램에 필요한 운영자금은 공공 기관의 지원금과 기부금으로 충당합니다. 애리조나 길라 카운티의 청소년법정은 길라 카운티 청소년 보호감찰국과 길라 카운티 대법원으로부터 지원을 받습니다. 대법원 판사는 재판 과정을 감독하고, 지방 고등학교 교사들은 서기의 임무를 맡음으로써 프로그램을 돕습니다. 콜로라도의 오로라 시에서 지방 법원이 운영하는 청소년법정 프로그램은 오로라 시와 체리크릭 공립학교의 지원을 받고 있습니다. 유일하게 급여를 받는 직원인 감독관은 프로그램을 관리합니다. 플로리다의 사라소타 카운티 청소년법정은 카운티에서 지급하는 사회봉사 보조금과 개인 기부금으로 운영되고 있으며 보조금으로 한명의 감독관도 고용하고 있습니다.

4) 청소년법정으로의 회부

청소년법정에 회부할 수 있는 경로는 다양합니다. 오데사의 청소년법정은 오데사 지방 법원, 오데사 경찰국, 엑토 카운티 사법국, 엑토 자치 학교구에서 회부가 이루어질 수 있습니다. 길라 카운티의 프로그램은 청소년 보호감찰국으로부터 도움을 받습니다. 경범죄에 대해 유죄를 인정한 청소년은 청소년 보호감찰국 직원이 함께 하는 첫 면담에서부터 프로그램을 시작합니다. 오로라에서, 청소년범죄자들은 학교 행정가나 경찰 관료로부터 청소년법정으로 회부될 수 있도록 도움을 받습니다. 사라소타 카운티에서는 다양한 경로를 통해 청소년법정으로 회부될 수 있지만 대개 유죄를 인정한 청소년들에게 청소년법정을 권장하고 있습니다.

5) 청소년법정의 판결범위

배심원의 의무 중 하나인 형벌부과의 범위는 제한적입니다. 오데사에서, 형벌의 범위는 4시간~30시간 사이의 공공 서비스, 3시간의 '교통질서 및 약물남용 워크샵' 참가, 1시간~4시간의 배심원 봉사 등으로 제한되어 있습니다. 제한된 범위 이상의 형벌은 부과할 수 없습니다. 형벌의 종류는 다양하나 범위는 제한되어 있습니다. 오로라에서, 배심원은 8시간~60시간의 공동체 서비스, 배상, 사과편지, 협조

상담, 또는 수필 작성 등을 명령할 수 있습니다. 또한 청소년법정의 판결은 대부분 1시간~4시간 사이에 청소년법정의 배심원으로 봉사하는 것을 필수적으로 포함하고 있습니다. 하지만 배심원들이 판단할 때 만일 피고자가 신뢰할 수 있는 서약을 위반하거나 또는 배심원으로서 봉사하도록 한 명령이 피고인에게 유익하지 않을 때에는, 특별한 예외로서 그러한 명령을 내리지 않을 수 있습니다.

6) 청소년법정 자원봉사자

변호사, 집행관, 사무관, 그리고 배심원 등의 청소년법정 참가자들은 지역 학교에서 선발됩니다. 참가자들은 사법 절차와 재판을 진행하는데 필요한 각자의 역할을 배우기 위해 특별한 교육을 받습니다. 길라 카운티는 청소년법정 참가자들을 교사의 추천, 학생들의 지원, 그리고 이전에 피고로서 배심원 봉사명령을 받은 이들 중에서 선발합니다. 법원 직원들의 협조로 코디네이터는 그 지역의 고등학교에서 사회과 수업과 연계하여 참가자들을 위한 오리엔테이션을 실시합니다. 오로라에서는 참가자들이 그들의 학교에 의해 청소년법정에 배정을 받거나, 스스로 법정을 선택하기도 합니다. 그들은 오로라의 변호사와 아라파호 변호사 연합, 시 변호사 사무소, 그리고 공공 변호사 사무소로부터 교육을 받습니다. 이들 기관의 담당자들은 자발적으로 청소년법정의 상담자로 참가합니다. 사라소타 카운티에서, 감독관은 지역 고등학교에서 웅변, 토론, 역사 수업에 특별한 재능을 보이는 학생을 모집합니다. 그 지역의 젊은 변호사 모임은 이들에 대한 교육을 도와줍니다.

7) 청소년법정의 다양성

미국에서의 청소년법정들은 오데사 프로그램의 형태를 기본 모델로 하지만 지역의 필요와 요구, 특색에 따라 다르게 운영되어지고 있습니다. 하지만 이들 청소년법정에서 공통되는 점은 지역사회의 필요와 요구에 맞출 수 있는 프로그램의 유연성이 있다는 것과 법정운영자들의 대부분을 지원자에게서 선발하는 자발성이 있다는 것입니다.

2 미국 청소년법정의 운영형태

✳ 미국 청소년법정의 회부절차 ✳

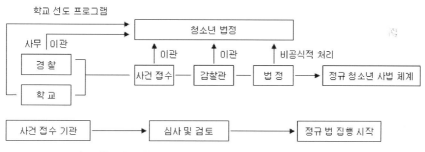

〈그림〉 미국 청소년 범죄사건의 청소년 법정 이관 과정

위의 <그림>에서 볼 수 있듯이 미국의 경우 학교나 지역사회 내에서 발생하는 폭력사건이나 기물 파손과 같은 경미한 범죄 사건은 소년법원이나 지역사회가 중심이 되어 운영하는 청소년법정에서 처리하는 경우가 일반적입니다. 하지만 청소년 법정제도는 사법제도의 대안적 프로그램으로서 청소년이 법을 위반했다고 해서 반드시 거쳐야 하거나 무조건적으로 선택할 수 있는 것은 아닙니다. 대부분의 경우 청소년이 위반한 사건이 경미해야 하며 초범일 때에만 적용이 가능하도록 그 대상을 한정하고 있습니다. 또한 다음 쪽의 <그림>에서 볼 수 있듯이 학생과 학부모가 청소년법정에서 이루어지는 심리에 동의를 하는 경우에 절차가 진행될 수 있습니다. 정규법정에 대한 대안으로서 청소년법정 프로그램을 운영하는 것은 가벼운 사안이나 초범에 대한 선도적 의미로서 스스로 해결할 수 있는 기회를 제공하는 것입니다. 그리고 청소년법정에서 심리를 통해 형량을 받았다 하더라도 형량을 제대로 수행하지 못했을 경우에는 정규 법정에 회부되어 다시 심리를 받고 형량을 치러내야 합니다.

✳ 미국 청소년법정의 운영절차 ✳

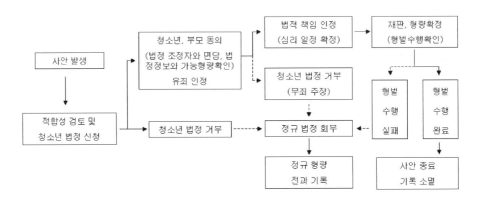

〈그림〉 미국 청소년법정 운영 절차

청소년법정은 성인법정을 모델로 하여 구성하였습니다. 청소년법정의 진행절차와 성인법정 진행절차는 크게 다르지 않습니다. 하지만 청소년법정 프로그램에서는 성인법정절차와는 달리 정해진 교육과정을 이수해야 하고, 제한 범위 내에서 처벌이 이루어지며, 재판결과를 거부하고 정규법정으로 다시 돌아갈 수도 있습니다. 이러한 차이점들은 청소년법정 프로그램이 사법제도에서 정규소년사법절차를 우회할 수 있는 선택적 대안으로서 자리 잡고 있기 때문입니다.

✳ 미국 청소년법정의 재판과정 ✳

1) 오리엔테이션

　사건이 청소년법정으로 회부되면 코디네이터들은 청소년 피고와 그들의 부모가 함께 참석하는 오리엔테이션을 가집니다. 이 과정에서 가족들은 청소년법정 과정과 재판 날짜에 대해 설명을 듣습니다. 재판 시행 며칠 전에, 배심원과 청소년법정 피고인들에게는 출두해야할 시간과 장소가 공지됩니다. 재판 전날에는, 청소년법정 코디네이터가 검사와 변호사 역할을 맡은 학생들을 미리 만나서 다음날 재판에 관해 공동으로 논의를 합니다. 각자의 역할과 임무, 그리고 맡을 사건의 성격 등에 대해 코디네이터가 미리 알려줍니다.

2) 재　판

　재판 진행 날, 청소년법정 코디네이터는 소장 복사본을 변호사와 검사에서 제공합니다. 판사는 적절한 재판 예절을 설명하고, 과정의 엄숙함을 강조합니다. 청소년법정의 재판과정은 성인들의 재판과정과 거의 유사합니다. 배심원들은 비밀서약을 맹세하고, 법정서기는 배심원석에 그들을 앉힙니다. 사무관은 공판번호를 공표하고 피고인을 호명합니다. 판사는 피고인에게 앞으로 나올 것을 요구하고, 그들을 증인석에 앉히고 배심원들에게 기소내용을 알립니다. 검사가 피고인에게 질문을 한 후 변호사가 질문합니다. 유죄를 이미 인정하였기 때문에 변호사의 역할은 피고인 개인의 특정한 상황을 중심으로 변호를 합니다. 변호사는 너그러운 판결을 내리도록 하기 위해 범죄에 대한 피고인의 자책 뿐 아니라 학교 교육의 수행, 미래의 계획, 교외 활동 등을 언급하며 변호합니다. 이에 반해 검사는 사실을 강조하고 피고인이 명백하게 법을 위반했음을 지적하며, 배심원들에게 뉘우칠 수 있도록 하기 위해 엄격한 처벌을 내려줄 것을 요구합니다. 그리고 검사가 최종 변론을 한 후, 변호사가 최종 변론을 합니다.

3) 판 결

배심원들은 각 사례를 듣고 회의실로 물러납니다. 여기서 그들은 대표를 선출하고 사건에 대해 만장일치의 결정에 이를 때까지 논의합니다. 법정으로 돌아와, 법정서기는 배심원들에게 판결을 위한 기록지를 나누어 주고 판결을 내리도록 합니다. 배심원들에 의해 결정된 판결이 판사에 의해 받아들여지면, 판사는 피고인을 앞으로 호명하고 그에게 배심원들을 마주보도록 지시합니다. 배심원들의 판결결과를 넘겨받은 배심원 대표는 피고인에게 판결문을 읽어주고 판결을 최종적으로 승인하기 위해 청소년법정 코디네이터를 만나라고 이야기합니다. 만일 배심원의 판결이 법원의 담당 판사에 의해 수락되어지지 않으면, 배심원 회의는 다시 이루어집니다.

4) 판결 수용여부 결정

청소년법정 코디네이터들은 피고청소년이 판결을 수락할 것인지 물어봅니다. 만일 피고인이 판결을 수락하면 기소는 면소되고, 피고인은 판결로 내려진 처벌을 실행하여야 합니다. 그리고 대부분의 판결결과에는 피고인들이 청소년법정에서 운영자로 봉사하도록 하는 처벌이 포함되어 있습니다. 만일 피고인들이 판결결과를 받아들이지 않는다면, 청소년법정 코디네이터들은 그들을 만나 승낙할 때까지 협상할 것입니다. 그래도 결국 판결결과를 수락하지 않는다면 청소년법정은 그 역할을 끝마치게 됩니다. 그리고 사건은 다시 청소년법정에 위탁했던 본래의 기관으로 되돌아가고, 정규사법절차에 따라 사건은 처리됩니다.

5) 교육적 대안으로서의 청소년법정

청소년법정은 정규사법절차에 대해 우회하는 프로그램으로 선택할 수 있습니다. 그리고 청소년법정절차에서 언제든지 정규사법절차로 다시 돌아갈 수 있으며 청소년법정의 판결도 선택적으로 받아들일 수 있습니다. 하지만 정규사법절차와는 달리 전과기록을 남기지 않습니다. 이것은 청소년들에게 처벌을 강조하기 보다는 교육적 대안으로서의 역할을 하는 소년사법제도의 취지를 반영하고 있습니다.

✳ 미국 청소년법정의 형태 ✳

미국의 청소년법정은 지역마다 다양한 형태를 가지고 있습니다. 이것은 미국의 오랜 지방자치전통과 지역사회에서 발생하는 청소년범죄의 유형의 특수성을 반영한 것입니다. 또한 청소년법정이 지역법원의 요구와 필요를 반영하여 유연하게 구성되도록 발전해 왔기 때문이기도 합니다.

① 성인 판사제	② 청소년 판사제
성인 판사제에서 청소년 자원봉사자는 변호사, 배심원, 검사, 서기, 법정관리관의 역할을 담당합니다. 하지만 판사의 역할은 변호사나 검사, 판사 출신의 성인자원봉사자가 수행합니다. 판사는 재판과정에 참여하는 유일한 성인이며 그의 역할은 법정 절차에 규칙을 정하고 법적 용어를 명확히 하는 것입니다. American Probation and Parole Association (이하 APPA)의 청소년법정 설문지 조사결과에 따르면 이러한 형태가 청소년법정 모델에서 가장 많이 사용된 것으로 드러났습니다.	청소년 자원봉사자들은 성인 자원봉사자의 감독 하에 판사를 포함한 모든 역할을 수행합니다. 이것은 청소년들이 판사의 역할을 한다는 점에서 성인 판사제와 차이가 납니다. 하지만 대다수의 청소년법정에서 청소년 판사의 자격으로 이전의 청소년법정에서 변호사나 검사를 했던 경험이 있어야 하고, 일정한 나이 이상이 되어야 한다는 것을 요구하고 있습니다.
③ 청소년 집단 판사제	④ 동료배심원제
배심원이 없이 세 명의 청소년 판사로 구성된 패널로 법정을 구성하여 운영합니다. 다른 재판모델과 주요한 차이가 나는 것은 동료배심원이 없다는 것입니다. 하지만 재판과정은 다른 판사제 모델과 동일합니다. 검사나 변호사는 판사에게 사건을 설명하고, 판사는 이를 바탕으로 피의자에게 적절한 형량을 결정합니다.	판사의 역할은 성인이나 청소년 자원봉사자 모두 담당할 수 있습니다. 하지만 판사제 모델들과의 주요한 차이는 변호사나 검사가 없다는 것입니다. 대신에 그들은 직접적으로 피의자에게 심문하는 동료배심원 패널을 사용합니다. 그리고 판사의 역할은 대부분 성인 자원봉사자가 맡습니다. 대부분의 프로그램들은 피의자의 나이가 어린 경우나 사건수가 많아서 시간과 비용의 절약이 필요한 특정 유형의 사건에 대해서만 이 모델을 선택해서 사용합니다. 하지만 몇몇 프로그램은 모든 사건에 대해 동료배심원제를 사용하기도 합니다.

1) 판사제와 배심원제

동료배심원제는 청소년법정에 회부되는 사건수가 엄청나게 많아서 모든 사건에 대해 청소년법정을 적용하기 힘들 때 사용할 수 있는 유용한 모델입니다. 동료배심원제는 사건의 진행이 간단하고 빠르기 때문에 시간과 비용 면에서 다른 모델보다 더욱 효율적입니다. 텍사스에 많은 청소년법정들이 회부되는 사건수가 엄청나게 많아지면서 이 사건 모두를 프로그램에 적용하는데 어려움을 겪었던 적이 있었습니다. 그 당시 모든 사건들에 대해 판사제 청소년법정 프로그램을 적용하기가 불가능해 보였습니다. 그렇다고 청소년법정 프로그램에 회부된 사건을 정규법정으로 되돌려 보낼 수는 없었습니다. 청소년법정 프로그램들은 이에 대한 대안을 마련했어야 했습니다. 그래서 프로그램들은 교통법규위반과 같은 경미한 범죄에 대해서 판사제 모델이 아닌 배심원제 모델을 적용하도록 했다. 1994년에 텍사스 청소년법정 연합위원회에서 이 주제에 대한 워크샾에서 발표된 자료에 따르면, 6~12명의 배심원으로 구성된 배심원제는 하룻밤에 거의 12개 사건을 처리했습니다. 이에 반해 판사제 모델에 따라 재판한 경우는 4개의 사건만을 처리하였습니다. 이에 프로그램들은 청소년법정에 회부되는 사건 중에서 상대적으로 경미한 사건의 경우는 빠른 진행을 위해 배심원제를 사용하도록 한 반면 좀 더 중대한 사건의 경우에는 판사제를 사용하도록 하였습니다.

✳ 미국 청소년법정 프로그램의 운영기관 ✳

1) 청소년법정 프로그램의 구분기준

미국의 청소년법정 프로그램들은 다양합니다. 이러한 다양성은 청소년법정 프로그램이 다음 질문에서 제시하는 기준에 따라 서로 다르게 구성되어져 있기 때문입니다.

- 프로그램은 누구를 대상으로 하는가?
- 자원봉사자는 어떻게 선발되며, 어떤 역할을 하고, 어떠한 교육을 받는가?
- 프로그램을 실시하여 얻을 수 있는 이점은 무엇인가?
- 배심원이 내릴 수 있는 판결의 유형은 무엇인가?

2) 청소년법정 프로그램의 운영과 관리 기관

그리고 청소년법정 프로그램의 운영과 관리는 주마다 상당히 다릅니다. 그래서 각 지방마다 프로그램을 적용하는데 어려움이 있습니다. 2004년의 APPA에 의한 청소년법정 설문조사에 따르면 청소년법정을 관리하고 운영하는 기관들은 <표1>에서 보는 것과 같습니다. 프로그램을 지역사회에서 누가 운영할 것인가의 문제는 청소년법정에 관심이 있는 개인이나 기관의 지위와 위상뿐만 아니라 운영주체가 재정적 자원과 인적 자원을 가지고 청소년법정을 운영하는데 이들을 이용할 수 있는가에 의해서도 결정이 됩니다. 다음 <표1>은 청소년법정 프로그램을 어디에서 운영하는지를 자세히 보여줍니다.

〈표〉 청소년법정을 운영하거나 관리하는 기관

기관의 유형	%
사법기관	44
사설비영리기관	30
지방정부	14
학 교	10
기타(시청, 법원집행부)	2

3) 청소년법정 프로그램의 다양성

지역마다 청소년법정이 다양한 형태를 가지는 것은 서로 다른 기관에 의해 운영되기 때문이기도 하지만 서로 다른 기능과 설계를 가지고 있기 때문이기도 합니다. 대부분의 청소년 법정은 피의자에게 프로그램 참가에 앞서 유죄를 인정하기를 요구하므로 단지 처벌을 내리는 것만 하면 됩니다. 그러나 알래스카 앵커리지 청소년 법정의 경우는, 유죄냐 무죄냐의 사항도 청소년법정에서 결정하도록 설계되어졌습니다. 하지만 이렇게 특정한 청소년법정 프로그램의 기능과 설계를 제외하고는 대부분의 프로그램들은 유죄인정을 요구하고 있으므로 단지 처벌을 내리기만 하면 됩니다. 그리고 판결로 내려진 처벌을 청소년들이 성공적으로 프로그램을 완수하면 기소한 사실을 없애줍니다.

청소년법정 프로그램은 우회교육프로그램으로서의 주요한 원칙과 철학을 구현할 수 있도록 하기 위해 지역사회의 특성에 따라 다양한 형태의 프로그램을 두고 있습니다. 즉 지역사회의 서로 다른 사법적 요구에 맞추어 청소년법정 프로그램을 실행하고 개발합니다.

3 미국 청소년법정의 현황

✴ 미국 청소년법정 프로그램의 발전과 확장 ✴

1983년에 시작된 오데사 프로그램이 최초의 청소년법정 프로그램은 아니지만 확실히 가장 널리 알려진 것이며, 많은 주에서 대표적인 모델로 보고 있습니다. 오데사 청소년법정의 창시자인 나탈리 로스타인은 청소년들이 법위반 행위를 습관화시키기 전에 자신의 행동에 대해 책임감을 가지도록 해야 한다고 강력히 주장하였습니다. 그녀는 오데사에서의 비행문제는 청소년 범죄자들에 대한 청소년사법체계의 빈약한 대응 때문에 더욱 악화되었다고 인식하였습니다. 그래서 그러한 빈약한 대응방식에 대한 대안적 프로그램으로서 오데사 청소년법정을 개발했습니다. 로스타인은 1993년 사망할 때까지 청소년법정 프로그램을 적극적으로 알리기 시작했습니다. 그녀의 프로그램에 대한 강력한 지지와 굳건한 신념은, 지역사회에 청소년법정 프로그램을 도입하고, 이를 지속적인 국가차원의 운동으로 불러일으키는데 큰 도움이 되었습니다.

로스타인에 의해 발전한 청소년법정 프로그램은 그들이 영향을 줄 수 있는 청소년 대상자들에게 프로그램과 관련된 많은 도움을 주었고 이로 인해 그 수가 빠르게 증가하였습니다. 그리고 최근에는 초범뿐만 아니라 재범 중에서도 비폭력 범죄를 저지른 청소년들로 하여금 청소년법정 프로그램을 선택할 수 있도록 하여 청소년법정 프로그램의 적용범위를 넓히고 있습니다. 그 결과, 청소년법정 프로그램은 미국 전역에서 1994년에는 78개에 불과하였으나 2005년 3월에는 1035개로 빠르게 성장했습니다.

APPA에 의해 운영되고 있는 미국 청소년정책포럼은 2004년 11월에서 2005년 1월까지 청소년법정 프로그램에 대한 국가보고서를 작성했습니다. 전국의 365개의 청소년법정 코디네이터들이 이 연구에 참여해 정책자와 대중에게 청소년법정 프로그램의 특징과 장단점에 대해 개괄적 설명을 해주는 내용의 연구보고서를 완성했습니다. 청소년정책포럼의 연구결과를 보면 매년 11만명에서 12만 5천명에 이르는 소년범죄자들이 청소년법정 프로그램을 거치는 것으로 나타났습니다. 그리고 체포된 소년범들 중 평균 9%정도가 정규소년사법제도에서 청소년법정 프로그램으로 우회되어 처리되고 있습니다. 매년 10만명 이상의 새로운 청소년들이 자원봉사자로서 청소년법정 프로그램에 참여하여 대화능력 향상, 참여를 통한 효능감 증진, 타인에 대한 관용성 발달 등의 긍정적 효과를 얻고 있습니다. 또한 시작한지 겨우 2년밖에 안된 프로그램에서도 소년범죄자들의 80%이상이 그들의 처벌을 성공적으로 완수할 정도로 프로그램의 실행효과가 즉각적으로 나타나고 있습니다. 운영 중인 프로그램 중 약 30%정도에서, 5명의 1명꼴로 소년범죄자들이 청소년법정 프로그램의 자원봉사자로서 활동하기 위해 프로그램에 다시 참여하였습니다. 청소년법정 프로그램의 평균비용은 430달러로 추정되며, 성공적으로 처벌을 이수하였을 때에는 480달러 정도로 예측됩니다. 이것은 일반소년사법절차와 비교할 때 상당히 저렴한 비용입니다. 이러한 낮은 운영비용은 프로그램에 대한 성인과 청소년 자원봉사자들의 참여가 있기에 가능한 것입니다.

✳ 미국 청소년법정 프로그램의 현황 ✳

1) 청소년법정 운영기간

　미국에서 청소년법정은 정규소년사법제도에 대한 성공적인 우회교육프로그램입니다. 현재 청소년법정은 미국의 도시와 시골, 크고 작은 지역사회 등 거의 모든 곳에 자리잡고 있습니다. 하지만 이렇게 청소년법정이 확산된 것은 그리 오래 되지 않았습니다. 최근의 청소년법정의 확장 정도는 다음 <그림>의 프로그램 운영기간을 보면 알 수 있습니다.

　운영기간을 보면 프로그램의 약 40%정도가 5년 이하의 기간이고 대략 50%가 6년에서 10년 사이의 기간이었습니다. 즉 85%에 달하는 대부분의 프로그램들이 10년 이하의 역사를 가지고 있습니다. 물론 16년 이상의 오랜 전통을 가진 청소년법정도 존재하지만 대부분이 10년 내외의 기간사이에 생겨난 것입니다. 이를 볼 때 최근 10년 사이에 청소년법정이 엄청 빠르게 확장되어 나간 것을 알 수 있습니다.

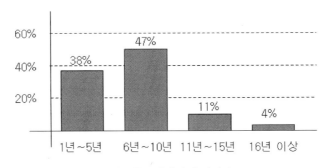

〈그림〉 청소년법정 운영기간

2) 청소년법정 프로그램을 이수하는 청소년 범법자 수

　2003년 10월부터 2004년 10월까지 조사한 327개의 프로그램에 37,277명의 청소년들이 참여하였습니다. 청소년법정 한 개당 평균적으로 114명의 청소년들이 참가한 것입니다. 조사에 참여한 프로그램의 대략 50% 정도는 일 년에 50개 미만의 사건을 처리하는 반면, 5%의 특정한 프로그램들이 일 년에 500개 이상의 사건을 처리하고 있습니다. 이것은 지역마다 청소년법정에 회부되는 사건의 수가 다르기 때문입니다. 플로리다와 텍사스는 가장 큰 프로그램들을 가지고 있으며 아칸사스와 미시건이 그 다음으로 큰 프로그램을 가지고 있었습니다.

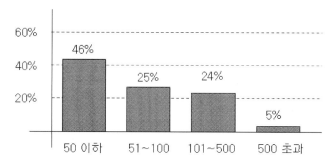

〈그림〉 청소년법정 프로그램을 이수하는 청소년 범법자(단위 명)

3) 청소년법정 프로그램의 청소년 자원봉사자 수

청소년법정의 청소년 자원봉사자들은 13세에서 18세의 소년들입니다. 보고서에 따르면 프로그램을 실시하기 위해서는 평균적으로 99명의 자원봉사자가 필요한 것으로 나타났습니다. <그림>을 보면 프로그램의 3%가 501명 이상의 자원봉사자를 필요로 한 반면 프로그램의 약 80%가 100명 이하를 필요로 합니다. 프로그램의 청소년 자원봉사자의 수는 프로그램의 형태나 운영하는 기관에는 상관없으며, 프로그램의 크기와 체포된 청소년의 수에 따라 다릅니다. 프로그램의 수업기간이 늘거나 관할 구역 내 사법기관에서 많은 수의 청소년이 검거되면 프로그램의 자원봉사자의 수도 자연히 늘어나게 됩니다.

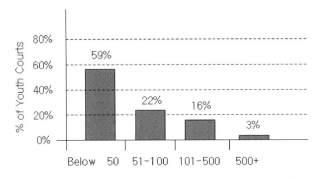

〈그림〉 매년 청소년법정 프로그램의 청소년 자원봉사자의 수(단위 명)

4) 청소년법정 운영 형태에 따른 프로그램

　청소년법정은 성인 판사제, 청소년 판사제, 청소년 집단 판사제, 동료배심원제의 4가지 형태가 있습니다. 아래의 〈그림〉에서 볼 수 있듯이 성인 판사제가 가장 많은 수를 차지하고 있습니다. 물론 단독 형태의 운영 형태를 일률적으로 적용할 수도 있지만 범죄유형에 따라 다른 모델을 적용할 수도 있습니다. 예를 들어 기본적으로 성인판사제를 사용하지만 무단결석의 경우와 같이 경미한 사건의 경우 특별히 청소년 집단 판사제를 적용하도록 하는 것입니다. 이러한 형태를 혼합제라고 하는데 이러한 형태는 전체 법정 운영형태 중 9%를 차지하고 있습니다. 혼합제 중 가장 많은 형태는 성인판사제와 동료배심원제를 합한 것입니다. 이 경우에 일반적으로 성인 판사제를 적용하지만 경미하고 빈번한 사건인 경우 비용과 시간이 절약되는 동료배심원제를 적용할 수 있도록 한 것입니다.

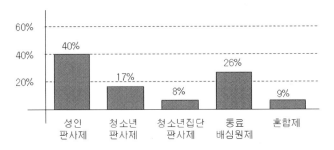

〈그림〉 청소년법정 운영 형태에 따른 프로그램

5) 청소년법정 운영기관

　청소년법정은 경찰이나 검찰, 법원, 사설비영리기관, 학교 등의 다양한 기관에 의해서 운영되고 있습니다. 이들 기관들이 단독으로 운영하는 경우도 있지만 지역사회나 사법기관과 연계하여 공동으로 운영하는 경우도 있었습니다. 예를 들어 학교를 기반으로 성립된 청소년법정은 교육자치구와 법집행기관과 함께 협력관계를 구축하여 법정을 운영하고 있었습니다. 위의 그림에서 보듯이 사법기관은 청소년법정의 운영주체로서 44%를 차지하고 있는데 여기서 사법기관에 의한 운영은 지방법원, 지방검찰, 보호관찰부서, 법집행기관에 의해 운영되는 것을 말합니다. 아래의 그림에서 운영기관인 지방정부는 법집행기관을 제외하고 시나 읍, 카운티에 의해 운영되는 것을 의미합니다. 그리고 기타는 한 기관 이상이 협력해서 운영하는 것을 말합니다.

　사법기관에서 운영되는 청소년 법정 중 37%는 법집행기관에 의해 운영되는 것이고, 30%는 보호관찰부서, 15%는 지방법원이나 소년법원, 나머지 18%는 지역구의 법원이나 법정사무관에 의해 운영됩니다. 그리고 지난 5년간 추이를 보면 비사법기관에 의해 운영되는 청소년법정이 확대되고 있습니다. 특히 학교에 기반한 프로그램과 한 기관 이상이 협력해서 운영하는 프로그램이 늘고 있습니다.

〈그림〉 청소년법정 운영기관

4 청소년법정의 효과

　청소년법정은 청소년에 대한 두 가지 기능을 가지고 있습니다. 청소년 범죄자들을 책임감있게 만들 수 있으며, 사법체계에 대한 교육을 실시할 수 있다는 것입니다. 또한 지역사회의 청소년들에게 삶에 필요한 여러 가지 능력을 발전시키고, 실행할 수 있는 기회를 제공하고 있습니다. 이러한 청소년법정은 다음과 같은 네 가지 긍정적인 효과를 가지고 있습니다.

◎ 비행청소년의 책임감 향상	◎ 동료효과
청소년법정은 청소년들이 자신의 문제 행동에 대해 책임감을 가질 수 있도록 해줍니다.	청소년법정은 동료에 의해 이루어지는 재판을 받도록 함으로써 청소년의 범죄예방에 더욱 효과적입니다.
◎ 청소년의 사회성 발달	◎ 청소년의 권한강화와 참여기회 제공
청소년법정을 통해 사법체계가 작동하는 방식과 타인과 의사소통하는 방식, 동료들과 더욱 효과적으로 문제를 해결하는 방식을 배움으로써 청소년들의 사회성을 키울 수 있습니다.	청소년법정은 청소년들이 자신의 능력을 발휘하고 향상시킬 수 있는 참여기회를 제공해 줍니다.

✳ 비행청소년의 책임감 향상 ✳

청소년법정은 피고인들로 하여금 다시 배심원의 역할을 수행하도록 하는 명령을 내립니다. 청소년들이 배심원이 되어 동료 청소년들의 운명을 결정하는 과정에서 높은 수준의 능력을 필요로 하는 일에 도전하게 되며, 그에 대한 책임감을 가집니다. 청소년법정의 운영자인 청소년들에게는 사법 과정에 따라 프로그램을 수행해야 하는 책임이 있습니다. 교육과정에서 청소년들은 삶의 모범이 되는 성인 자원봉사자와 삶에 대해 적극적인 태도를 가진 청소년들과 긍정적인 상호작용을 합니다. 이것은 비행청소년에게 의미있는 효과를 가져다 줍니다. 성인자원봉자의 모범적인 모습을 보며 자신의 미래에 대한 비전을 세울 수 있고, 동료청소년들의 적극적 자세는 비행청소년의 태도 또한 긍정적으로 바꾸어 줄 수 있습니다. 오데사 법원의 의장인 스펜서 판사는 "오데사 청소년법정은 자존감의 증진, 자아발전을 위한 동기, 그리고 권위에 대한 건전한 태도 발달을 가져오며 이것은 범죄 행위가 습관화되는 것을 막아줄 수 있을 것이라 기대된다."라고 말했습니다. 또한 로스타인은 다음과 같이 이야기했습니다. "우리는 처벌과 징계를 내리기보다는 우회교육을 실시하고, 책임감을 가지며, 자신이 입힌 손해에 대해 원상복구 하는데 청소년을 참여시키는 것이 더욱 의미있고 중요한 것이라고 믿습니다. 우리는 아이들이 프로그램을 끝냈을 때, 실패자가 아닌 승리자로 느끼기를 원합니다."

청소년법정 프로그램은 청소년들에게 아무런 제재없이 지나갔던 사소한 문제행동에 대해서도 책임감을 가지도록 해줍니다. 예를 들어 많은 정규사법제도에서는 청소년들이 미성년자 음주나 음주불법소지 등과 같은 사소한 불법행위로 기소되었을 때 이들을 처벌할 유용한 수단을 가지고 있지 못합니다. 이러한 사소한 불법행위는 대부분의 경우 아무런 제재조치 없이 훈방조치되고, 불법정도가 심한 경우에는 보호관찰을 받거나 소년원에 수용하도록 명령할 수 있습니다. 하지만 이러한 처벌은 학생들에게 아주 미약하게 느껴지고, 범죄를 예방하는 효과도 가져오지 못하는 경우가 많습니다. 그렇다고 해서 미성년자가 음주법을 위반했을 때 처벌을 강화하도록 법을 바꾸는 것도 쉽지가 않습니다. 하지만 청소년법정은 그렇지 않습니다. 청소년법정은 다음 두 가지의 효과를 가져옵니다. 첫째, 손해배상과 지역사회봉사를 통해 자신의 불법행위로 발생한 손해에 대해 수정, 보완을 하도록 하는 기회를 제공함으로써 청소년들에게 책임감을 가지게 합니다. 둘째, 그리고 청소년에게 자신의 행위가 범죄자 자신과 희생자 그리고 지역사회에 가져오는 영향에 대해 가르쳐 줌으로써 책임감을 가지게 합니다. 이러한 효과를 통해 청소년법정은 청소년들로 하여금 사소한 비행이라도 그것에 대해 제재조치가 있으며, 자신이 저지른 비행에 대해 청소년 스스로가 책임을 져야 한다는 사실을 깨닫게 할 수 있습니다.

* 동료효과 *

동료집단과의 상호작용은 책임감을 길러줄 수 있는 강력한 방법인데, 이를 동료효과라고 합니다. 청소년법정 프로그램은 청소년들의 삶에 이러한 동료효과를 이용하려고 노력합니다. 청소년법정 피고인들은 법정에 출두해야만 하고, 그들의 행동을 설명하고, 그들에게 부여된 판결을 완수해야만 하며, 다음 법정에서 배심원의 의무를 져야만 합니다. 정규소년법정과는 달리, 청소년법정의 피고인들은 어른들로부터 "훈계"를 듣지 않으며, 대신 그들의 동료들이 참여하는 사법절차를 경험합니다. 배심원과 변호사는 동료로서 같은 학교에 다니고 있으며 이웃에 살고 있습니다. 하지만 그들은 청소년법정에서 권위를 가집니다. 같은 동료에 의해 재판받고, 처벌을 받는 경험은 범죄에 대한 경각심을 가지게 하여 범죄를 상습적으로 저지르는 것을 막아줍니다. 피고인들이 자신도 다른 동료들과 같이 범죄를 저지르지 않아야 한다는 압력을 느끼기 때문입니다.

청소년기의 사회적 발달은 대부분의 청소년들에게 강력한 동료관계를 형성시킵니다. 이러한 동료관계는 동료들의 특성과 공유하는 가치의 종류에 따라 비행행동을 초래할 수도 있고, 문제행동을 수정하고 해결하는데 도움을 줄 수도 있습니다. 기존의 여러 연구에서는 비행동료와 비행행동의 발달 사이에는 상호연관성이 존재함을 말하고 있습니다. 그러나 동료관계가 이러한 문제를 가져올 수 있다고 해서 동료관계가 일상적이며 필요한 것이고, 청소년기의 건강한 행동의 일면이라는 점을 간과할 수는 없습니다. 그리고 동료관계는 오히려 문제행동을 수정하고 해결하는데 유용하게 사용될 수 있습니다.

청소년법정 프로그램은 이러한 효과를 사용하고자 하는 것입니다. 프로그램 내에 있는 높은 수준의 청소년 상호작용 때문에 동료효과는 많은 다양한 방법으로 나타날 수 있습니다. 예를 들어 소년범죄자들은 성인에 의해 훈계와 징계를 받는 것보다는 동료배심원에 의해 부과된 처벌과 징계를 받음으로서 더욱 책임감을 가지게 됩니다. 법을 위반하는 행동을 그들의 동료가 용서하지 못한다는 것은 청소년들에게 매우 강력한 메시지로 전해질 수 있을 것입니다. 또한 피의자나 봉사자로서 청소년법정에 참가하는 것은 서로 다른 사회적, 경제적, 민족적 배경을 가진 청소년들과 상호작용해야 하는 것을 의미합니다. 다양한 배경을 가진 청소년들을 섞어놓는 것은 청소년법정 프로그램에 의해 주어진 배심원의무나 자원봉사자 훈련과정, 교육워크샵 등과 같은 특정한 상황에서 충돌을 낳을 수도 있습니다. 그러나 그러한 상황에서도 상호작용을 통해서 청소년들은 다른 동료들과 갈등을 해결하고, 서로 다른 관점의 의견에 대처할 수 있는 능력을 키울 수 있습니다.

✴ 청소년의 사회성 발달 ✴

청소년법정 프로그램을 이수하는 과정에서 청소년들은 활동적이고 적극적인 참여를 통해 법정체계에 대해 이해할 수 있습니다. 청소년법정 프로그램에 학비를 내고 수업을 듣는 것은 청소년법정에 참여하는 것과 같은 의미있는 교육적 가치를 제공하지는 못합니다. 청소년들은 피고와 배심원으로 재판 과정에 참여하여 시스템의 양 측면을 보고, 법이 작용하는 절차에 대하여 배웁니다. 스펜서 판사는 "청소년법정은 청소년들에게 개인, 가족, 그리고 시민으로서의 책임감을 교육시키는 가장 최상의 방법으로 자리 잡았다."고 말했습니다(Rothstein, 1985, p.22).

청소년법정이 제공하는 중요한 교육적 가치는 자원봉사자나 피의자로 참가하는 청소년들의 능력을 발달시키는데 도움을 준다는 것에 있습니다. 청소년법정은 청소년들에게 문제에 대한 대처능력을 키우고 그러한 능력을 사용하고 실행 할 수 있는 의미있는 토론장을 제공해 줍니다. 말로니 암스트롱(1988)은 청소년의 능력과 기술의 발달은 청소년들의 미래의 행동을 더 올바르게 만드는 가장 강력한 것이라고 했습니다. 문제행동을 쉽게 일으킬 수 있는 상황에서 청소년들은 청소년법정을 통해 발달시킨 능력과 기술로 자기 자신을 되찾고, 문제행동을 억제할 수 있다고 합니다(Norem-Hebeisen and Hedin, 1981).

피고인과 자원봉사자들이 능력과 기술을 키울 수 있는 기회는 청소년법정 내에 다양하게 존재합니다. 자원봉사자 교육기간과 교육워크샾, 지역사회 자원봉사, 법정 참여 등의 활동에 참여함으로써 듣기, 문제해결력, 의사소통기술, 갈등해결력 등의 능력과 기술을 배울 수 있습니다.

청소년법정은 청소년들에게 업무를 처리하는 방법과 그들의 동료와 효과적으로 협동하는 방법에 대해 가르쳐 줍니다. 이러한 과정을 통해 청소년들은 청소년 사회와 성인사회에 기여를 할 수 있고, 책임감 있는 구성원이 될 수 있으며, 적절한 의사결정을 할 수 있게 됩니다.

✳ 청소년의 권한강화와 참여 ✳

청소년법정은 지역사회에서 청소년들이 지역사회의 청소년범죄 문제를 해결하는 데, 주도적인 역할을 하고 적극적인 참여를 할 수 있도록 기회를 제공해 줍니다. 청소년들에게 지역사회의 삶의 질에 대해 관심을 가지고, 이것이 미래에 자신의 이해관계와 결부되어 있다는 인식을 가지도록 하는 것이 중요합니다. 청소년들은 무책임하다는 부정적인 관념이 널리 퍼져 있음에도 불구하고 청소년발달에 대해 카네기 위원회(1992)는 청소년들이 그들의 지역사회에 기여하기를 원하고 있으며, 실제로 이를 할 수 있다고 주장합니다. 또한 위원회는 청소년들에게 그렇게 할 수 있도록 권한을 주고 그들을 참여시킬 때 청소년과 지역사회 모두에게 이익을 가져올 것이지만 그것은 즉시 효과가 나타나지 않는 잠재적인 것이므로 권한을 주고 참여시킨 뒤에 시간을 가지고 기다려야 할 것이라고 말합니다.

청소년법정 프로그램에서 자원봉사를 지원한 청소년들은 막중한 책임감을 요구하는 역할을 떠맡습니다. 이러한 청소년들은 배심원으로서 그들의 동료에 대해 적절한 판결을 내리도록 요구받기도 하고 프로그램 운영자로서 각 단계에서 프로그램을 관리 운영하는 데에도 참여합니다. 청소년들에게 그들이 프로그램의 운영에 필요한 중요사항을 결정할 수 있고, 동료를 공정하게 판결할 수 있다고 신뢰와 믿음을 보내주는 것은, 이 프로그램에 참여하는 청소년들에게 그들의 자존감과 자신감을 키우는데 도움을 줄 것입니다. 그것은 우리사회를 이끌어 갈 수 있는 청소년의 능력을 지역사회에 보여주는 대표적 사례가 될 것입니다.

사법기관이 지역사회의 청소년범죄와 관련된 문제들에 대한 대응책으로 청소년법정 프로그램을 실시하면 위에서 논의했듯이 많은 이점이 있습니다. 그렇다고 해서 청소년법정을 무조건적으로 도입하려 해서는 안됩니다. 청소년법정 프로그램을 실시하기 전에 전국에 청소년 법정프로그램이 작동하는 방식이 매우 다양하다는 것을 알아야 합니다. 비록 그들은 기본적인 원칙들을 동일하게 공유하고 있지만, 그들이 실제로 실시하는 구체적인 프로그램의 형태는 지역사회의 요구와 필요에 따라 다르기 때문입니다.

청소년법정 프로그램은 지역사회의 청소년범죄를 해결하기 위해, 청소년들에게 권한을 부여하여 범죄해결을 위한 프로그램에 직접 참여해 볼 기회를 줍니다. 이것은 청소년들에게 새로운 기술을 배울 수 있고, 다양한 경제적, 사회적, 인종적 배경을 가진 동료들과 의사소통할 수 있는 기회를 제공합니다. 프로그램은 지역사회의 삶의 질과 건강에 기여함으로서 청소년들이 자신감과 주인의식을 가지게 하도록 도와줍니다. 그것은 청소년들이 흔히 잊고 있는 것인, 자신들도 지역사회의 이해관계자라는 것을 알 수 있게 해 줍니다. 만일 학생들이 성인사회가 기반하고 있는 사회적 계약에 자신들이 관련되어 있다고 생각하지 못한다면, 청소년들은 성인사회의 규칙인 법을 따를 이유가 없는 것입니다. 청소년법정을 통해 성인사회의 계약인 법과 자신이 동떨어진 것이 아니라 이해관계를 가지고 있다는 것을 청소년들은 이해하게 됩니다. 그리고 청소년법정에 참여하여 배웠던 능력과 기술은 학생들로 하여금 좀 더 친사회적 태도를 가지게 하고, 비행행위에 대한 그들의 관점을 새롭게 재고해 보도록 합니다.

✳ 청소년법정의 장점 ✳

청소년법정의 이점을 그 대상별로 구체적으로 서술해 보면 다음과 같습니다. 소년사법제도의 측면에서는 재범률의 증가를 막아서 계류사건을 감소시키고, 이는 결국 소년법원의 과중한 사건처리 부담을 줄여 줍니다. 청소년범죄자에게는 자신의 행동이 가져올 결과를 확인할 수 있게 하고, 핵심적인 범죄자와의 접촉을 막을 수 있으며, 청소년의 미래에 악영향을 미칠 수 있는 재판 기록을 남기지 않을 수 있습니다. 자원봉사자는 책임감 있는 시민의식과 법체계에 대해 배울 수 있는 기회를 가지고, 실제 재판경험을 통해 연설력 및 중재력, 친사회적 지도력 등의 다양한 능력을 키울 수 있습니다. 비행청소년의 가족은 자녀들과 긍정적인 대화를 할 수 있고, 사법체계에 대해 자녀와 함께 배울 수 있는 기회를 가집니다. 지역사회는 청소년 범죄로 인한 낭비를 막고, 지역사회의 청소년들에게 자신감과 자긍심을 가질 수 있게 해줍니다.

5 한국적 상황에서의 적용

✳ 학생자치법정 도입의 걸림돌 ✳

미국의 청소년 법정은 비행초기단계에 있는 청소년을 공식적인 소년사법절차로 처리하지 않고 일반 청소년과 지역 공동체가 자발적으로 운영하는 자치 법정에서 재판을 받게 하고 있는 제도입니다. 그러므로 사법절차와 연계해서 이루어지는 청소년 법정 프로그램을 미국과 동일하게 우리나라에 적용하기에는 실질적으로 어려울 것입니다. 먼저 청소년 사법제도를 학생자치법정과 연계될 수 있도록 법령을 바꾸어야 하는 어려움이 있고, 도입 초기부터 학교 내에서 운영되어 질 수 있는 법적 전문성을 가진 인력과 제반 여건이 준비되어 있지 못하기 때문입니다.

✳ 학생자치법정 도입 시 예상되는 효과 ✳

미국에서 청소년 법정을 시행한 결과 비행청소년이 교사 등 성인에 의한 징계보다 청소년 법정에 의한 징계에 비행 행동에 대한 책임감을 더욱 깊이 느낀다고 합니다. 학교 내 징계결정 프로그램으로서의 학생자치법정도 재비행 방지에 큰 효과가 있을 것으로 예상됩니다. 또한 판사, 검사 등의 역할로 재판과정에 자원봉사로 참여한 학생들은 자연스럽게 사법절차 및 법적 권리와 의무를 이해할 수 있을 것이며 준법정신 또한 향상될 것입니다. 학생 스스로 문제를 해결하는 학생자치권을 확대시켜 학교 내 갈등으로 인한 여러 문제들을 학생들의 참여를 통해 해결할 수 있으며, 체험학습의 유용한 방법으로도 사용할 수 있을 것입니다.

✳ 학교 내 징계처리절차로서의 학생자치법정 ✳

현재 우리나라에서 학생자치법정 제도를 도입하기 위해서는 미국과는 다르게 청소년사법절차와는 관계없이 학교 내의 징계 처리 과정에서 활용할 수 있어야 합니다. 학생자치법정 제도를 징계 처리 과정에 활용하는 방안은 두 가지입니다. '징계결정'하는 데 활용하는 것과 '징계프로그램'의 내용으로 활용하는 것입니다. 징계결정을 하는 역할로서 활용하는 방안은 아래의 <그림7>을 참조하시면 됩니다. 사안이 경미하고 초범에 해당할 경우, 일반적인 징계절차에 따라서 징계를 결정하는 것이 아니라 학생자치법정에서 부여할 수 있는 징계수위 내에서 학생자치법정이 학생징계를 내리는 것입니다. '징계프로그램'의 내용으로 활용하는 것은 학생자치법정에서 징계를 내리는 경우, 교칙위반자에게 봉사를 하거나 다른 교칙 위반자에 대한 변호나 판결을 수행하는 역할을 부여함으로써 다른 사람을 통해 자신을 돌아볼 기회를 부여하는 것입니다.

　교육부는 1997년 학생징계방식을 기존의 퇴학, 무기정학, 유기정학, 근신 등 처벌중심의 학생 징계 제도에서 선도처분, 특별교육, 사회봉사, 학교봉사 등의 교육과 봉사 활동 중심으로 전환하였습니다. 이러한 것을 볼 때에도 학교 내 학생선도 프로그램의 일환으로 청소년 법정 제도를 도입하는 것은 적절한 조치가 될 수 있을 것입니다.

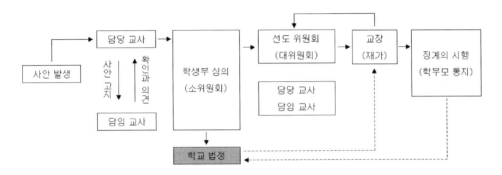

〈그림〉 학생징계 처리절차에서 학생자치법정의 위치

Ⅲ. 학생자치법정의 준비단계

★ 앞 장에서 살펴본 미국의 학생자치법정은 형사사법체계의 일부이므로 기존의 법체계를 위반하는 사건들을 각 사법기관을 통해 회부 받으면 되지만 한국의 경우 학생자치법정이 학교 현장에서 활용되어야 하므로 어떤 사건을 어떤 과정을 통해 재판에 회부할 것인가의 문제가 생깁니다. 이를 위해서 본 매뉴얼에서는 학교 현장의 교칙을 학생자치법정이 시행 가능하도록 정비할 것을 제시하고자 합니다.

★ 학생자치법정이 학교 내에서 일상적인 프로그램으로 안정적 위치를 찾고, 학생들에게 공정한 제도로 신뢰받기 위해서는 재판에 회부되기까지의 절차가 분명하게 명시될 필요가 있습니다.

★ 이 장에서는 기존의 학교 규칙과 학생 징계 방식이 갖는 문제점에 대해 간략하게 살펴보고 학교 현장의 교칙을 학생자치법정과 연계할 수 있는 상벌점제도를 소개하였고, 상벌점제도와 함께 활용할 수 있는 긍정적 처벌들도 함께 제시하였습니다.

III

학생자치법정의 준비단계

---

1 학교규칙 관련 규정

✳ 학교규칙 관련 규정의 개관 ✳

▷ 학생자치법정이 각 학교 상황에 적용되기 위해서는 일단 기존의 학교 선도 시스템과 연계될 필요가 있습니다. 현행 학교선도시스템은 초중등교육법 제 18조의 규정에 따라 학교 별로 학교 규칙을 제정하여 시행되고 있습니다.

▷ 각 학교의 선도 규정은 초중등교육법시행령의 학교규칙기재사항에 근거하여 학생생활의 세부사항을 규율하고 있습니다. 이러한 학교의 선도 규정을 일반 적으로 '학교규칙' 줄여서 '교칙'이라고 부릅니다.

▷ 학생들은 일상생활의 상당 부분을 학교에서 보내고 있으며, 학교 생활의 대 부분은 교칙이라는 규범에 의해 통제 받고 있습니다. 학생들에게 학교의 교

칙은 자신들의 일상생활을 둘러싸고 있는 환경이며, 나름의 법규범입니다.

▷ 학생 징계 및 생활 지도는 관련 법령의 범위 내에서 각급 학교의 교칙이 정하는 바에 따라 학교장 주도 하에 이루어집니다. 따라서 각급 학교의 징계 정책, 징계 처리 과정, 교사의 교칙 위반 학생에 대한 처우 등은 학교 환경에 따라 다를 수밖에 없습니다.

▷ 학교 규칙과 관련된 법적 규정들은 학생의 어떤 행위들을 징계 대상으로 할 것인지까지 세분화하여 명시하고 있지는 않고, 체벌 및 징계 등 학생지도 방법의 기준을 일반화하여 제시하는데 역점을 두고 있습니다.

✳ 초중등교육법 제18조(학생의 징계) ✳

① 학교의 장은 교육상 필요한 때에는 법령 및 학칙이 정하는 바에 의하여 학생을 징계하거나 기타의 방법으로 지도할 수 있다. 다만, 의무교육과정에 있는 학생을 퇴학시킬 수 없다.

② 학교의 장은 학생을 징계하고자 하는 경우 해당 학생 또는 학부모에게 의견 진술의 기회를 부여하는 등 적정한 절차를 거쳐야 한다.

▷ 초중등교육법 제18조 제1항에 따르면 학교의 장이 학생을 징계하거나 지도할 때에는 '법령 및 학칙이 정하는 바'에 따라야 합니다. 학교에 청소년 법정을 도입할 경우 학교 규칙의 변경이 요구되며, 이때에는 관계 법령을 준수해야 합니다.

✳ 초중등교육법 시행령 제9조(학교규칙의 기재사항) ✳

① 법 제8조의 규정에 의한 학교의 학교규칙(이하 "학칙"이라 한다)에는 다음 각호의 사항을 기재하여야 한다. <개정 2005.1.29>

1. 수업연한·학년·학기 및 휴업일
2. 학급편제 및 학생정원
3. 교과·수업일수 및 고사와 과정수료의 인정
4. 입학·재입학·편입학·전학·휴학·퇴학·수료 및 졸업
5. 조기진급 및 조기졸업
6. 수업료·입학금 기타의 비용징수
7. 학생포상 및 학생징계
8. 학생자치활동의 조직 및 운영
9. 학칙개정절차
10. 기타 법령에서 정하는 사항

② 삭제 <2005.1.29>

③ 병설학교 또는 기숙사 등을 두는 학교나 학과 또는 시간제·통신제과정을 두는 고등학교의 학칙에는 제1항 또는 제2항 각호의 사항외에 각각 그 설치에 관한 사항을 기재하여야 한다.

▷ 초중등교육법시행령 제9조 ①항에 의하면 학교규칙에는 '학생포상 및 학생징계'가 포함되어야 합니다. 특히 학생징계를 반드시 학교규칙에 포함시키도록 되어 있기 때문에 청소년 법정이 도입된 이후 학생 선도 및 학생 징계 방법 역시 학교규칙에 명시하여야 할 것입니다.

✳ 초중등교육법시행령 제31조 ✳

① 법 제18조제1항 본문의 규정에 의하여 학교의 장은 교육상 필요하다고 인정할 때에는 학생에 대하여 다음 각호의 1의 징계를 할 수 있다.
1. 학교내의 봉사　　2. 사회봉사　　　3. 특별교육이수　　　4. 퇴학처분

② 학교의 장은 제1항의 규정에 의한 징계를 할 때에는 학생의 인격이 존중되는 교육적인 방법으로 하여야 하며, 그 사유의 경중에 따라 징계의 종류를 단계별로 적용하여 학생에게 개전의 기회를 주어야 한다.

③ 교육감은 제1항제3호의 규정에 의한 특별교육이수의 징계를 받은 학생을 교육하는데 필요한 교육방법을 마련·운영하고, 이에 따른 교원 및 시설·설비의 확보 등 필요한 조치를 하여야 한다.

④ 제1항제4호의 규정에 의한 퇴학처분은 의무교육과정에 있는 학생외의 자로서 다음 각호의 1에 해당하는 자에 한하여 행하여야 한다.
1. 품행이 불량하여 개전의 가망이 없다고 인정된 자
2. 정당한 이유없이 결석이 잦은 자
3. 기타 학칙에 위반한 자

⑤ 학교의 장은 퇴학처분을 하기 전에 일정기간동안 가정학습을 하게 할 수 있다.

⑥ 학교의 장은 퇴학처분을 한 때에는 당해 학생 및 보호자와 진로상담을 하여야 하며, 지역사회와 협력하여 다른 학교 또는 직업교육훈련기관 등을 알선하는데 노력하여야 한다.

⑦ 학교의 장은 법 제18조제1항 본문의 규정에 의한 지도를 하는 때에는 교육상 불가피한 경우를 제외하고는 학생에게 신체적 고통을 가하지 아니하는 훈육·훈계등의 방법으로 행하여야 한다.

▷ 초중등교육법시행령 제31조 ①항에 의하면 학생징계는 학교 내 봉사, 사회봉
사, 특별교육이수, 퇴학처분 중 한 가지만 하도록 되어 있습니다.

▷ 학생징계는 동 시행령 ②항에 명시되어 있듯이 '교육적인 방법'으로 '학생의
인격을 존중'하도록 되어 있습니다. 학생징계는 교육적 개선 차원에서 이루
어져야 합니다.

2   학생 징계 방식

✳ 과거의 학생 징계 방식 ✳

▷ 과거에는 정학이나 퇴학과 같은 처벌 위주의 징계를 가하는 방식을 취했습니
다. 처벌 위주의 징계 방식은 일제 강점기의 잔재로서, 교사가 때론 감정적이
기도 하였고, 객관적 기준 및 자료가 부재함으로 인해 주관적 지도에 의한
임의적 처벌이라는 오해를 받기도 하였습니다.

▷ 학생 지도에 있어서도 그 효과가 개별 학생에게 나타났지 전 학생들이 이를
자발적으로 인식하고 변화하도록 하는 데에는 거부감과 부작용이 따르기 마
련이었습니다.

▷ 학생 스스로가 자신이 위반한 교칙 및 이유에 대해 알지 못하는 상태에서 징
계를 받습니다. 처벌이나 징계는 결국 학생 스스로 반성 및 행동 변화의 계
기를 마련토록 도와주는 목적에서 진행되어야 하고 보다 민주적이고 객관적
인 철차에 의해서 진행되어야 하는데 과거의 학생 징계 및 처벌 방식은 학생

에게 의견 진술 기회, 책임을 느낄 기회를 제공하지 않아 교육적 효과가 낮았습니다.

✷ 현행 학생 징계 방식 ✷

현재의 학생 징계 방식은 처벌 위주의 징계 방식의 낮은 교육적 효과에 대한 반성에 따라 선도 위주의 징계 방식으로 선회하고 있습니다.

```
┌──────────────────────┐              ┌──────────────────────────┐
│       [과  거]        │              │       [현    재]          │
│   처벌 위주의 징계 방식 │  ▪▪▪▪▪▪▪▶   │   선도 위주의 징계 방식    │
│   - 정학, 퇴학, 근신 등 │              │     - 봉사활동             │
│                      │              │   - 기타 선도 교육 프로그램  │
└──────────────────────┘              └──────────────────────────┘
```

▷ 1997년 교육부는 학교의 학생 징계 방식을 기존의 퇴학, 무기 정학, 유기 정학, 근신 등 처벌 중심의 학생 징계 제도에서 선도 처분, 특별 교육, 사회 봉사, 학교 봉사 등 교육과 봉사 활동 중심으로 전환하였습니다.

▷ 선도 위주의 징계 방식은 징계 대상이 학생이라는 특수성, 징계 방식 역시 교육적 목적으로 활용되어야 한다는 당위성 등을 고려할 때에 그 의도에 있어서 보다 긍정적이라 할 수 있습니다.

▷ 그러나, 학교 현장의 현실에서 과연 실효성 있게 적용될 수 있는가라는 현실적 한계가 있습니다. 따라서 상벌점제도 활성화, 학생자치법정 도입, 보다 교육적인 징계 방식 마련 등의 노력과 함께 처벌 위주의 선도 방식을 소거해 나가는 노력이 절실히 요구되고 있습니다.

▷ 특히 학생회 및 선도부 등과 교사가 함께 학생 지도에 나서게 되면 자율적이

고 자발적인 생활 지도가 이루어질 수 있게 되며, 민주적 생활 태도 함양과 실천을 구현하는데 긍정적인 역할을 할 수 있을 것입니다.

✳ 현행 학교 현장의 일반적 징계 처리 절차 ✳

현행 일반적인 학생 징계 처리 절차는 다음과 같습니다.

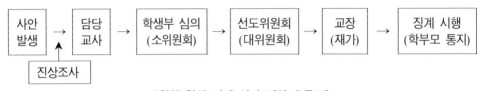

[현행 학생 징계 처리 절차 흐름도]

1️⃣ 학생의 교칙 위반 사실이 밝혀지면, 학생부 교사는 해당 학생을 불러 그 사안에 대한 조사합니다.

2️⃣ 진상조사 후 담당교사에게 이를 고지하고 담임교사와 의견을 조절합니다.

3️⃣ 사안의 경중에 따라 소위원회(학생부)와 대위원회(선도위원회) 중 어디로 회부할 지 결정합니다.

4️⃣ 사안이 경미하다고 판단될 경우 소위원회 내부에서 교내 봉사 수준의 징계를 내리지만, 사안이 심각하다고 판단되는 경우에는 선도위원회에 회부됩니다.

5️⃣ 선도 위원회는 주로 교감, 각부 부장, 생활 지도 담당 교사 등이 참여하여 사안에 대해 논의하게 됩니다. 이 논의 과정에서 담임 교사와 학부모가 자신의 견해를 밝히는 과정이 포함되지만, 이는 단순히 의견 표현일 뿐 징계 결정에는 큰 영향을 주지 못합니다.

6️⃣ 선도 위원회에서 심의된 결과는 교장의 결재를 받아 시행되며, 징계시행은 담임 교사와 해당 학부모에게 통지하여야 합니다.

✳ 현행 학생 징계 처리 절차의 문제점 ✳

현행 학생 징계 처리 절차는 다음과 같은 문제점이 있습니다.

1) **징계가 임의적일 수 있습니다.** 학생 자신이 받게 되는 징계에 관한 규정 내용과 징계를 받아야 하는 이유, 징계 프로그램의 의미를 모른 채 징계를 받게 되는 경우가 많습니다. 일관성 없는 징계로 인해, 학생은 자신의 행동이 어떠한 규정을 위반하였는지 알 수 있는 기회를 상실하게 됩니다. 학생에 대한 징계를 조사·처리하는 과정에서, 학생의 행위에 대한 구체적인 맥락이나 전후 사정을 이해하려 하지 않고 사안의 사실 관계만을 중심으로 이해하려 들거나, 학생이 자신의 행위에 대한 책임감을 인식할 수 있는 기회가 없이 일방적으로 징계가 진행된다면 해당 학생에게는 징계의 내용이 자신을 선도하는 교육적 조치라기보다는 처벌로 인식될 가능성이 큽니다. 또한 오히려 징계를 내린 교사가 일시적인 기분에 의해 징계를 내린 것으로 생각하여 교사나 학교, 교칙에 대한 반감을 가질 수도 있습니다.

2) **적법 절차의 권리 보장이 부족합니다.** 학생 징계 처리 절차의 핵심은 징계 심리 과정에서 학생의 자기변호 기회를 충분히 보장해야 하는 것인데 현행 학생 징계 절차는 이를 충분히 보장하고 있지 못합니다. 학생들의 의견 진술이 수용되기가 쉽지 않고, 그저 사실 관계를 인정하는 수준의 진술에 그치는 경우가 대부분입니다. 이로 인해 학생들은 학생 징계 처리 절차가 형식적으로 이루어지고, 자신들에게 불리하다고 생각하게 되어 학생 징계 처리 절차에 될대로 되라는 식으로 비협조적인 행동을 보이게 됩니다.

3) 징계를 처리하는 과정, 선도 프로그램 수행 단계와 그 이후에 학교 교직원이나 친구로부터 문제아로 **낙인찍히는 데에서 발생하는 부작용**이 있습니다. 교칙 위반 학생에 대한 이런 주위 사람들의 부정적인 기대는 학생의 학교생활 부적응과 비행 행동의 악순환을 부릅니다. 이와 함께 교칙 위반 학생에 대한 동료 학생들의 부정적 평가는 원만한 교제 행동을 습득하거나 수행하는 데에

많은 어려움을 주게 됩니다. 징계 처리 결과 받게 된 처벌 이외에도 주변 사람들의 부정적 인식에 의해 이중 처벌을 받게 되는 것입니다. 교사나 학생들의 낙인은 교칙 위반 학생이 생활태도를 개선하고자 하는 의지를 꺾거나 오히려 더욱 더 좋지 않은 방향으로 몰아갈 수도 있습니다.

✳ 학생자치법정의 장점 ✳

학생자치법정은 학생징계절차로서 이런 장점들을 가지고 있습니다.

1) 일정 기준을 충족하면 학생자치법정에 회부되도록 하는 이런 방식은 교사에 의한 직권 상정이 아니기 때문에 학생들의 예측이 가능하며 보다 객관적입니다. 따라서 학생들이 미리 학칙 위반 행동을 자제할 수 있습니다. 교사의 직권에 의해 학생자치법정에 회부될 경우 학생들은 교사가 개인적인 감정이나 순간의 감정에 의해 교칙 위반 학생을 법정에 회부했다고 생각할 수도 있습니다. 이럴 경우 학생들이 자신의 잘못을 수긍하지 못하고 오히려 교사의 징계가 잘못되었다고 생각할 수 있습니다. 또한 학생들이 어떤 경우 학생자치법정에 회부되는지를 정확하게 알지 못하기 때문에 미리 행동을 주의할 수도 없습니다.

2) 학생자치법정에서는 사안별 규정대로 적용하기 때문에 일관된 처벌이 가능하므로 교칙과 교칙에 따른 징계에 대한 학생들의 신뢰가 높아집니다. 학생들에게 교칙이나 교칙에 의한 징계가 권위를 갖기 위해서는 교칙의 적용이 임의적이지 않고 모두에게 똑같이 적용되는 것이 필요합니다. 학생자치법정에서는 학생들이 위반한 사안에 따라 일정한 수준의 처벌이 이루어지므로 학생들에게 교칙의 적용이나 이에 따른 징계가 공정하다는 느낌을 줄 수 있습니다.

3) 처벌 규정의 유연한 적용이 가능하기 때문에 교칙이나 징계가 합리적으로 이

루어집니다. 학생자치법정에서는 교칙 위반 학생이 교칙을 위반했던 당시의 상황에 따라 징계 수준이 조절될 수 있는 여지가 있습니다. 학생들의 입장에서는 같은 사안에 대한 위반이라도 피치 못할 사정이 있었다고 생각하여 억울하다고 생각할 수 있는 부분이 있습니다. 학생자치법정에서는 이러한 개개인의 사정에 대해 말할 수 있는 발언기회를 줌으로써 이러한 발언이 학생들에 대한 징계에 반영될 기회를 줍니다. 이러한 기회를 제공하는 것만으로도 학생들은 처벌이 전후사정을 반영하는 합리적인 것으로 인식할 수 있고, 이러한 과정을 거쳐 나온 처벌 결과의 정당성을 수긍하고 신뢰하게 됩니다.

4) 경범이나 초범을 저지른 청소년들의 비행이 습관화되기 전에 사법 체계 내에서 그들을 긍정적인 방향으로 변화시켜 행동에 책임을 지도록 만듦으로써 청소년 범죄를 감소시킬 수 있습니다. 학생자치법정에서는 교칙 위반 학생들에게 처벌의 한 방법으로 다음 법정에 구성원(배심원, 검사, 변호사, 판사 등)으로 참여하도록 하고 있습니다. 이러한 방식은 규칙을 어겨 처벌에 관한 규칙을 적용받은 학생이 직접 규칙을 적용하는 입장에서 재판과정에 참여함으로써 자신의 규칙 위반 행동에 대해 객관적으로 살펴볼 기회를 갖고, 규칙의 중요성과 필요성에 대해 느낄 수 있도록 합니다. 또한 자신에게 내려진 처벌이 임의적이거나 불합리한 것이 아니라 규칙에 따른 것임을 알게함으로써 규칙에 대한 신뢰를 갖도록 할 수 있습니다.

5) 성인이 아닌 청소년들이 학생자치법정 내에서 거의 모든 활동을 수행함으로써 동료와의 상호작용을 통해 책임성 및 준법성 등을 불어 넣어주는 효과를 낳을 수 있습니다. 이는 과거 학생 선도 및 징계 절차가 교사나 성인의 지도 및 훈계를 듣는 방식이 아니라 동료가 정한 처벌을 경험하거나 자신의 행동을 스스로 설명하는 등의 활동을 학생자치법정 내에서 직접 수행하기 때문에 가능합니다. 교칙 위반 학생들은 실제로 교사에 의한 일방적인 지시보다 학생들 간의 상호작용 속에서 더 큰 생활태도 개선의 부담을 느끼게 된다고 합니다.

✳ 학생자치법정 회부시의 유의사항 ✳

반면에 학생자치법정 회부시의 유의사항은 다음과 같은 것들이 있습니다.

▷ 학생, 학부모, 교사가 벌점 제도와 학생자치법정의 필요성과 타당성에 대한 인지도를 충분히 높여야 합니다. 학생자치법정이 학교에 잘 정착하기 위해서는 법정에 참여하게 될 선생님, 학생 뿐 아니라 학교의 모든 구성원들(교사, 학생, 학부모)이 모두 학생자치법정의 취지와 구체적인 시행 방법에 대해 알고, 협조하려는 노력이 필요합니다.

　학교 구성원들 전체의 협조가 없이는 학생자치법정이 단순한 보여주기식 행사가 될 가능성도 있고, 교사나 학생 혹은 학부모의 반발로 어려움에 부딪칠 수도 있습니다. 따라서 학생자치법정에 대한 충분한 설명을 통해 이해를 구해야 할 것입니다.

(학생자치법정 안내－학부모 대상 가정통신문 예시 → page 195
학생자치법정 안내－학생 대상 안내문 예시 → page 197)

▷ 물론 세부규정에 대해서도 교사, 학생 모두 자세히 알고 있어야 합니다. 적극적인 홍보가 필요한 부분입니다. 학교에 있는 교사나 학생 모두 학교의 교칙에 대해서 명확하게 모르는 경우가 꽤 많습니다. 교칙을 제대로 모르는 상태에서 규정의 적용을 받는 경우 자신의 행동이 어떤 점에서 문제가 있었는지를 명확하게 모르게 됩니다. 따라서 학교의 구성원들 모두에게 게시물이나 안내장 등을 통해 교칙을 명확하게 고지하는 것이 필요하고, 학생자치법정에 회부된 학생들에게도 위반한 세부적인 교칙에 대해서 분명하게 알려줘야 합니다.

▷ 또한 많은 역할을 담당하게 되는 선도부 활동에 봉사활동 시간을 인정하는 등의 보상 및 유인책을 마련해야 합니다. 적당한 보상을 통해 학생자치법정

에 더욱 책임감을 가지고 성실하게 참여하도록 할 수 있습니다. 다만, 학생자치법정이 법적 사고력을 키우고, 정치활동을 경험해 볼 수 있는 기회를 제공함으로써 학생자치를 실현할 수 있는 좋은 교육이 될 수는 있지만 이러한 활동이 학생들의 시간을 많이 **빼앗거나** 학업에 큰 부담을 주어서는 안된다는 점은 주의해야 할 것입니다.

(구성원의 처우 → page 134)

▷ 모든 교사들이 동일하게 규정을 적용할 수 있어야 공정성과 일관성을 확보할 수 있습니다. 상벌점제도를 활용하는데 있어서 가장 크게 생길 수 있는 문제가 상벌점제도의 적용에 있어서의 학생들의 반발입니다. 모호한 규정을 학생들 개개인에 따라 다르게 적용할 경우 학생들은 규정에 대해 신뢰하지 않습니다. 따라서 규정을 명확하게 해 분란의 여지를 없애는 것이 좋습니다. 또한 학생들에게 규정의 적용이 임의적이라는 느낌이 들지 않도록 규정을 적용하시는 선생님들께서도 일관적으로 상벌점카드 발급을 하신다는 것을 보여주셔야 할 것입니다.

3   한국형 학생자치법정의 절차

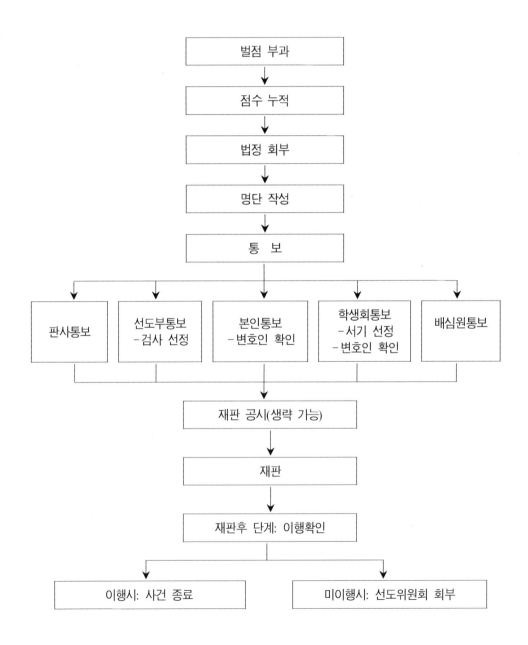

4 재판 전 단계

✳ 학생자치법정에서 '재판 전 단계'란? ✳

▷ 학생자치법정은 학생들의 누적벌점이 학교에서 정한 일정 수준에 이르렀을
때 회부되게 되는데, 정해진 재판 일시에 한꺼번에 일괄처리 합니다.

▷ 학생자치법정이 열리기 일정기간 전까지(ex. 3일전, 일주일전 등)의 누적 벌
점이 학생자치법정 회부 수준에 도달한 학생들은 학생자치법정에 회부되게
됩니다. 학생자치법정에 회부되는 것이 결정되면 학교에서 학생자치법정을
담당하는 교사는 과벌점자에게 학생자치법정이 열리는 날짜와 장소를 공고하
고, 배심원, 판사, 과벌점자, 변호인, 검사 등에게 통보문을 보냅니다.

▷ 재판 전 단계란 재판이 열리기까지의 이와 같은 제반 조건 및 절차 등을 말
합니다.

▷ 구체적으로는 벌점 부과, 누적 점수 집계, 집계 결과 확인, 학생자치법정 회
부 대상자 선정, 명단 작성, 학생자치법정 공고, 통보문 발송 등이 재판 전
단계에 해당한다고 볼 수 있습니다.

✶ 재판 전 단계에서 고려해야 할 사항 ✶

우리나라의 학교 상황에 학생자치법정이 효과적으로 적용되기 위해서는 재판 전 단계에서 몇 가지 사항들이 고려되어야 합니다.

▷ **현행 학교 선도 시스템을 고려해야 합니다.** 현실적으로 학생자치법정이 학교 현장에 정착되기 위해서는 기존 학교 선도 시스템과의 연계가 필요하기 때문입니다. 각 학교의 선도 규정은 초중등교육법시행령 9조 학교규칙기재사항 (41페이지 참조)에 근거하여 학생생활에 관한 세부사항을 규율하고 있습니다. 학생자치법정의 도입에 앞서 각 학교의 학교 선도 시스템이 어떻게 이루어져 있는지에 대한 검토가 먼저 이루어져야 할 것입니다.

▷ **학생자치법정이 적용 가능토록 학교 규칙이 개정되어야 합니다.** 미국의 청소년 법정은 이미 확립되어 있는 형사법체계를 바탕으로 청소년들이 재판에 회부되지만 한국의 학교 현장에서는 교칙을 기준으로 할 수 밖에 없는 현실적 한계가 있습니다. 따라서 어떤 사건을 어떤 절차를 통해 학생자치법정에서 다룰 것인지 신중하게 검토하고 그 결과를 학교 규칙 개정에 반영해야 합니다.

▷ **사건 회부 단계에서는 기존의 상벌점제도를 정비하여 활용하는 것이 유용할 것입니다.** 처벌 대상이 되는 행위의 종류를 정하고 이를 경중에 따라 각 사안별로 벌점을 정하여 벌점체계를 확립한 후, 누적 벌점에 따라 일정 점수를 넘게 되면 자동으로 학생자치법정에 회부되도록 하는 것입니다. 이러한 방식은 임의적인 대상자 선정보다 예측가능하고 객관적인 것이라 할 수 있습니다. 학생자치법정의 안정적인 실시를 위해서는 정기적으로 법정이 열릴 수 있어야 하고, 이를 위해서는 어떤 기준에서든 법정에 회부될 대상자가 선정되어야 합니다. 이때의 대상자 선정이 모두에게 공표된 기준에 의한 것이 아닐 경우 교사가 자의적으로 학생들을 법정에 세운다는 느낌을 줄 수 있고, 학생들의 반감을 살 수 있습니다. 상벌점제도는 학생 모두에게 교칙 위반에 대한 기준

으로 제시될 수 있고, 이를 적용하는 것은 비교적 객관적인 느낌을 줍니다. 따라서 상벌점제도와 학생자치법정의 연계는 원활한 학생자치법정제도 시행을 위해서는 반드시 필요한 것이라고 할 수 있습니다.

▷ **학생자치법정에 회부된 학생들에게 어떤 처벌을 내릴 것인가를 고려해야 합니다.** 그동안은 학생들에게 교내 청소나 체벌과 같은 처벌이 주로 이루어졌습니다. 그러나 이러한 처벌들이 학생들에게 얼마나 잘못을 돌아볼 기회를 제공하였는지, 학생들을 얼마나 바람직한 방향으로 이끌었는지는 의문입니다. 처벌은 교육적 효과가 있을 때만 의미가 있습니다. 또한 아무리 처벌 과정 자체가 정당하다 하더라도 처벌이 형식적이거나 반성의 계기를 주지 못할 경우 학생자치법정의 효과는 반감될 수 있습니다. 학생들이 자신의 행동이 어떠한 점에서 잘못되었는지를 생각해보고, 다시 그러한 행동을 반복하지 않도록 할 수 있는 교육적인 처벌이 필요합니다. 따라서 실질적이고 긍정적 효과를 지닌 다양한 처벌 방식들의 개발이 요구됩니다.

▷ **학생자치법정의 재판 횟수를 고려해야 합니다.** 학교 상황에 따라 학생자치법정 재판 일시를 매주 / 격주 / 매달 간격으로 조정할 수 있습니다. 이때 과연 어느 정도 수준에 이르면 재판에 회부할 것인지를 결정해야 합니다. 재판 회부 예상 인원수, 재판 운영 인원의 수, 특히 재판의 효과 등을 고려하여 학생자치법정의 재판 회수를 정해야 합니다. 또한 재판을 운영하는 교사나 학생들의 업무부담도 고려되어야 합니다. 학생자치법정을 개최하는 것은 담당 교사나 학생들에게 많은 시간과 노력을 요구하기 때문입니다. 이와 같은 여러 가지 상황들을 고려하여 재판 간격을 고정시켜 놓고 재판을 진행하는 것이 학교 구성원들에게 학생자치법정에 대한 예측 가능성을 높여 안정적인 학생자치법정 운영에 도움을 줄 것입니다.

5 학교 상벌점제도

✳ 학교 상벌점제도의 도입 배경 ✳

학교 상벌점제도는 학교 현장에서 관행처럼 내려오던 체벌 문화를 불식시키고 학습자의 인격과 개성이 존중되는 새로운 학생 생활 지도의 대안을 위해 도입되었습니다.

✳ 학교 상벌점제도의 목적 ✳

학교 상벌점제도의 목적은 민주적 학교 문화 창출을 통해 학생 스스로 기본 생활 예절, 규범 준수토록 하는데 있습니다.

✳학교 상벌점제도의 장점 ✳

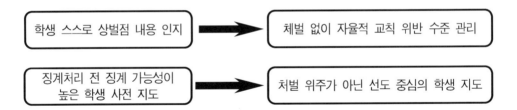

✳ 학교 상벌점제도의 단점 ✳

- 과거 학생 지도 방법에 비해 교사의 업무를 가중시킬 우려가 있습니다.
- 체벌도 주고, 지도 카드도 발급할 경우 학생들이 불만을 사게 될 가능성이 있습니다.
- 상벌점 부과 시에 일관성이 없을 경우 학생들의 반발을 초래할 가능성도 있습니다.
- 상벌점제도의 단계가 복잡해질 경우 학생들의 혼란을 유발하거나, 상벌점 카드의 회신율이 떨어질 수 있습니다.

✳ 학교 상벌점제도의 필요성 ✳

- ◆ 벌점을 부여하면서 학생 스스로 자신의 생활 태도를 돌아보게 합니다. 학생들의 평소 생활 태도를 올바르게 평가하여 누가 기록된 문제점에 대하여 스스로 반성할 수 있는 기회를 부여하게 되면, 학생 스스로 기본 생활 예절·규범을 준수토록 할 수 있습니다. 궁극적으로는 학생의 준법의식과 책임의식을 높일 수 있습니다.
- ◆ 학생 생활 지도와 관련하여 지금까지는 교사가 학생의 생활의 개입하는 방식이었습니다. 이로 인해 학생과 교사 사이에 감정의 골이 깊어지는 결과가 초래되었습니다. 그러나 상벌점제도를 적절히 활용할 경우, 체벌 대신 벌점을 동원하기 때문에 교사와 학생 사이에 생길 수 있는 나쁜 감정이 상당 부분 줄어들 수 있습니다.
- ◆ 상점이 벌점을 상쇄하는 방식으로 상벌점제도를 적용할 경우에는 상점을 통한 선행 및 봉사활동 촉진, 능동적인 학교생활 유도 등의 긍정적 결과를 만들어낼 수 있습니다. 간접적으로 학생이 선행사항에 대하여 더욱 정진하게 하고 타의 모범을 보이도록 노력할 수 있게끔 유도할 수 있습니다.

◆ 교사의 일방적인 지시나 처벌 위주의 상담 및 생활 지도 방식은 학생의 행동을 일시적으로는 개선시킬 수 있겠으나 긍정적이고 체화된 행동 변화까지 야기하기 힘들다는 문제점이 있습니다. 반면에 **상벌점제도 중심의 생활 지도 방식은 보다 지속적인 행동 변화를 야기할 수 있습니다.**

◆ 수업 중 면학 분위기를 저해하는 행위, 수업 시 늦은 입실, 수업 중 교사 지도 불응 등에 벌점이 부과되고 수업 준비를 잘한 학생, 판서 내용이 잘못된 것을 지적하는 학생 등에 대해선 상점을 부여하게 되면 좋은 수업(면학) 분위기를 만들 수 있습니다.

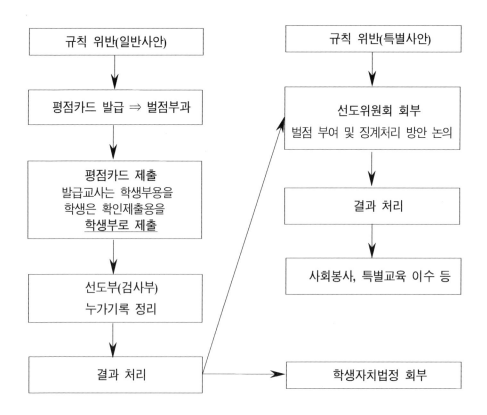

✹ 학교 상벌점제도의 운영절차 ✹

☀ 학교 상벌점제도의 운영 예시 ☀

아래 내용은 예시에 불과할 뿐이고, 각 학교별로 학교 상황에 맞게 적용시키면 됩니다.

1. 상벌점 기준, 학생 지도 방법, 처리 절차 등은 학교 규정으로 명확하게 규정하여 공지합니다.
2. 상벌점 발부 주체(교사, 학생회, 선도부 등)는 학생들의 교내외 생활에 대하여 학교 규정 위반 시 평점카드를 작성하고, 모범 학생에 대해서는 상점 카드를 발부합니다. 상점카드의 경우 지도교사가 모범 사례를 구체적으로 적어 서명한 뒤 학생이 서명하고 학부모의 서명을 받은 뒤 제출하도록 합니다.

(상벌점 카드 예시 → page 136)

3. 평점카드 작성 후 학생에게 확인 시킨 뒤, 학생용을 교부하고 학부모와 담임교사의 확인을 거친 후 일정 기일 이내에 제출하도록 지도합니다.
4. 교사용은 발부한 교사가 선도부에 제출합니다(벌점카드함과 회신서함 비치)
5. 선도부는 개인별 생활 평가 누가 기록부에 상벌점 내용을 기록하고 관리합니다. 이때 엑셀 파일 형태로 전체 학생 상벌점을 계산할 수 있도록 합니다.
6. 학생부 담당 교사와 선도부는 일정 기간 동안의 벌점 누계를 산출하여 인원을 파악하고 담임 교사와 학생에게 고지하며, 청소년 법정 혹은 선도 위원회 회부 등과 같이 학교 규정에 따라 처리합니다.

☀ 현재 학교 현장에서 시행 중인 벌점 규정 ☀

■ 지도내용, 위반항목, 적용 벌점 수준 등은 학교 상황에 맞게 조정할 수 있습니다.

- 다만, 학생자치법정이 일정 간격을 두고 정기적으로 열리고, 한 번의 재판 당 처리할 수 있는 사안이 한정되어 있다는 점을 감안하여 벌점을 구성해야 합니다.

- 학생자치법정은 학생들의 누적 벌점이 학교에서 정한 일정 수준에 이르렀을 때 회부하게 되는데, 정해진 재판 일시에 한꺼번에 일괄처리 합니다. 학생자치법정이 열리기 일정 기간 전까지의 누적 벌점이 학생자치법정 회부 수준에 도달한 학생들은 학생자치법정에 회부되게 된다는 점 역시 고려하여야 합니다.

- 학생자치법정에 회부되는 누적벌점기준을 지나치게 높은 수준으로 정할 경우 학생들이 여러 번의 잘못에도 법정에 회부되지 않아 벌점에 대한 경각심을 가지기 어렵고, 누적벌점기준을 지나치게 높은 수준으로 정할 경우 학생들이 한 두 번의 실수로도 법정에 회부되게 되어 법정을 운영하고 관리하는데 어려움이 있을 수 있습니다.

아래 표는 현재 벌점 시스템을 적용 중인 몇 개 학교의 벌점 규정을 예시한 것입니다.

【사례 1】

단 계	항 목	위반사항	벌 점
1단계 (일반사안)	용의복장 관련	규정보다 긴 머리	1
		교복 착용상태 불량, 조끼 등 교복 미착용	1
		실내화 위반	1
		명찰 미소지, 최종 상의에 미착용, 변조	1
		염색, 탈색, 파마	2~3
		장신구 패용(목걸이, 귀걸이, 반지, 피어싱)	
		매니큐어 및 화장	
		기타(가방, 혁대, 양말 등)	
	출결상태	지각	1
		무단조퇴, 결과	1~2
		정당한 사유없이 3일 이상 결석	5
	수업태도	면학 분위기 저해 행위(소란, 만화보기, 좌석 바꾸기, 핸드폰 사용 등)	1
		수업시 늦은 입실	
		대리출석	2~3

단 계	항 목	위반사항	벌 점
1단계 (일반사안)	교내외 생활	월장 및 무단외출	1~3
		쓰레기 무단 투기, 침뱉기	1
		청소도망, 주번활동 불량	
		욕설 남용 및 경미한 싸움	2~3
		오토바이 등교 및 폭주	
		운동장 조회 등 학교 행사 무단 불참	
		고성방가, 지나친 장난 등 질서문란행위	2~3
		학생증 및 출석부 등 기타 공문서 위조	3~5
2단계 (특별사안)	출결상태	무단 장기결석 10일 이상~30일 이상	10~30
	교내외생활	교사에 불경한 언행	3~10
		언행불량으로 학교에 진정이나 통보	
		흡연 및 담배, 라이터 소지	
		음주 및 술 소지	
		흉기 소지 및 폭행	
		금품갈취 및 도벽	
		학교 기물 파괴 및 훼손	
		도박 및 외설물 소지	
		이성간 풍기 문란 행위 및 성접촉	
		유흥업소 출입	
		사법기관에 불구속 입건	
		부정행위관련자	
		불량써클 조직 및 가입	
		집단폭행 모의, 선동, 가담	
		집단따돌림을 유도 및 조장, 타인을 괴롭힘	
기 타		기한 내 회신서 미제출(발부받은 날로부터 3일내 제출)	2~5
		경고나 위반행위 적발시 도주	

【사례 2】

상점항목	상점
제1조 [출결상태]항목	
1항 – 학기별 무결석	1
(지각, 조퇴, 결과 등 2회이하 포함)	
제2조 [학습태도]항목	
1항 – 교외 학력경시대회 수상	2
2항 – 교내 학력경시대회 수상	1
3항 – 기타 교외상 시상	2
4항 – 기타 교내상 시상	1
5항 – 반별 정기고사 성적향상 우수	1
6항 – 수업시간 태도, 질문 대답 우수	1
7항 – 과제수행 우수	1
8항 – 수업분위기 및 학급활동 선도	1
9항 – 학습에 도움이 되는 정보를 제공하는 학생	1

상점항목	상점
제3조 [책임감]항목	
1항 – 봉사활동 성실히 이행	1
2항 – 주번활동 성실히 이행	1
3항 – 지시사항 성실히 이행	1
4항 – 역할활동 성실히 이행	1
5항 – 약속을 성실히 이행	1
6항 – 어려운 처지에 놓인 학생을 성심껏 돕는 학생	1
제4조 [생활태도]항목	
1항 – 습득물 신고	1
2항 – 뚜렷한 선행	1
3항 – 실내외 청결에 솔선수범	1
4항 – 분리수거에 모범인 경우	1
5항 – 인사 예절이 뛰어난 경우	1

벌점항목	벌점
제1조 [출결상태]항목	
1항 – 무단지각	-1
2항 – 무단조퇴 및 무단결과	-2
3항 – 무단결석	-2
제2조 [학습태도]항목	
1항 – 수업시 늦은 입실	-1
2항 – 수업준비 불량	-1
3항 – 수업태도 불량 (소란, 만화보기, 자리 바꾸기, 숙제하기, 핸드폰 관련 등)	-1
4항 – 학습과제 불이행	-1
제3조 [용의 및 복장상태]항목	
1항 – 규정보다 긴 머리	-1
2항 – 교복 착용상태 불량	-1
3항 – 교복 미착용 및 착용시기 위반	-1
4항 – 최종상의에 명찰미부착	-1
5항 – 가방미소지	-1

벌점항목	벌점
제4조 [공공시설물애호상태]항목	
1항 – 교구 및 학교비품 방치	-1
2항 – 교실벽면, 책걸상, 화장실 낙서	-1
3항 – 고의적 학교기물 파괴 및 훼손	-2
제5조 [생활태도]항목	
1항 – 음식물 반입	-1
2항 – 주번활동 등 청소활동 태만	-1
3항 – 교실 및 복도 내 고성방가	-1
4항 – 교실 및 복도 내 지나친 장난	-1
5항 – 실내외화 착용 위반	-1
6항 – 쓰레기 무단투기 및 침뱉는 행위	-1
7항 – 욕설 및 경미한 싸움	-1
8항 – 공식적인 학교행사 무단불참 (운동장 조회 등)	-1
9항 – 무단외출	-1

6항 – 규정에 어긋난 가방 소지	-1	10항 – 공문서 위조행위(학생증, 외출증, 출석부 및 기타문서)	-2
7항 – 규정에 어긋난 신발 착용	-1		
8항 – 장신구 패용(귀걸이, 피어싱 등)	-1	11항 – 규정에 의한 학교 및 교사지시에 고의적 불응	-2
9항 – 매니큐어 및 색조화장	-1		
10항 – 염색, 탈색, 파마	-2	12항 – 교사에게 불경한 언행 및 태도	-2

* 선도범위
  ① 학생자치법정 대상: 벌점 5 – 9점
  ② 사회봉사활동 대상: 벌점 10 – 20점
  ② 특별교육이수 대상: 벌점 30점이상

* 선도내용
  ①은 학생자치법정 판결에 의해, ②와 ③은 생활지도위원회에서 정하게 된다.

* 위 상벌점 규정안에 없는 내용이라도 교사의 판단에 의거하여 부과할 수 있다.
* 위 상벌점 규정안은 2006년 9월 1일부터 적용된다.

【사례 3】

제 29 조(운영원칙) 상·벌점제의 운영 원칙은 다음과 같다
  1. 상·벌점제의 운영을 위해서는 상·벌점제용 카드를 사용한다.
  2. 학생들의 준법정신, 질서 의식, 봉사정신을 함양하는데 목적을 둔다.
  3. 상·벌점제를 효과적으로 운영하기 위하여 학생선도협의회를 활용한다.
  4. 상·벌점은 최저 1점에서 최고 10점까지로 한다.

제 30 조(지도카드의 종류와 기능, 활용)
  1. 전 교사는 항상 지도카드를 소지하여 교·내외 학생 생활을 평가한다.
  2. 지도카드는 생활규범을 위반할 시 사용하는 벌점카드(노랑색)와 선행과 모범 등을 기록하는 상점카드(녹색)로 구분 한다.
  3. 교칙위반사실을 적발할 시는 적발교사가 학생 본인에게 확인시킨 후 내용을 기재한다.
  4. 학생 확인란에 본인의 서명을 받고 해당교사가 날인하여 생활지도 담당교사에게 카드를 제출한다.

제 31 조 (벌점 부과 기준)
  1. 명찰, 리본, 넥타이 등의 복장위반: 1점
  2. 용모 불량(손톱 손질, 턱수염, 매니큐어, 색깔안경, 서클렌즈): 2점
  3. 실내화 및 실외화 혼용: 2점
  4. 학생의 품위에 어긋나는 악세사리(귀걸이, 목걸이, 팔지, 반지 등): 2점
  5. 가방 불량(모양, 색상): 2점
  6. 사행성 노름: 3점
  7. 등교시간 지각 및 무단 횡단: 2점 (08시 20분 이후 지각: 3점)
  8. 두발 불량: 길이 위반 - 3점, 염색 및 파마 - 3점, 젤 및 무스 - 3점, 지나치게 화려한 머리핀(끈) - 3점, 머리 모양 - 3점
  9. 화장품 및 만화책(잡지), 불건전 CD 및 테이프 소지, 실내 음식물 반입: 2점
  10. 교내에서 껌, 침, 쓰레기 무단 투척 행위: 3점
  11. 청소 활동(역할 분담 활동) 태만: 2점
  12. 화장 행위 등: 3점
  13. 교복변형: 3점
  14. 휴대폰 사용: 3점
  15. 수업 및 면학 분위기(자기주도학습 포함) 저해: 3점
  16. 월담: 5점
  17. 무단 지각, 조퇴, 결과, 외출: 3점
  18. 무단 결석(기출 제외, 2일 이내): 1일당 5점
  19. 교사에 대한 불손한 언행: 10점(학생 선도위원회 회부 가능)
  20. 지도카드 작성 시 타 학생의 학번, 이름 도용: 10점
  21 학교비품 고의적 훼손: 10점(학생 선도위원회 회부 가능)
  22. 흡연 및 음주 행위 및 관련물 소지자: 10점(학생 선도위원회 회부 가능)

제 32 조(상점 적용)
  1. 상점은 벌점과 별도로 누계 한다.
  2. 상점이 20점 이상 누적된 경우에는 모범 학생으로 표창하고 그 공적 내용을 홍보한다.
  3. 상점이 20점 이상 누적된 학생은 6월, 12월에 학교장의 결정에 따라 벌점을 상쇄시킬 수 있다.

제 33 조(상점 기준)

1. 환경미화 및 역할 분담제 활동, 분리수거 등 학교 환경 정화를 위한 봉사활동에 뚜렷하게 기여한 경우: 2점
2. 학급 및 학교 활동에 모범적으로 활동한 경우: 3점
3. 습득한 현금이나 물품을 본인에게 돌려주거나 신고한 경우: 4점
4. 불우한 친구를 돕거나 어려운 일에 희생정신을 발휘한 경우: 6점
5. 교내 외 각종 행사나 교육 활동에 참가하여 그 공적이 뛰어난 경우: 8점
6. 학교의 명예와 위상을 현저하게 드높인 경우: 10점
7. 기타 상점 기준 이외의 것은 각 호에 준하여 상점을 부여한다.

제 34 조(상점의 부여) 학생에게 상점을 부여하고자 할 때는 상점카드에 상점사유를 6하 원칙에 따라 간략히 기술하여 학생부에 제출한다.

제 35 조(상·벌점 관리)

1. 전교 학생들의 상·벌점은 학생부에서 관리하며, 다음 학년도에 이월되어 누계된다.
2. 벌점이 많은 학생들을 위해 동계방학 중 근무조 교사의 지도 아래 푸른교실을 실시할 수 있다.(1일 최대 8시간 가능)

제 36 조 (푸른 교실의 운영)

1. 제31조에 해당되는 학생에게 반성의 기회를 제공하고 징계를 경감하기 위하여 교내·외 봉사활동으로 푸른 교실을 운영, 1시간 1점의 점수를 감점한다.(푸른 교실에서의 봉사활동은 생활기록부의 봉사 활동과는 관계가 없다.)
2. 푸른 교실 실시로 인한 점수 감점은 푸른 교실 확인서를 학생생활지도부에 접수한 날로부터 적용한다.

제 37 조 (생활지도 우수 학급)

1. 생활지도 우수 학급이란 1개월 무결석, 어느 누구도 징계 처분을 받지 아니한 경우, 벌점 누계가 가장 적은 학급을 종합하여 말한다.
2. 생활지도 우수 학급은 매월 시상하며, 매월 생활지도 우수 학급에 대해선 학급 전원에게 1위 학급에는 3점, 2위 학급에는 2점, 3위 학급에는 1점의 벌점을 경감할 수 있다. 단, 벌점이 없는 학생에게는 2점의 상점을 부과할 수 있다.

【사례 4】

구분	항	내 용	벌점	징계 학교봉사 15	사회봉사 30	특별교육 45	퇴학 60
예절 및 용 의 복 장	1	기초예절을 지키지 않는 학생	2				
	2	두발상태					
		1)염색, 혐오감을 주는 머리	5				
		2)규정보다 긴 머리, 무쓰, 젤리, 헤어로션 사용	3				
	3	용의 복장					
		1)교복 미착용	5				
		2)Y셔쓰, 넥타이, 명찰, 뺏지 등 미착용	1				
		3)슬리퍼 착용위반. 주머니 미휴대	1				
		4)상하의 변형 또는 줄여서 착용	3				
		5)교내에서 휴대폰 사용	2				
	4	6)목걸이, 반지 등 액세서리 착용	2		0		
		1)-6) 항의 재발이나 두발 변형 등으로 학생 신분에 납득이 불가능한 학생	0		0		
	5	성행이 불량하여 주민으로부터 학교에 진정 또는 통보된 학생	(10)	0	0		
준 법	6	공중도덕 위반					
		1)보행중 음식물 취식	1				
		2)실내, 외 쓰레기 투기,월담 및 무단 외출	2				
		수돗물 장난, 침뱉는 행위, 책상 교실벽등의 낙서행위	2				
		3)기타 명시되지 않은 공중도덕 위반	1-3				
	7	학교단체 행사에 불참한 학생	2				
	8	청소, 주번 활동 등 학생 기본의무 태만	2				
	9	경찰에 연행된 후에 훈방된 학생		0	0		
	10	교사지도에 불응하거나 반항한 학생.			0	0	0
	11	단순사건으로 경찰서에 구속된 후 석방된 학생		0	0	0	
	12	규정에 의한 징계지도에 불응한 학생				0	0
	13	성행이 불량하여 개전의 정이 없다고 인정된 학생				0	0
	14	인장 및 증명을 위조한 학생				0	0
	15	형법상으로 유죄판결을 받은 학생				0	0
수 업	16	수업 또는 타인의 학습을 방해한 학생	3				
	17	수업준비 및 태도가 불량한 학생	2				
	18	수업을 거부한 학생		0	0		
	19	시험중 부정행위를 했거나 이를 방조한 학생		0	0		
	20	시험을 거부한 학생				0	0
	21	시험문제를 누설하거나, 문제지를 절취한 학생				0	0
	22	백지동맹을 주도 또는 선동한 학생				0	0
근 태	23	무단결과, 무단조퇴, 무단 지각한 학생(매1회)	3				
	24	무단결석(매1회)	5				
	25	무단결석이 월 3일 이상 5일 이내의 학생		0			
	26	무단가출로 사회적 물의를 일으킨 학생			0		
	27	무단결석이 계속하여 월 6일 이상 10일 이내인 학생				0	
	28	무단 결석이 월누계 11일 이상인 학생				0	0
	29	정당한 사유 없이 무단결석이 20일인 학생				0	0
	30	결석사유를 은폐하거나 임의 변경시			0	0	

구분	항	내용	벌점	징계 학교봉사 15	사회봉사 30	특별교육 45	퇴학 60
약물	31	흡연 및 담배를 소지한 학생	5	0			
	32	음주 및 술을 소지한 학생	5	0			
	33	흡연 또는 음주를 상습적으로 한 학생		0	0		
	34	흡연, 음주로 소란을 일으킨 학생			0	0	
	35	본드, 대마초, 환각제나 마약류를 복용한 학생				0	0
폭력	36	욕설을 남용하거나 싸움을 한 학생	(10)	0	0		
	37	타인을 구타하거나 흉기를 소지한 학생			0	0	
	38	흉기를 제작한 학생			0	0	
	39	흉기를 폭행에 사용한 학생				0	0
	40	집단 폭행을 모의했거나 선동 가담한 학생				0	0
	41	공공시설물, 집기류등을 파손 또는 방화한 학생			0	0	0
	42	집단 괴롭힘을 하거나 주동한 학생			0	0	0
	43	불량써클에 가입 또는 참가자			0	0	0
퇴폐행위	45	교내에서 불건전한 게임이나 오락을 한 학생	2				
	46	도박기구를 소지하거나 도박을 한 학생	3				
	47	여학생을 희롱을 한 학생			0		
	48	불량 서적을 소지, 탐독한 학생	3				
	49	불량 비디오 및 불량 테이프를 시청한 학생	3				
	50	학생 출입금지 장소에 간 학생	10				
	51	상습적으로 투전을 하거나 도박을 한 학생			0	0	
	52	불건전한 이성교제(성문제)로 풍기 문란한 학생			0	0	
	53	기타 극히 불미스런 행동으로 학교의 명예를 훼손한 학생				0	0
금품	54	물품을 외상 구입하여 사채에 진정이 있는 학생		0	0		
	55	공납금을 유용한 학생		0	0		
	56	부당하게 금품을 착취한 학생			0	0	
	57	무단침입 절도나 금품을 강탈한 학생			0	0	0
집단행위	58	학교장의 허가 없이 대외행사에 출품, 출연, 참가하여 학교 명예를 훼손한 학생			0	0	
	59	불법집회 또는 서클에 참석하거나 가입한 학생			0	0	
	60	학생을 선동하여 질서를 문란하게 한 학생			0	0	
	61	동맹휴학을 선동, 주동, 동참한 학생				0	0
	62	학생 신분으로 정치에 관여한 학생				0	0
사치행위	62	오토바이(50cc이상)나 차량을 운전한 학생		0	0		
	63	허가가 없는 곳에서 불법 과외를 받은 학생		0	0		
	64	생활지도시 타인 명의 사용 또는 도주	(10)	0			
	65	불법 차량을 편승한 행위	5				
	66	기타 주의 및 경고를 필요로 하는 행위	1-3				
사이버	68	남의 ID를 도용 사용하여 사회적·경제적으로 피해를 입힌 학생			0	0	
	69	인터넷상의 음란사이트, 자살사이트, 폭발물 사이트 등 청소년유해사이트를 접속 이용한 학생			0	0	
	70	인터넷을 이용하여 근거 없는 유언비어를 퍼뜨리거나 남을 비방하는 행위	(10)	0	0		
기타	71	동일 학년에 2회 이상 징계를 받을 시에는 가중 처벌한다.					
	72	징계 기준 이외의 것은 생활선도 협의회의 의결을 거쳐 시행한다.					

✸ 선도부 벌점 부과 여부 ✸

상벌점제도에서 그렇다면 상벌점을 누가 부여하느냐에 대한 합의가 있어야 할 것입니다. 이는 학교 상황과 학교장의 재량에 따라 적용하면 될 것입니다. 여기서는 몇 가지 안(案)만 제시하겠습니다.

1) 교사만이 상점 및 벌점을 부여하는 경우
2) 교사는 상점만 부여하고, 학생회나 선도부에서 벌점을 부여하는 경우
3) 학생회나 선도부에서 상점과 벌점을 모두 부여하는 경우
4) 교사와 학생회 및 선도부가 함께 상벌점을 부여하는 경우

특히 학생 자치 조직으로서 학생회 및 선도부에서 상벌점 부과 및 학생 선도 역할을 담당하는 경우,

1) 자율적이고 자발적 규율 가능
2) 학생 선도 및 생활지도에 관한 교사와 학생간의 긴밀한 협력 관계 유지
3) 자치활동을 통한 민주적 생활 태도 함양과 실천 구현
4) 학생 선도에 관한 학생들의 의견 수렴 용이 등의 장점이 있습니다.

그러나 이러한 장점을 잘 살리기 위해서는,

1) 학생간의 불신 및 괴리감 형성 가능성 제거
2) 선도부 구성의 원칙 및 기준 명확화의 요구
3) 학생회 및 선도부 역할의 한계 규정
4) 모든 교사의 지속적인 관찰 및 감독
5) 선도부 학생들의 숫자를 충분히 확보하고 봉사활동 시간 인정, 장학금 지급 등의 보상으로 적극적인 활동을 유도 등의 노력이 필요할 것입니다.

6 벌점 카드제

☀ 벌점 카드란? ☀

 벌점 카드란 각 학교가 제정한 교칙 및 벌점 부여 기준표에 의해 위반 시 벌점 카드(지도 카드)를 작성한 후 일련의 절차에 의해 발부하는 카드입니다. 벌점카드 제는 상점카드제와 병행하여 적용할 수도 있고 그렇지 않을 수도 있는데, 보통 상점제와 벌점제를 합친 상벌점제로 운용하는 것이 현행 학교의 상벌점제도입니다.

(벌점카드 예시 → page 136)

☀ 벌점 카드 적용시 유의사항 ☀

- 학생들이 피해의식을 갖지 않고 충분히 기본취지를 충분히 납득하도록 지도 및 홍보해야 합니다.

- 체벌도 주고, 지도 카드도 발급하여 학생들의 불만을 사는 일이 없도록 유의 하여야 합니다.

- 지도교사는 적발된 학생의 잘못된 점만을 보려고 하는 자세에서 벗어나야 합니다.

- 해당 학생이 피해의식을 갖지 않도록 벌점 누적 내역을 본인에게 공개하며 필요에 따라 수시로 고지하여 학생 스스로 반성할 수 있도록 해야 합니다.

- 물리적인 체벌이 없다는 점을 이용하여 반복해서 지적되는 학생이 다소 있습니다. 벌점카드제가 학교 현장에 지속적으로 도입되면 이런 문제는 상당 부분 해소될 것입니다.

- 벌점 카드 운영이 자칫하면 특히 담임교사의 업무를 가중시킬 우려가 있으므로 생활지도부, 진로상담부 등의 교사의 조력이 요구됩니다.

7 상점 카드제

✱ 상점 카드란? ✱

상점제도는 벌점과 달리 권장할만한 좋은 행동을 보였을 경우 해당 학생에게 상점을 부여하는 제도입니다. 상점 카드는 포인트를 쌓아 자신의 벌점을 제거할 수 있는 기회를 줍니다.

(상점카드 예시 page → 140)

번호	세 부 항 목
①	학교 전체를 위해 열심히 일했을 때
②	급우들에게 필요한 도움을 주었을 때
③	청소를 열심히 하였을 때
④	귀중품을 습득, 신고하였을 때
⑤	학교 기물 파손자를 확인, 신고하였을 때
⑥	학급 일을 적극적으로 했을 때
⑦	수업 태도가 바람직해졌을 때
⑧	폭력, 도박 및 금품갈취를 신고하였을 때
⑨	헌신적으로 봉사했을 때
⑩	이상 각 항과 상응한 행위를 한 자

- 왼쪽의 내용과 같은 행위를 한 학생의 경우 교사는 상점카드를 발급합니다.

- 이 밖에도 여러 가지 상점 부여 사유가 있을 수 있습니다. 이는 학교 재량의 영역입니다.

☀ 상점 카드제의 운영 절차 ☀

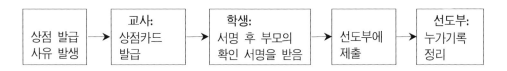

[상점카드제도의 흐름도]

☀ 상점 카드제의 운영 시 유의사항 ☀

■ 상점은 동일 학생에게 같은 사유로 중복해서 부여할 수 없습니다. 즉 하나의 모범 행동에 하나의 상점을 발급하는 것이 원칙입니다.

■ 각각 1점씩 부여하는 방법도 있고, 아니면 일정 기준에 따라 모범 행동의 경중을 나누어 상점을 다르게 부여하는 방법도 있습니다.

■ 학교 환경을 고려하여 상점이 벌점을 상쇄하게끔 하거나, 혹은 상점과 벌점을 별개로 나누어 적용할 수도 있습니다.

■ 상벌점제도를 함께 실시하는 경우, 벌점은 적극적으로 많이 부여하는 반면에 상점 부여에는 인색한 경우가 많습니다. 학생들에게 긍정적 행동을 유도하고, 동기를 부여하기 위해서는 벌점제와 함께 상점제의 활성화가 필요합니다.

■ 상점제로 점수를 누적하여 받았을 경우 적절한 보상이 따를 수 있어야 합니다. 벌점을 상쇄하는 방법 이외에도 상점 누적 학생에 대한 표창과 같은 상점에 대한 유인이 있어야 할 것입니다.

✳ 상점 카드제의 장단점 ✳

장점

● 학생 스스로 벌점을 자율적으로 규제할 수 있게 합니다.
● 상점으로 인한 보상, 만족감 등이 증진되고 학생들의 긍정적인 활동을 촉진시킵니다. 과거의 생활 지도 방법이 문제 행동을 억제하는 규제 중심(negative) 방법이었다면, 상점카드제가 지향하는 생활 지도는 긍정적인 변화를 추구하는 변화 중심(positive)의 생활 지도 방식으로 변화하고 있습니다. 예를 들어 과거의 생활 지도 방식이 '머리 잘라라, 담배 피지 마라, 술 먹지 마라, 지각하지 마라' 등의 행동을 규제하는 방식이었다면 상점카드제가 추구하는 생활 지도 방식은 학생 스스로 긍정적인 변화를 만들어낼 수 있는 기회를 제공하는데 역점을 두고 있습니다.

단점

- 상점 부과 시 교사 재량 범위가 커서 자의적 상점 부여 남용이 우려됩니다. 예를 들어, 학생자치법정에서 상점으로 벌점을 상쇄하도록 할 경우, 벌점이 많아 법정에 회부될 가능성이 높은 학생들이 벌점을 상쇄하기 위한 수단으로 벌점을 받고자 할 수 있고, 교사가 이러한 학생들에게 상점을 남발할 경우 벌점이 교칙 위반에 대한 적절한 제어 수단으로 작용하기 어렵습니다.
- 언제 상점을 받을지 예측이 가능하지 않아 강화의 효과가 약할 수 있습니다. 벌점의 경우 매우 세세한 부분까지 항목으로 규정해서 학생들에게 점수를 부여할 수 있지만, 상점의 경우 벌점처럼 구체적으로 항목을 정해두기 어렵습니다. 따라서 학생들이 상점을 언제 받을 수 있을지에 대한 예측이 불가능하고, 학생들이 상점을 받고자 하는 의욕을 감소시킬 수 있습니다.

8 긍정적 처벌

✳ 긍정적 처벌의 의미 ✳

긍정적 처벌이란 구체적이고 일관된 기준에 따라 일정한 처치 및 강화를 제공함으로써 학생 스스로 자기 행동을 반성해볼 수 있는 계기를 마련하는 처벌을 말합니다.

✸ 긍정적 처벌의 필요성 ✸

▷ 과거의 처벌은 교사의 일방적 지시나 훈계 및 체벌 위주의 방식이어서 일회
　성에 그치거나 진정한 반성 및 행동 변화의 계기를 제공하지 못한다는 비판
　을 끊임없이 받아왔습니다.

▷ 따라서 실질적으로 교육적 효과를 도출할 수 있는 다양하고도 긍정적인 처벌
　의 모색 및 개발이 요구됩니다.

학생자치법정에 회부된 학생들에게 어떤 처벌을 내릴 것인가 하는 점 역시 중요
한 문제입니다. 처벌이 정당하면서도 실질적인 반성의 계기를 제공하는 것이어야
한다는 점을 고려한 긍정적 처벌의 몇 가지 사례를 제시해보겠습니다.

✸ 긍정적 처벌의 사례: 1 ✸

－ 학생자치법정에 배심원으로 참여 －

1️⃣ 과거의 과벌점자들은 학생자치법정에서 봉사할 것을 판결받은 학생들로, 판
　결받은 봉사 시간을 채우는 것이 처벌의 한 방편으로 활용됩니다.
2️⃣ 미국 청소년 법정의 경우 과거 피고인들이 검사, 변호사 등의 역할까지 담당
　하기도 하지만 한국 상황 상 과거 과벌점자들은 청소년 법정에서 주로 배심
　원단으로 활동하게 되는 방안이 적당하리라 생각됩니다.
3️⃣ 과거의 과벌점자들은 자신이 과벌점자의 위치에 있던 법정을 다른 입장에서
　다시 한 번 경험함으로써 자신의 행동을 되돌아 볼 기회를 가질 수 있고, 자
　신에게 내려진 처벌이 어떻게 결정되었는지를 확인함으로써 보다 긍정적인
　법의식을 가질 수 있습니다. 또한 과거의 과벌점자들과 학생 자원 봉사자들

이 함께 배심원단을 구성해 판결을 내리는 과정에서 긍정적인 상호작용이 일어날 수 있습니다. 과거의 과벌점자들의 배심원 자원 봉사는 처벌의 한 방편인 동시에 봉사 활동 시간을 부여받을 수 있는 봉사 활동이기 때문에 참여하는 학생들에게 긍정적인 의미를 줄 수 있습니다.

✹ 긍정적 처벌의 사례: 2 ✹
─ 봉사활동을 통한 경감 ─

1 학생들이 쌓은 벌점을 교내외의 청소, 급식 당번과 같은 여러 긍정적 봉사활동을 통해 경감해 나갈 수 있는 활동을 말합니다.

2 이러한 봉사활동을 통한 벌점 경감은 학생들이 자신의 잘못으로 인해 생긴 벌점을 스스로의 노력을 줄일 수 있는 기회를 준다는 점에서 학생들의 태도 개선에 긍정적인 영향을 줄 수 있습니다. 학생자치법정에 회부될 수 있을 정도의 벌점을 받은 학생들 중 스스로 개선의 의지가 있는 학생은 이러한 활동에 참여할 것이고, 이를 통해 학생자치법정에 회부되지 않을 수 있습니다. 또한, 회부되어도 그동안의 개선노력을 보여주는 반증이 되기도 합니다.

3 이러한 봉사활동의 한 예로 행신고에서는 '푸른 교실'이라는 제도를 운영하고 있는데, 행신고 교칙에 규정된 푸른 교실을 소개하면 다음과 같습니다.

* 제36조 (푸른 교실의 운영)

1. 제31조에 해당되는 학생에게 반성의 기회를 제공하고 징계를 경감하기 위하여 교내·외 봉사활동으로 푸른 교실을 운영, 1시간 1점의 점수를 감점한다. (푸른 교실에서의 봉사활동은 생활기록부의 봉사 활동과는 관계가 없다.)

2. 푸른 교실 실시로 인한 점수 감점은 푸른 교실 확인서를 학생생활지도부에 접수한 날로부터 적용한다.

☀ 긍정적 처벌의 사례: 3 ☀

-교내 봉사-

1. 학교 환경미화 작업, 교사 업무보조, 교재·교구 정비, 교내도서관 도서 정비 등을 말합니다.
2. 교내 봉사의 특징은 평소처럼 수업을 들으면서 생활지도부 및 진로상담부 교사의 지도 아래 교내 봉사활동을 한다는 것입니다.
3. 교내 봉사 활동의 장점은 다음과 같습니다.

장점

- 현재 선도 체계에서 일반적으로 사용하는 방법입니다.
- 현재 선도 체계와 비슷하기 때문에 학생과 교사의 혼란을 줄일 수 있습니다.
- 교사가 부과할 수 있는 가장 쉬운 방법이며, 학생의 활동 수행 여부를 확인하기 편리합니다.

4. 교내 봉사 활동의 단점은 다음과 같습니다.

단점

- 교사의 안이한 태도로 징계의 과정이 변질될 과정이 있습니다.
- 학생들도 자신의 행위를 반성하고 책임을 느끼기 보다는 봉사활동 시간만 채우면 된다는 식으로 인식할 가능성이 있습니다.

5. 교내 봉사 활동이 가지는 단점을 보완하기 위해서는 학생들이 학생들의 잘못된 행동과 연관된 교내 봉사 활동을 할 수 있도록 봉사 활동 분야를 정하고, 정해진 시간동안 달성해야 하는 목표에 대해 명확하게 제시해 학생들이 단순히 시간 때우기 식으로 생각하지 않도록 해야 합니다.

☀ 긍정적 처벌의 사례: 4 ☀

- 나의 다짐 쓰기 -

1. 나의 다짐 쓰기의 예시는 다음과 같습니다.

나의 다짐 쓰기 (예시)

1. 내가 위반한 사항이 무엇입니까?
2. 위반하게 된 이유는 무엇입니까?
3. 선택할 수 있었던 다른 행동은 무엇입니까?
4. 만약 다시 선택한다면 무엇을 하겠습니까?
5. 나같은 동료를 본다면 뭐라고 충고하겠습니까?
6. 앞으로의 포부를 연설문 형태로 작성해봅시다.

---

2. 다짐문을 작성하고 학부모의 날인을 받아오게 하는 등의 변형 적용을 할 수 있습니다.

3. 기존의 반성문이 자기 행위에 대한 진정한 반성이 아닌 형식적이고 상투적인 어구의 나열에 그쳤던 것이 사실입니다. 그러나 '나의 다짐 쓰기'는 자기 위반 행위에 대해 구체적인 반성을 할 수 있는 계기를 제공한다는 측면에서 반성문 처벌보다 효과적이라 할 수 있습니다.

4. 그러나 반성문 작성에 익숙해져 있는 학생들이 자기 행위에 대한 반성을 심층적으로 진술할 수 있느냐하는 우려가 있을 수 있습니다. 따라서 작성 시 유의사항의 대강을 학생들에게 지도할 것이 요구됩니다. 그렇다고 해서 교사가 작성과정에 지나치게 깊이 개입하는 것도 지양해야 할 것입니다. 그래야만 학생 스스로의 자기반성이 가능하기 때문입니다.

☀ 긍정적 처벌의 사례: 5 ☀
- 위반 사항과 관련된 '포스터 그리기'-

1 포스터 그리기 활동이란 4절지 정도 크기의 용지에 위반 사항 예방을 내용으로 한 포스터를 그려 교내에 전시하는 것을 말합니다.

2 물론 교내에 전시한다는 것은 하나의 방안일 뿐 지도 교사나 담임 교사 등에게 제출만 하는 방식도 있을 수 있습니다.

- 나의 다짐 쓰기나 포스터 그리기 활동은 다음과 같은 장·단점을 갖습니다.

장점

- 자신의 일을 스스로 돌아보고 생각해볼 충분한 시간을 줌으로써 자신의 행동에 대해 반성할 기회를 제공합니다.

단점

- 상투적 문구만 사용하는 등 형식적으로 수행할 경우 교육적 효과를 얻기 어렵습니다.

☀ 긍정적 처벌의 사례: 6 ☀
- 시 외우기 -

1 시외우기는 교칙 위반 학생의 심성을 바로잡을 수 있는 시편을 암송하게 하

는 것입니다.

② 교칙 위반 사항에 따라 각각 활용할 수 있는 시의 예시는 다음과 같습니다.

상 황	그에 어울리는 시
다툰 학생에게	곽재구, 「받들어꽃」, 『받들어꽃』, 미래사
청소를 도망친 학생에게	안도현, 『외롭고 높고 쓸쓸한』, 문학동네. 자유롭게 1편
떠든 학생에게	『내 무거운 책가방』, 실천문학사. 자유롭게 1편
지각한 학생에게	서정홍, 『58년 개띠』, 보리. 자유롭게 1편
숙제를 안해온 학생에게	양정자, 『아이들의 풀잎노래』, 창작과비평사. 자유롭게 1편
그밖에 학생들이 호응할만한 책들	정호승, 『흔들리지 않는 갈대』, 미래사. 김상욱, 『시의 길을 여는 새벽별 하나』, 푸른나무. 『선생님과 함께 읽는 우리시 100』, 실천문학사.

☀ 긍정적 처벌의 사례: 7 ☀

-책 읽고 글쓰기-

① 책 읽고 글쓰기는 심각한 문제를 저질렀을 때나, 담배를 피웠을 때나, 계속 같은 잘못을 오랫동안 했을 때, 처벌 대신 쓸 수 있는 방법입니다.

② 학생이 처한 상황에 따라 권장할 수 있는 예시는 다음과 같습니다.

《요즘 청소년들이 잘 받아들이는 책 몇 권》

-가정이 문제가 있는 학생에게: 김한수, 『봄비 내리는 날』, 창작과비평사

-세상 편한 것만 아는 학생에게: 조영래, 『전태일 평전』, 돌베개

-친구들을 자꾸 괴롭히는 학생에게: 이문열, 『우리들의 일그러진 영웅』, 문학사상

-지혜가 필요한 학생에게: 윤구병, 『꼭 같은 것보다는 다 다른 것이 더 좋아』, 푸른나무

-학교에 적응 못하는 학생에게: 이상석, 『사랑으로 매긴 성적표』, 친구

-성적인 문제가 있는 학생에게: 김성애·이지연, 『내가 알고 싶은 것 그러나 하이틴 로맨스에도 포르노에도 나오지 않는 것』, 또하나의문화

- 이성교제에 관심이 많은 학생에게: 『세상의 절반 여성이야기』, 우리교육
- 책하고 거리가 먼 학생에게는 동화를 권한다: 위기철, 『생명이 들려준 이야기』, 사계절
- 때로 만화를 써도 좋다: 최정현, 『반쪽이의 육아일기』, 여성신문사.

✹ 긍정적 처벌의 사례: 8 ✹
― 에세이 쓰기 ―

① 에세이 쓰기란 기존의 반성문 쓰기보다 좀 더 구체적인 주제를 제시하여 자신의 행동에 대해 생각해볼 기회를 갖도록 하는 것입니다.

② 몇 가지 예를 들면 다음과 같습니다.

- 흡연이 건강에 미치는 영향과 학교 공동체의 다른 사람들에게 미치는 영향에 대한 조사보고서 써오기(흡연을 한 학생에게)
- 친구에게 폭력을 행사하게 된 원인, 경과, 결과, 다른 선택 가능성 등에 대해 생각해보고 써오기(친구에게 폭력을 가한 학생에게)
- (좀)도둑질이 지역사회에 어떤 영향을 미칠 수 있는지에 대해 생각 및 조사해서 에세이 쓰기(도둑질을 하다 적발된 학생에게)

③ 에세이 쓰기의 장점은 다음과 같습니다.

장점

- 기존의 반성문이 학생의 상투적이고 추상적 어구로 작성되어 교육적 효과가 미미한 반면, 에세이 쓰기는 자신의 규칙 위반 행위와 관련된 보다 구체적인 주제를 가지고 실질적이고 분석적으로 자기 행위를 반성할 수 있는 계기를 줄 수 있습니다.

● 행위 자체가 자기뿐만 아니라 가족, 학교, 지역사회, 국가 차원 등에서 어떤 영향을 미칠 수 있는지를 고민해 볼 여지를 줌으로써 집단 및 사회 구성원으로서의 책임감을 고무시킬 수 있습니다.

④ 에세이 쓰기의 유의사항은 다음과 같습니다.

- 반성문 작성은 교사가 직접적으로 관찰 및 통제할 수 있는 반면, 위반 사안에 대한 일련의 조사과정이 필요한 에세이의 경우에는 교사가 부재한 상태이기 때문에 타인이 작성해주거나 단순히 참고문헌 및 자료에서 베낄 수가 있다는 우려가 있습니다.
- 학생의 규칙 위반 행위와 연관된 구체적인 주제를 설정하는데 교사들이 보다 주도면밀한 노력을 기울여야 합니다. 그렇지 않을 경우 교육적 효과가 낮을 수 있습니다.
- 자칫 에세이 쓰기가 학생의 사생활이나 자존감을 해치지 않도록 학생 인권보호 측면 역시 고려해야 합니다.

☀ 긍정적 처벌의 사례: 9 ☀

－ 역할극 －

① 역할극이란 지역 상담소의 전문 상담원의 도움을 받아 시행하는 방법으로 역할극을 활용해 내담자가 스스로 문제를 해결할 수 있게 돕는 상담입니다.
② 역할극의 장·단점은 다음과 같습니다.

장점

● 학생 지도 과정에서 교사의 업무 부담이 감소될 수 있습니다.

- 경험있는 전문가의 도움으로 학생에게 심리적 안정을 제공할 수 있습니다.
- 역할극을 통해 다른 사람의 입장이 되어 봄으로써 자신의 행동에 대해다시 한 번 생각해 볼 수 있는 기회를 마련해 줍니다.

단점

- 학생들이 진지하게 참여하지 않으면 교육적 효과가 미미할 수 있습니다.
- 교칙 위반 시점과 처벌 시행 시점 사이의 간격이 클 경우 교육적 효과가 미약할 수 있습니다.

✳ 긍정적 처벌의 사례: 10 ✳

- 선도 처분 -

1 선도 처분이란, 학교 측이 다른 학교로의 전학이나 직업 훈련 기관을 알선하여 학생이 새로운 생활을 할 수 있는 기회를 제공하는 징계 방법입니다.
2 해당 학생이 현재 다니고 있는 학교를 더 이상 다닐 수 없다는 점에서 성격상 퇴학과 유사하지만, 계도적 성격이 강한 방식이라는 점에서 다릅니다.
3 과거 퇴학 처분이 다분히 징계 위주의 학교에서의 퇴출 명령에 가까웠다면 선도 처분은 학생에게 다른 대안을 제시한다는 차원에서 보다 교육적 효과가 높은 처벌 방식이라고 할 수 있습니다.
4 그러나 선도 처분과 퇴학의 차이에 대한 공감대가 형성되지 못한 현실을 고려하면 퇴학과의 차별성이 없는 것처럼 인식될 수도 있습니다. 우선 선도 처분 학생에 대한 국민의식의 변화가 수반되어야 할 것입니다.

✴ 긍정적 처벌의 사례: 11 ✴

－ 시범학교 사례 －

▷ 교장선생님과 면담 후 사인받기

(교장 선생님 지도장 양식 → page 166)

▷ (지정)사과순례: (지정된) 선생님들을 방문해서 그동안의 잘못을 반성하고 개선의 노력을 하겠다는 다짐을 한 후 사인을 받아오는 것

(사과순례 확인장 양식 → page 167)

▷ 수업 열심히 듣고 선생님께 사인받기

(수업 태도 확인장 양식 → page 168)

▷ 담임선생님과 교환 일기 쓰기

▷ 매일 아침 일찍 등교하여 선생님 10분께 확인 사인받기

▷ 매일 아침 일찍 등교하여 선도부와 함께 지각생 단속

▷ 매일 아침 일찍 등교하여 플랜카드 들고 교내 캠페인 참여

▷ 선생님 업무 도와드리기

▷ 매일 아침 지정 시간에 담임선생님께 모닝콜 해드리기

▷ 교육용 다큐멘터리 감상하고 감상문 쓰기

▷ 담임선생님 또는 상담선생님과 개인 상담

▷ 한자 300자 쓰기 / 천자문 쓰기

▷ 학부모 생활 지도장 받아오기

(학부모 생활 지도장 양식 → page 171)

9 사전 교육의 중요성

✹ 사전 교육의 의미 ✹

▷ 학생자치법정에 참여하는 학생 구성원들 - 판사, 검사, 과벌점자, 변호인, 배심원, 서기, 법정경위, 증인 등 - 은 법정이라는 공간 자체가 낯선 경우가 대부분입니다. 학생들이 실제 법정이 어떤 모습인지, 그 안에서는 어떤 형식에 따라서 어떤 이야기들이 오고가는지를 접할 기회가 그다지 많지 않습니다.

▷ 따라서 매끄러운 학생자치법정 운영을 위해서는 구성원들이 법정이라는 공간 자체에 대한 이해하는 것과 함께 법정에서 이루어지는 재판 절차에 대한 이해하는 것이 선행되어야 합니다.

▷ 이를 위해서 필요한 것이 사전교육입니다. 학생들에게 법정의 전반적인 운영 방식에 대해 알려주고, 재판이 열리기 전에, 그리고 재판이 열린 후에 구성원 각각이 맡은 역할에 따라 어떤 방식으로 어떻게 행동해야 하는지를 알려주는 것이 필요합니다.

▷ 특히 반복적으로 학생자치법정에 참여하게 되는 판사나 검사, 서기, 법정경위

보다도 일회적으로 학생자치법정에 참여하게 되는 과벌점자, 변호인, 배심원, 증인 등에 대한 교육이 중요합니다. 판사나 검사의 경우 여러 차례 학생자치법정에 참여하면서 자신의 역할이 무엇인지를 분명히 인식하고, 구체적인 행동방향을 세울 수 있지만, 법정에 처음 참여하는 학생들의 경우 재판이 어떻게 진행되는지, 자신이 어떻게 해야 하는지의 문제에서부터 어려움을 겪을 수 있습니다.

▷ 학생자치법정에 참여하는 구성원들에게 교육을 시킬 때에는……
　- 공통적으로 학생자치법정의 운영 절차에 대한 교육이 필요합니다. 운영 절차에 대한 이해는 법정의 전반적인 흐름을 알고, 자신의 역할과 위치를 분명히 하는데 도움이 됩니다. 여러 차례 학생자치법정에 참석하는 구성원의 경우 공통교육은 처음 한 차례만 실시한 후 생략할 수 있습니다.
　- 개별적으로 학생자치법정의 구성원들 각각의 역할에 대한 교육이 필요합니다. 예를 들어 변호인을 맡은 학생에게는 언제 변론을 하는지, 어떤 방식으로 변론을 하면 좋은지, 변론을 하기 위해서는 어떤 내용이나 자료를 준비해야 하는지 등에 대한 간략한 교육이 제공되어야 할 것입니다. 개별교육의 경우에도 여러 차례 법정에 참석하는 학생들에게는 처음 한 차례만 교육을 실시 한 후 생략할 수 있습니다.
　- 교육을 할 때에는 법정이 익숙하지 않은 학생들이 좀 더 쉽게 이해할 수 있도록 간단한 교육자료 인쇄물과 함께 동영상을 활용할 수 있습니다. 특히 재판 장면이 담긴 동영상의 경우 단순한 인쇄물보다 훨씬 더 법정에 대해 많은 정보를 제공할 수 있고, 학생들이 이해하기 쉽습니다.

(교육자료 인쇄물 → page 170)

IV. 학생자치법정의 실제

★ 학생자치법정을 시행하는데 있어서 아마 가장 낯설고 많은 고민이 필요한 부
분은 실제로 어떻게 재판을 운영할 것인지와 관련된 부분일 것입니다. 이 장
에서는 어떻게 학생자치법정의 집행부를 구성하고 운용할 것이며 각자의 역
할은 무엇인지, 실제 재판의 절차는 어떻게 되며 처벌결과는 어떻게 확인할
것인지에 대해 설명하고 있습니다.

IV

학생자치법정의 실제

학생자치법정의 형태

미국에서의 학생자치법정의 형태는 크게 4가지로 나뉩니다. 이를 바탕으로 한국에서 적용할 수 있는 학생자치법정의 형태를 분류해 보면 아래와 같습니다.

✳ 성인 판사제(adult judge) ✳

청소년 자원 봉사자가 변호인, 배심원, 검사, 서기, 법정 관리인의 역할을 담당하고, 변호사나 판사 출신의 성인 자원 봉사자는 판사의 역할을 수행하는 형태입니다.

10~12명 정도의 청소년 자원 봉사자와 1명의 성인 자원 봉사자를 필요로 합니다. 재판 과정에서 판사는 유일한 성인으로, 법정이 안정적으로 운영되고, 판결이 권위를 갖도록 하는데 도움을 줍니다. 성인이 재판에 참여함으로 인해서 학생들의 자치적인 운영이 어려울 수 있다는 우려가 있을 수 있지만, 판사는 배심원들의 판

단에 최종적인 동의만 하는 역할이기 때문에 실제로 재판 결과에 큰 영향을 미치지는 못합니다. 오히려 경험이 부족한 배심원들이 판결을 내리는데 어려움이 없도록 돕는 역할을 하게 될 것입니다.

✳ 청소년 판사제(youth judge) ✳

청소년 자원 봉사자들이 성인 자원 봉사자의 감독 하에 변호인, 배심원, 검사, 서기, 법정 관리인의 역할 뿐 아니라 판사의 역할까지 모두 수행하는 형태로 10~12명의 청소년 자원 봉사자를 필요로 합니다. 청소년 판사제는 청소년이 판사의 역할을 포함한 모든 역할을 수행한다는 점에서 성인 판사제와 차이가 있습니다. 학생들의 자치적인 활동과 자율성이 강조되고, 학생들 간의 판결이므로 과벌점자에게 판결이 더 설득력을 가질 수 있다는 장점이 있지만 학생이 판사를 맡음으로 인해 판결의 권위가 제대로 살아나지 못할 수 있습니다. 또한 청소년 판사를 맡기 위해서는 이전에 학생자치법정에서 변호사나 검사를 했던 경험이 있어야 하고, 객관적이고 이성적인 판단을 내릴 수 있다는 것이 전제되어야 한다는 점이 단점으로 지적될 수 있습니다.

✳ 청소년 집단 판사제(youth tribunal) ✳

배심원 없이 변호인, 검사, 판사만으로 운영되는 형태입니다. 이 때 판사는 세 명의 청소년으로 구성된 패널이 담당하게 되고, 약 7명 정도의 청소년 자원 봉사자가 필요합니다. 이 형태는 배심원 없이 판사가 판결을 내린다는 점을 제외하고는 다른 재판과정과 동일하게 이루어집니다. 청소년법정에 가능한 한 많은 학생들이 참여해 자치적인 법정을 운영해 나가야 한다는 점을 생각해 볼 때, 청소년 집단 판사제는 참여할 수 있는 인원이 적다는 점이 문제점으로 지적될 수 있습니다. 또한, 학생들만으로 법정이 운영되는 과정에서 학생들이 운영상의 어려움을 겪을 때 방향을 잡아줄 성인이 없다는 점도 단점입니다.

✹ 동료 배심원제(peer jury) ✹

동료 배심원제의 가장 큰 특징은 변호인이나 검사가 없다는 점입니다. 성인이나 청소년 자원 봉사자가 판사를 맡고(대부분 성인이 판사를 맡음), 청소년 자원 봉사자들이 배심원으로 활동하면서 피고에게 직접 질문을 합니다. 이러한 형태는 사건의 진행이 간단하고 빠르기 때문에 학생자치법정에 회부되는 사건의 수가 매우 많을 때 적합한 방식입니다. 여기에는 약 6~8명 정도의 청소년 자원 봉사자가 필요합니다. 동료 배심원제의 경우 변호인이나 검사가 없는 형태이기 때문에 학생들에게 법정의 분위기가 제대로 전달되지 않아 재판의 엄숙함이 떨어진다는 문제가 있을 수 있습니다. 또한 활용되는 청소년 자원 봉사자의 수가 적어 많은 학생들이 참여하고, 경험할 수 없다는 단점이 있습니다.

⇒ 위의 4가지 유형의 장 / 단점을 살펴 볼 때 우리나라의 현실에는 1.성인 판사제나 2.청소년 판사제의 형태가 가장 적합하다고 할 수 있습니다. 이 매뉴얼에서는 성인 판사제와 청소년 판사제를 전제로 설명이 진행됩니다.

2 학생자치법정의 재판일정

☀ 학생자치법정의 재판 횟수 ☀

- 학생자치법정은 매주 / 격주 / 1달 간격으로 실시하는 것이 가능합니다.

- 학생자치법정에 회부되는 인원수에 따라 재판 간격을 조정할 수 있습니다. 그렇지만 학생자치법정의 안정적 시행을 위해서는 가급적 고정적인 재판 간격을 두고, 재판 횟수를 정하는 것이 좋습니다.

- 학생자치법정 1회 당 4~5건의 사건을 처리하는 것이 적정한 수준입니다.

- 학생자치법정을 매주 실시할 경우 학생자치법정을 운영하는데 필요한 인원이 구성되지 않을 수 있습니다.

- 또한 1달 간격으로 실시할 경우 사안에 대한 처리 기간이 오래 걸려 처벌의 효과가 떨어질 가능성이 있습니다.

- 따라서 격주 간격으로 시행하는 것이 가장 바람직할 것입니다.

☀ 학생자치법정의 일시 ☀

- 학생자치법정 제도를 안정적으로 운영하기 위해서는 일정한 간격을 가지고 고

정적인 날짜에 시행하는 것이 필요합니다.

- 1건을 처리하는데 대략 30분정도 걸린다고 예상하면 1회에 4~건을 처리해야 하므로 총 예상 소요시간은 1회당 약 3시간 내외입니다.

- 따라서 학생자치법정의 원활한 운영을 위해서는 토요일과 같이 학생들의 부담이 적은 때로 결정하는 것이 좋습니다.

3　학생자치법정의 절차

☀ 학생자치법정의 절차-예시 ☀

아래의 표는 학생자치법정이 열리기 사흘 전까지의 누적벌점을 기준으로, 격주 간격으로 토요일에 학생자치법정을 실시한다고 가정하고 구성한 일정표입니다.

일	월	화	수	목	금	토
←			A			→
←	A	→	B1 / B2	C	D	E
←			F			→
←			F			→

분류	시간	해야 할 일	담당
A	～화요일	– 벌점 부과	
B1	수요일 오전	– 벌점 부과 – 누적 점수 집계	담당 교사 선도부
B2	수요일 오후	– 집계 결과 확인 – 학생자치법정 회부 대상자 선정 – 명단 작성 – 사실관계 목록 작성 （과벌점자, 검사, 변호인, 판사에게 제공） – 명단, 사실관계 목록 학생회에 제출	담당 교사 선도부
C	목요일	– 담당 서기 확정 – 판사, 검사, 과벌점자에게 통보문, 사실관계 목록 전달 – 배심원단에게 통보문 전달 – 과벌점자 측 변호인 선임 여부 확인 – 변호인에게 통보문, 사실관계 목록 전달	학생회
D	금요일	– 재판 공시（생략 가능）	담당 교사
E	토요일	– 학생자치법정 재판 （재판 절차 → page 104）	법정 구성원
F	～다음 재판	– 재판 후 처벌 사항 이행 확인	선도부

✳ 학생자치법정의 절차 ✳

■ 학생자치법정은 학생들의 누적벌점이 학교에서 정한 일정 수준에 이르렀을 때 회부되게 되는데, 정해진 재판 일시에 한꺼번에 일괄처리 합니다. 학생자치법정이 열리기 전 일정 기간까지의 누적 벌점이 학생자치법정 회부 수준에 도달한 학생들은 학생자치법정에 회부되게 됩니다. 학생자치법정에 회부되는 것이 결정되면 학교에서 학생자치법정을 담당하는 교사는 과벌점자에게 학생자치법정이 열리는 날짜와 장소를 공고하고, 배심원, 판사, 과벌점자, 변호인, 검사 등에게 통보문을 보냅니다.

■ 재판을 공시할 경우 학생들이 법정의 실체를 이해하는데 도움이 된다는 장점이 있지만 개인의 정보를 침해할 수 있다는 문제점도 있습니다. 따라서 재판 공시를 어느 정도의 수준으로 할 것인지에 대해 결정해야 합니다. 재판의 공시 문제와 함께 방청을 허용할 것인가의 문제도 함께 생각해 보아야 합니다. 방청을 허용할 경우 학생들이 법정에 참여하고, 경험하는 폭을 넓힐 수 있지만 과벌점자의 사생활이 공개되는 문제가 생길 수 있습니다.

■ 학생자치법정 구성원에게 보내지는 통보문에는 사안에 대한 설명, 학생자치법정이 열리는 날짜와 장소 공고, 구성원 별 역할 등에 대해 안내하는 내용이 포함되게 됩니다. 통보문에는 구성원들이 각자 맡은 역할의 의미와 권한, 주의 사항 등이 강조되며 그 내용이 역할별로 구분되어야 합니다.

(학생자치법정 통보문 → page 149)

4 학생자치법정의 재판 절차

✸ 학생자치법정의 재판절차 - 과정표 ✸

```
┌─────────────────────────────────────────┐
│              판사의 교육                   │
│  (학생자치법정 구성원 역할 및 진행요령 안내)  │
└─────────────────────────────────────────┘
                    ⇓
┌─────────────────────────────────────────┐
│              과벌점자 선서                  │
└─────────────────────────────────────────┘
                    ⇓
┌─────────────────────────────────────────┐
│          검사 인정 신문 및 기소 요지 진술     │
└─────────────────────────────────────────┘
                    ⇓
┌─────────────────────────────────────────┐
│               변호인 변론                  │
└─────────────────────────────────────────┘
                    ⇓
┌─────────────────────────────────────────┐
│        검사 신문 및 최종 의견 진술(구형)      │
└─────────────────────────────────────────┘
                    ⇓
┌─────────────────────────────────────────┐
│             변호인 최후 변론                │
└─────────────────────────────────────────┘
                    ⇓
┌─────────────────────────────────────────┐
│          과벌점자 최종 의견 진술            │
└─────────────────────────────────────────┘
                    ⇓
┌─────────────────────────────────────────┐
│           휴정 및 배심원 회의               │
└─────────────────────────────────────────┘
                    ⇓
┌─────────────────────────────────────────┐
│                재개정                     │
└─────────────────────────────────────────┘
                    ⇓
┌─────────────────────────────────────────┐
│            배심원 합의문 낭독               │
└─────────────────────────────────────────┘
                    ⇓
┌─────────────────────────────────────────┐
│           판사에게 합의문 제출              │
└─────────────────────────────────────────┘
                    ⇓
┌─────────────────────────────────────────┐
│                판결 선고                   │
└─────────────────────────────────────────┘
                    ⇓
┌─────────────────────────────────────────┐
│             재판부 퇴정(폐정)              │
└─────────────────────────────────────────┘
```

〈학생자치법정의 재판 절차〉

✴ 학생자치법정의 재판절차 ✴

■ 학생자치법정은 학생들의 누적벌점이 학교에서 정한 일정 수준에 이르렀을 때 회부되게 되는데, 정해진 재판 일시에 한꺼번에 일괄처리 합니다. 학생자치법정이 열리기 전 일정 기간까지의 누적 벌점이 학생자치법정 회부 수준에 도달한 학생들은 학생자치법정에 회부되게 됩니다. 학생자치법정에 회부되는 것이 결정되면 학교에서 학생자치법정을 담당하는 교사는 과벌점자에게 학생자치법정이 열리는 날짜와 장소를 공고하고, 배심원, 판사, 과벌점자, 변호인, 검사 등에게 통보문을 보냅니다.

■ 학생자치법정 구성원에게 보내지는 통보문에는 사안에 대한 설명, 학생자치법정이 열리는 날짜와 장소 공고, 구성원 별 역할 등에 대해 안내하는 내용이 포함되게 됩니다. 통보문에는 구성원들이 각자 맡은 역할의 의미와 권한, 주의 사항 등이 강조되며 그 내용이 역할 별로 구분되어야 합니다.

■ 학생자치법정이 열리는 날, 재판장에 검사와 변호인, 과벌점자, 배심원단이 자리를 잡은 후 판사가 들어오게 됩니다. 판사가 개정선언을 한 후 재판에 회부된 과벌점자와 변호인들이 법정에 와있는지 점검하는 출석확인을 합니다. 과벌점자와 변호인들이 모두 출석한 것을 확인한 후 판사는 학생자치법정의 구성원이 각각 맡은 역할과 재판 진행 요령을 간단하게 안내합니다. 이 때 안내할 내용은 미리 원고를 작성해 두고, 재판마다 반복적으로 읽는 것이 편리할 것입니다. 간단한 교육이 끝나면 과벌점자들이 재판에 성실하게 임할 것을 다짐하는 선서가 이어집니다.(과벌점자 선서문→page 147) 선서가 끝나면 각각의 과벌점자들이 순서대로 재판을 받게 됩니다. 서기가 사건 번호와 과벌점자의 이름을 부르면 과벌점자는 중앙의 과벌점자석에 앉습니다. 판사가 우선 검사에게 모두 진술을 요청하면 검사는 과벌점자가 재판에 회부된 사안에 대해 구체적으로 나열하고 간단하게 기소요지를 진술합니다. 이어서 검사가 과벌점자에게 신문을 하고, 이어서 과벌점자 측 변호인이 신문과 변호를 합니다. 검

사나 변호인의 필요에 따라 증인이 증언을 하거나 증거 자료를 제출할 수 있습니다. 증인을 세울 경우, 증인은 선서를 하고, 검사와 변호인의 질문에 대답하며 증거 자료의 경우 재판부에게 미리 증거를 제출함을 알리고 서기를 통해 자료를 제출합니다. 검사와 변호인에게는 각각 두 번의 심문 기회가 있습니다. 검사가 두 번째 심문을 하고 이와 함께 구형을 하게 되는데, 이 때의 구형은 배심원이 처벌을 확정할 때 경감하거나 경감하지 않을 수 있는 기준이 됩니다. 검사의 구형이 끝나면 변호인의 최후 변론이 이어지고, 마지막으로 과벌점자가 최종 진술을 함으로써 한 명의 과벌점자에 대한 재판이 끝납니다. 이러한 과정을 각각의 과벌점자가 반복합니다. 마지막 과벌점자에 대한 재판 과정이 끝나면 배심원은 별도의 공간에 마련된 배심원 회의실로 자리를 옮겨 사안에 대해 논의합니다. 논의는 결정이 만장일치에 이를 때까지 계속되고, 결정이 내려지면 이를 배심원 판결문에 정리합니다. 배심원의 결정이 끝나면 다시 재판을 개정합니다. 배심원 대표가 일어서서 배심원 판결문의 내용을 읽고 판사에게 판결문을 제출하면 판사는 이를 보고 이를 수락할지 거부할지를 결정합니다. 판사가 이를 수락한다면 다시 한 번 큰 소리로 판결문의 내용을 읽습니다. 만약 판사가 배심원단의 결정을 거부한다면 배심원단에 재심의할 것을 요청하고, 배심원단은 다시 한 번 회의장으로 가서 새로운 결정을 내리게 됩니다. 판사가 판결문을 읽은 후 재판의 폐정선언을 하고 재판정 밖으로 나가면 재판이 끝나게 됩니다.

[Tip] 학생자치법정을 시행하다보면 학생들의 발언이 지나치게 길어져 재판이 적정 시간인 2~3시간을 훌쩍 넘기는 경우가 생깁니다. 이럴 경우 재판에 참여하고 있는 구성원들 모두 집중력이 떨어질 뿐 아니라 지나치게 많은 시간을 소모하게 되어 학생들의 적극적인 참여를 유도하는데 어려움이 있을 수 있습니다. 이러한 문제를 방지하기 위해서는 미리 검사와 변호사가 발언할 수 있는 시간을 정해두고, 그 시간을 초과할 경우에는 판사가 발언을 정리하도록 유도하는 것이 필요합니다.

■ 배심원 회의실에서 열리는 배심원단 회의에 판사가 참관하는 형태와 배심원단끼리만 회의를 하고 판사에게 결과를 통보하는 형태가 있을 수 있습니다. 판사가 배심원단 회의를 참관할 경우 배심원단과 판사의 의견합치가 이루어

진 판결이 나오게 되므로 판사가 배심원단의 결정을 받아들이지 않는 문제가 발생하지 않습니다. 그렇지만 배심원단의 결정에 판사가 개입하거나 영향을 줄 소지가 있습니다. 배심원단끼리만 회의를 진행할 경우 학생들이 자율적으로 결정을 내리는 기회를 갖는다는 측면에서는 바람직하지만 배심원단 회의에서 배심원단이 역할을 수행하는데 어려움을 겪거나 적절한 결정이 내려지지 않을 수 있다는 문제가 있습니다. 두 형태 중 어떤 형태로 회의가 진행되든지 반드시 지켜져야 할 것이 있는데, 판사가 배심원단의 판결을 승인하는 과정을 가질 때 재판정에서가 아닌 회의실 안에서 승인여부를 결정해야 한다는 것입니다.

■ 과벌점자가 배심원단의 결정에 따르기로 결정한다면 내려진 판결에 따라 처벌을 수행해야 하고, 이를 제대로 수행할 경우 학생자치법정을 통한 선도프로그램은 끝나게 됩니다. 하지만 과벌점자가 배심원단의 결정을 따르지 않거나, 판결을 제대로 이행하지 못했을 경우에는 부모님과 함께 참석해야하는 심의위원회로 넘어가게 됩니다.

✹ 재 판 후 절 차 ✹

재판이 끝난 후 과벌점자는 판결에 따른 처벌을 수행해야 합니다. 특별한 사정이 없는 한 과벌점자가 판결에 불복하는 것은 불가능하고, 만약 판결을 제대로 이행하지 않는다면 다시 심의위원회로 회부됩니다. 심의위원회에는 부모님이 함께 출석해야 합니다. 학생들의 성실한 판결 이행을 위해서는 부모님과 함께 출석해야 하는 것과 같은 엄격한 조항이 필요하기 때문입니다. 이 과정이 제대로 이루어지는지는 선도부 학생들에 의해 관리, 감독되고 그 결과는 담당 교사에 의해 통계처리 되게 됩니다. 과벌점자가 주어진 과제를 무사히 수행하게 된다면 사건은 종료됩니다.

5 구성원의 역할 및 권한

성인판사제의 모델에서는 판사, 배심원, 검사, 과벌점자, 변호인, 서기의 임무를 수행할 인원이 필요합니다. 이때 판사는 성인 자원 봉사자나 청소년 자원 봉사자가, 나머지 역할들은 청소년 자원 봉사자가 맡아서 수행하게 됩니다. 이들의 역할 및 권한에 대해 구체적으로 살펴봅시다.

✳ 판사의 역할 및 권한 ✳

■ 판사는 재판이 시작할 때 재판의 주의사항을 안내하는 일과 피고에게 재판에 회부된 사안에 대해 공지하는 일, 사건에 대한 변호사와 검사의 의견을 듣고 배심원단의 결정을 확인하는 일을 맡습니다.

■ 판사는 재판의 전반적인 진행을 정리하는 역할을 담당합니다. 재판은 판사가 입장하면서 시작되고, 판사가 퇴장하면서 끝납니다. 권위를 가진 판사의 발언은 재판의 분위기를 엄숙하게 하는데 도움이 됩니다. 재판이 지나치게 과열되었을 경우 분위기가 다시 차분해질 수 있도록 전환하고, 간혹 변호사나 과벌점자가 제대로 의견을 전달하지 못했을 경우 간단한 질문을 통해 사실을 확인하는 질문을 해 배심원단의 판단을 도울 수 있습니다.

■ 판사는 사건에 대한 배심원단의 결정을 승인하거나 거부할 권리를 가지고 있습니다. 학생자치법정에서 판사는 과벌점자에 대한 판단을 내립니다. 하지만 이 때 판사가 내리는 판단은 배심원단의 판결을 승인할지 여부로 한정되어 있습니다. 실질적인 판결은 배심원단에 의해 이루어지고, 판사는 배심원단의 판

결을 승인하고, 이를 공표하거나 이를 승인하지 않고 배심원단이 다시 한 번 판결을 내릴 시간을 갖도록 할 수 있습니다.

■ 배심원단의 판정이 최대한 자율적으로 이루어지도록 해야 하고, 다시 판정이 만장일치로 이루어지는데 시간이 소요되기 때문에 판사가 거부할 때에는 신중하게 이루어져야 합니다. 배심원단의 판단에 특별한 문제가 없는 한 배심원단의 판결을 인정해주는 것이 바람직할 것입니다.

■ 판사가 배심원단의 결정을 승인할 경우 이는 판결로써의 효력을 가지게 됩니다. 만약 판사가 배심원단의 결정에 이의를 제기하고 승인하지 않을 경우 배심원단이 다시 결정을 조정하고, 다시 승인을 받는 절차를 거쳐 최종 판결을 내리게 됩니다.

■ 판사가 배심원단의 결정이 담긴 판결문을 읽으면 최종 판결이 선고되는 것으로, 판사가 판결문에 서명함으로써 최종적인 효력을 갖습니다.

■ 판사는 성인 자원 봉사자 1명이 담당합니다. 이 역할은 교사나 지역사회의 자원 봉사자가 맡을 수 있습니다.

■ 법조계 인사를 비롯한 지역사회 자원봉사자가 판사의 역할을 맡을 경우 학생들에게 판결이 제3자의 판단이라는 느낌을 주어 판결의 객관성과 중요성에 대한 인식을 강하게 할 수 있으나 적절한 자원봉사자를 찾는데 어려움이 있을 것으로 생각됩니다.

■ 따라서 대개는 교사가 판사를 담당하는 형태가 주로 활용될 수 있을 것입니다.

■ 이때 교사가 판사를 담당하더라도 학생들이 판결이 객관적인 판단이라는 느낌을 가질 수 있게 해야 하고, 판결의 중요성을 인식해 판결에 따른 벌을 성실하게 수행하도록 해야 할 것입니다.

■ 학생 판사제를 도입했을 경우, 학생들이 검사를 맡을 때와 마찬가지로 판사를 맡은 학생이 스스로를 우월하게 여기는 문제가 발생하지 않도록 유의해야 합니다. 또한 판사를 담당한 학생 역시 평소 스스로의 생활태도에 주의해야 한다는 것을 강조해야 할 것입니다.

■ 판사가 지나치게 과벌점자를 훈계할 경우, 과벌점자가 위축되거나 반감을 가질 수 있습니다. 판사는 중립적인 입장에서 전반적인 재판의 진행을 총괄해야 한다는 것을 기억해야 할 것입니다. 상황에 따라 판사가 무조건 중립을 지키기보다는 과벌점자가 위축되지 않도록 판사가 과벌점자의 입장에 약간 치우친 방향으로 재판을 진행하는 것도 좋습니다.

☀ 배심원의 역할 및 권한 ☀

■ 배심원단은 과벌점자 측 변호인과 검사의 주장을 듣고 난 후 회의실에서 과벌점자에게 어느 정도의 처벌을 내릴지 처벌 수준을 결정하는 역할을 맡습니다.

■ 이때의 처벌은 규정 상 정해진 처벌에서 정상참작 여부에 따라 처벌을 경감 정도를 결정하는 것이지 전적으로 처벌을 결정하는 권한을 가진 것은 아닙니다.

■ 처벌 수준은 배심원단의 만장일치로 결정됩니다. 검사와 변호사의 의견을 들은 후 휴정이 이루어졌을 때 배심원단은 별도로 마련된 회의실로 이동하여 회의 시간을 갖습니다. 배심원단의 의견이 만장일치를 이룰 때까지 배심원단은 회의실에서 회의를 통해 조정을 거쳐야 합니다.

■ 배심원 중 대표 한 사람이 만장일치로 결정된 내용을 판결문 형식에 맞추어 판결문으로 작성합니다.

(판결문 형식 → page 156-159)

■ 만약 판사가 배심원단의 결정을 거부할 경우 다시 한 번 회의실에서 결정을 내리는 과정을 반복합니다.

■ 배심원단이 회의실에서 판결을 내릴 때, 판사가 참관하는 형태와 배심원단끼리만 결정을 내리는 형태 중 선택할 수 있습니다.

■ 판사가 배심원단 회의를 참관할 경우 판사와 배심원단의 의견을 미리 조정할 수 있으므로 판사가 배심원단의 결정을 받아들이지 않는 문제가 발생하지 않는 장점이 있으나 배심원단의 결정에 판사가 개입할 수 있는 소지가 있다는 단점도 있습니다.

■ 배심원단끼리만 회의를 진행할 경우 학생들이 자율적으로 결정을 내린다는 측면에서 학생자치법정의 효과가 크다는 장점이 있으나 제대로 된 결정이 내려지지 않을 수 있다는 단점이 있습니다.

■ 어떤 형태로 진행하든 반드시 판사가 재판정이 아닌 별도의 공간(회의실 & 배심원 대기실) 안에 들어가서 승인할지 여부를 결정해야 합니다.

■ 배심원단은 학생자치법정에 있어서 가장 중요한 역할을 담당하게 됩니다. 배심원의 판단에 따라 과벌점자에 대한 처벌 수위가 결정되기 때문입니다. 배심원단이 합의를 통해서 결정한 판결은 교사라도 마음대로 변경할 수 없습니다. 이렇게 배심원단이 가진 결정 권한이 크기 때문에 배심원은 법정에 참여하는 동안 검사와 변호사의 발언을 신중하게 듣고 사실에 대해 꼼꼼하게 확인한 후 판단해야 합니다. 따라서 재판이 시작되기에 앞서 배심원이 맡은 역할과 이 역할의 중요성에 대해 알려주는 교육이 필요합니다.

■ 배심원단의 판결이 절대적인 결정력을 갖기는 하지만, 배심원단이 내릴 수 있는 판결에는 한계가 있습니다. 무엇보다도 중요한 것은 배심원단의 판결은 검사의 구형과 같거나 이보다 약한 수위의 처벌이어야 한다는 것입니다. 배심원단이 임의로 새로운 처벌을 추가하거나 변경하는 것은 허용되지 않습니다. 배심원단에

게 주어진 권한은 과벌점자의 사정과 태도에 따라 어느 정도의 선처가 가능할지를 판단하는 것입니다. 따라서 검사의 구형보다 높은 수준의 처벌을 판결하는 것은 불가능하며, 처벌을 경감할지 여부와 얼마나 경감할 것인지에 대해서만 판단할 수 있습니다. 이 점을 배심원단에게 강조해주어야 할 것입니다.

■ 배심원단은 청소년 자원 봉사자들로 구성됩니다. 이때 배심원단의 구성 방안은 크게 3가지로 생각해 볼 수 있습니다.
① 과거의 과벌점자들로만 구성하는 방안
② 과거의 과벌점자들+학생 자원봉사자로 구성된 배심원단 풀을 조성하는 방안
③ 교내의 모든 학생들이 번갈아가며 의무적으로 참여하는 방안

■ 위의 방안들 중 방안 ②의 경우 배심원단의 수를 항상 일정하게 유지할 수 있고, 과거의 과벌점자들과 학생 자원봉사자 간의 상호교류를 통해 긍정적인 효과를 창출할 수 있다는 장점이 있으므로 가장 권장하는 형태입니다.

■ 위의 3가지 방안 중 어떤 형태로 배심원단을 구성하더라도 참여한 학생들에게 봉사활동시간을 부여하는 등의 적절한 보상이 주어질 필요가 있습니다.

■ 방안 ②를 선택할 경우, 과거의 과벌점자와 학생 자원봉사자들에게 봉사활동 시간을 서로 다르게 부여하는 것을 통해 과벌점자와 자원봉사자를 차별화 할 수 있습니다. 예를 들어, 과벌점자에게 봉사활동시간 1시간을, 학생 자원봉사자에게 봉사활동시간 3시간을 부여하는 것을 통해 과벌점자를 처벌의 한 방편으로 참여하게 할 수 있습니다.

✳ 검사의 역할 및 권한 ✳

■ 검사는 청소년법정에서 과벌점자의 규칙 위반 사실에 대해 확인하고 과벌점자

의 규칙 위반에 대한 규정상의 처벌을 선고하는 일을 맡습니다. 이때 사실을 확인하고, 처벌을 선고하는 기준은 해당 학교의 교칙입니다.

■ 검사는 판결을 내릴 배심원단과 판사에게 엄정한 판결이 나올 것을 요청하고, 교칙의 중요성과 교칙 위반에 따른 처벌의 필요성을 주장합니다.

■ 검사를 선발하는 방식에는 여러 가지가 있을 수 있습니다. 하지만 어떤 방식으로 선발하더라도 학생들이 지나친 선민의식을 갖도록 해서는 안 됩니다. 물론 학생자치법정에서 검사로 봉사하는 것은 매우 자랑스러울만한 일입니다. 하지만 이러한 과정에서 검사 학생이 다른 학생들을 마치 자신이 지배하거나 통제하는 대상으로 생각해서는 안 됩니다. 학생들 간의 수직적인 위계질서가 생기게 될 경우, 다른 학생들이 위화감을 가질 수 있고, 이로 인한 반발이나 문제점이 생길 수 있습니다.

■ 성인들의 법정에서 검사는 피고인의 잘못을 날카롭게 지적하고, 엄한 처벌을 요청합니다. 하지만, 학생자치법정은 일반적인 성인들의 법정과는 전혀 다른 성격을 갖습니다. 검사들 역시 학교의 학생 중 한 사람일 뿐이고, 과벌점자를 질책하거나 무시할 권한이 있는 것이 아닙니다. 따라서 검사의 심문은 과벌점자의 벌점 위반 사실을 확인하는 정도에 그쳐야 할 것입니다. 검사가 인신공격적인 발언을 하거나 과벌점자의 잘못을 비난하는 행동을 하게 될 경우 과벌점자가 학생자치법정에 대한 반감을 가질 수도 있고, 이는 학생들이 잘못을 스스로 반성하고 개선해 나가게끔 하려는 학생자치법정의 취지와는 정반대의 결과를 가져올 수 있습니다.

■ 학생자치법정에서 검사가 검사로서의 자격을 갖추었다고 학생들에게 인정받기 위해서는 검사의 평소 생활태도가 학교의 규정에 적합해야 할 것입니다. 스스로 학교의 규정을 지키지 않으면서 다른 학생들에게 규칙의 중요성에 대해 설파하는 것은 아무런 설득력이 없습니다. 따라서 검사로 선발된 학생들은 강한 책임감을 가지고, 성실하게 학교생활에 임해야 한다는 것을 기억해야 할 것입니다.

■ 검사는 학교의 선도부원이 담당하게 됩니다.

  * 선도부가 없을 경우 학생자치법정을 담당하는 부서가 대신할 수 있습니다.
    이 매뉴얼에서는 선도부로 통칭하여 설명하겠습니다.

■ 검사로 활동함으로써 봉사활동시간, 표창, 장학금 등의 보상을 받을 수 있습니다.

■ 검사가 필요하다고 생각한다면 증인을 신청하는 것도 가능합니다.

(증인 신청 시 증인 선서문 → page 154)

✳ 과벌점자의 역할 및 권리 ✳

■ 과벌점자는 학교의 교칙에 따라 일정 수준 이상의 누적벌점에 이르렀을 때 학생자치법정에 회부되게 됩니다.

■ 학생자치법정이 열리기 일정기간 전, 과벌점자는 학생자치법정에의 출두를 통보문을 통해 통보받습니다.

■ 과벌점자는 자신의 위반 사실에 대한 정당한 상황 근거나 개선의 노력 등을 제시해 정해진 처벌 수위에서 가능한 한 낮은 처벌이 이루어지도록 요구할 수 있고, 이를 위해 변호인을 선임할 수 있습니다.

■ 과벌점자의 변호인 선임은 전적으로 과벌점자의 의사에 따라 결정되는 것으로, 과벌점자가 원하는 학생이 결정되는 것이 원칙입니다. 그렇지만, 적당한 변호인을 결정하지 못했을 경우, 과벌점자의 위임을 받아 학생회에서 지정변호인(국선변호인)을 정할 수 있습니다.

■ 사실 학생자치법정에 과벌점자로 참여하는 학생들은 굉장히 큰 범죄를 저지른 것이나 용서받을 수 없는 잘못을 한 것이 아닙니다. '법정'이라는 공간에 선다는 것만으로도 학생들은 충분히 심리적인 부담감과 압박감을 느낄 수 있습니다. 따라서 과벌점자들을 법정에서 지나치게 몰아세우는 것은 바람직하지 않습니다.

■ 오히려 학생자치법정이 과벌점자들이 그동안의 자신의 잘못을 인정하고, 이 중 피치 못할 사정이 있었던 경우에 대해 해명할 기회를 주거나 현재 얼마나 개선의 노력을 하고 있는지, 앞으로 얼마나 발전할 가능성이 있는지를 보여주고 앞으로의 바람직한 방향을 모색하는 시간이라고 생각하면 될 것입니다.

■ 물론 여기에는 그동안 벌점을 받아온 행동들에 대한 반성이 전제되어 있어야 합니다. 학생자치법정은 자신의 잘못을 무조건 부인하고 학교 교칙 자체에 대해 부정하는 자리가 아닙니다. 같은 이유의 벌점이라도 학생들마다 자신이 생각하는 나름대로의 억울한 사정이 존재할 수 있다는 점을 인정하고, 이에 대해 약간의 선처를 호소할 수 있도록 하는 자리입니다. 따라서 학생들에게 교칙이 필요없는 것이라거나 잘못된 것, 혹은 나쁜 것이라는 인식을 심어주어서는 안됩니다. 오히려 각자 사정이 있을 수는 있지만, 그럼에도 불구하고 규칙은 중요한 것이고, 지켜져야 하는 것이라는 것을 알리셔야 할 것입니다.

■ 자칫하면 학생자치법정에 서는 과벌점자의 사생활 침해의 문제가 제기될 수도 있습니다. 이러한 문제를 완화시키기 위해서는 사전에 학생자치법정의 교육적 의미에 대한 철저한 교육과 재판 후 역할 소감문 발표 등을 통해 학생자치법정이 과벌점자 자신의 의견을 밝히는 장이라는 점을 부각시켜야 할 것입니다.

■ 과벌점자는 정해진 날짜의 학생자치법정에는 반드시 나와야 합니다. 나오지 않을 경우의 처리 방안으로는 크게 2가지가 있습니다. 첫째, 나오지 않는

것을 교칙 위반으로 보고 무거운 벌점을 매기는 것, 둘째, 2번 정도 나오지 않을 경우 벌점 누적으로 선도위원회에 회부되게끔 하는 것입니다. 이 2가지 방안 중 적절히 선택하거나 2가지 방안을 절충해서 사용할 수 있을 것입니다.

✳ 변호인의 역할 및 권한 ✳

- 변호인은 과벌점자의 변론을 담당합니다.

- 변호인은 과벌점자의 위반 사실에 대한 정당한 이유, 그동안 학교생활의 성실함이나 반성하는 태도, 앞으로의 개선 약속 등을 제시함으로써 정해진 처벌 수위에서 가능한 한 낮은 처벌이 이루어 질 수 있도록 정상참작을 요청합니다.

- 검사단이 여러 차례의 법정 참여를 통해서 법정에서의 재판 절차에 대해 익숙해지고, 심문 경험을 축적해져있는 반면, 변호사는 학생자치법정의 절차나 변호의 노하우에 대해서 잘 모를 가능성이 높습니다. 따라서 변호사로 선정된 학생들에게는 재판에 앞서 실제 사례 동영상이나 안내문 등을 통해 변호사의 역할과 구체적인 발언 방식에 대해 알고, 미리 준비할 수 있도록 해야 할 것입니다.

- 특히 과벌점자의 상황을 이해하고, 발전 기회를 준다는 점에서 학생자치법정에서는 검사보다 변호사의 역할이 중요합니다. 변호사가 배심원단에게 과벌점자의 피치 못한 사정, 현재의 변화된 모습, 앞으로의 발전 가능성 등을 효과적으로 전달하여 과벌점자의 처벌이 경감될 수 있도록 하기 위해서는 변호사에 대한 사전 교육이 반드시 필요합니다.

- 변호인은 과벌점자가 원하는 사람을 선정하는 것을 원칙으로 합니다. 과벌

점자는 자신의 입장을 가장 잘 대변할 수 있을 것이라고 생각하는 사람을 변호인으로 요청할 수 있습니다. 그러나 과벌점자가 적절한 사람을 찾기 어려워 변호인 지정을 요청할 경우 학생회에서 따로 변호인을 지정할 수 있습니다.

■ 변론을 담당하는 것에 대해 봉사활동시간 등의 보상을 받을 수 있습니다.

■ 변호인이 필요하다고 생각한다면 증인을 신청하는 것이 가능합니다.

(증인 신청 시 증인 선서문 → page 154)

✳ 서기의 역할 및 권한 ✳

■ 서기는 학생회에 소속된 학생으로, 미리 정해진 순서에 따라 돌아가면서 담당하는 형태로 운영되게 됩니다.

■ 서기는 법정에서의 일들을 기록하고, 판결을 선도부 담당 교사에게 전달하는 일을 담당합니다. 서기가 기록한 기록물들은 법정에 대한 기록 자체로써도 보존할 필요가 있고, 차후에 학생자치법정에 참여하게 될 학생들에게 법정의 분위기나 상황에 대해 알릴 수 있는 교육 자료로써도 반드시 필요합니다. 따라서 서기가 기록을 작성할 때 가능한 한 상세하게 법정의 상황과 대화 내용을 기록할 수 있도록 합니다. 이를 좀 더 쉽게 하기 위해서는 부호와 약어 등을 활용하는 것이 좋을 것이라고 생각됩니다.

■ 또한 법정에서 검사나 변호사가 제시하는 각종 법정 서류(증거 자료)를 배심원단과 판사에게 전달하는 일을 담당합니다. 검사나 변호사가 증거를 제출 할 때는 우선 증거의 내용에 대해 간략하게 설명한 후 재판부가 증거를 채택하기로 결정하면 서기에게 이를 제출합니다. 서기는 제출한 증거 자료를 간단하게

확인하여 검사나 변호사가 말한 증거의 내용과 일치하는지를 보고 재판부에 증거 자료를 전달합니다.

■ 서기는 담당교사가 구성원들에게 학생자치법정 개정을 통보할 때 전달하는 역할도 함께 맡게 됩니다. 학생자치법정이 개정되는 것을 통보하는 것은 간단해 보이지만 실제로는 번거롭고 시간이 오래 소요되는 일입니다. 따라서 서기에게 지나치게 큰 업무부담이 가지 않도록 배려할 필요가 있습니다.

■ 자칫하면 학생자치법정에 참여하는 다른 구성원들-판사, 검사, 변호사, 배심원-에 비해 서기의 역할이 지나치게 미미한 것으로 생각하고 법정에 대한 의욕을 잃을 수도 있습니다. 서기를 담당한 학생에게 법정을 객관적인 입장에서 기록하는 서기의 역할이 갖는 중요성을 인식시키면 좋을 것입니다.

■ 눈으로 보이는 것에 비해 실질적으로는 서기가 담당하는 역할이 매우 크므로 봉사활동시간과 같은 봉사에 대한 보상을 할 때 그 역할의 크기를 감안한 적절한 보상이 이루어져야 할 것입니다.

✹ 법정경위의 역할 및 권한 ✹

■ 법정경위는 학생회에 소속된 학생으로, 미리 정해진 순서에 따라 돌아가면서 담당하는 형태로 운영되게 됩니다.

■ 법정경위는 재판이 시작되고 끝날 때 판사의 입정과 퇴정을 알리는 역할을 담당합니다. 법정경위의 "재판부가 입장합니다. 모두 기립해주십시오."라는 안내는 소란한 법정의 분위기를 전환하여 재판에 대한 집중을 유도하고, "재판부가 퇴장합니다. 모두 기립해주십시오."라는 안내는 재판이 완전히 끝났음을 알립니다.

■ 또한 법정경위는 재판이 열리는 동안 법정의 분위기를 엄숙하게 유지하는 역할도 함께 담당합니다. 재판을 참관하면서 재판정이 시끄러워지는 것을 막고, 간혹 있을 수 있는 법정 내에서 소란을 피우는 학생을 제지합니다.

■ 법정경위를 별도로 구성하기가 어렵다면 서기가 법정경위의 일을 겸하여 하도록 할 수도 있습니다. 다만, 이럴 경우 법정이 소란스러워졌을 때 서기가 재판의 기록과 소란 학생의 제지를 동시에 하기 어려울 수 있습니다.

6 학생자치법정의 조직 및 구성

학생자치법정의 구성원은 크게 성인 자원 봉사자와 청소년 자원 봉사자로 나눌 수 있습니다. 성인 자원 봉사자는 학생자치법정의 전반적인 운영을 관리하거나 판사의 역할을 담당함으로써 학생자치법정에 참여하게 되고, 청소년 자원 봉사자는 학생자치법정을 운영하는데 필요한 판사, 배심원, 검사, 변호인, 서기의 역할을 담당함으로써 청소년법정에 참여하게 됩니다. 이 중 청소년 자원 봉사자는 크게 과거의 과벌점자들과 학생 자원 봉사자로 나눌 수 있습니다.

성인 자원 봉사자의 조직, 구성 → page 129
과거의 과벌점자들의 조직, 구성 → page 130

학생 자원 봉사자들의 조직, 구성
─ 선도부 → page 131
─ 학생회 → page 132
─ 일반 학생 → page 133

✳ 성인 자원 봉사자들의 조직 및 구성 ✳

■ 성인 자원 봉사자는 학생자치법정에 필요한 상벌점제도를 정비하고, 교사, 학부모, 학생들에게 학생자치법정의 취지와 구체적 시행 방법에 대해 안내하며, 학생자치법정을 운영하는데 필요한 학생들을 교육시키는 일 등 전반적인 학생자치법정의 운영을 담당하게 됩니다.

■ 학생자치법정을 담당하는 교사가 이러한 역할을 총괄하게 됩니다. 하지만, 몇몇의 교사만으로는 이러한 운영이 원활하게 이루어질 수 없습니다. 학생자치법정은 상벌점제도와도 밀접하게 연결되어 있고, 이는 일부 교사의 노력만으로는 어려운 부분입니다. 따라서 생활지도부에 소속된 교사들이 주도하여 시행하거나 학생자치법정을 주관하는 부서를 따로 설치하여 여러 교사들이 참여하는 방향으로 가는 것이 필요합니다. 또한 학생자치법정을 시행하는 학교의 구성원들 모두가 학생자치법정의 취지에 공감하고, 적극적으로 참여에 협조하는 것이 무엇보다 중요합니다.

■ 한편, 성인 자원 봉사자는 성인 판사제의 형태에서 판사의 역할을 담당하게 됩니다. 이 때 필요한 성인 자원 봉사자의 수는 1명으로, 이 역할은 교사나 지역사회의 자원 봉사자가 맡을 수 있습니다.

■ 지역사회의 자원 봉사자로는 지역의 법조계 인사나 학생자치법정에 관심이 있는 사람들이 참여할 수 있습니다만 실제로는 대부분 교사가 판사의 역할을 담당하게 될 것으로 생각됩니다.

■ 학생자치법정에 참여하고자 하는 사람들을 모아 인력 풀을 조성한 후, 학생자치법정이 열릴 때마다 활용하는 형태가 되는 것이 바람직합니다. 상황이 여의치 않을 경우에는 교사가 참여하되 학생들에게 객관적이고 공정한 판단이라는 느낌을 줄 수 있게 하도록 노력해야 할 것입니다.

■ 교사를 비롯한 성인 자원 봉사자의 활동으로 학생자치법정은 학생들로만 구성되는 것보다 훨씬 더 안정적으로 운영될 수 있고, 법정에서 나온 판결이 권위를 가질 수 있습니다.

■ 학생들을 일방적으로 훈계하는 것이 아니라 학생들의 상황을 이해하고, 적절한 수준의 처벌을 내려 바람직한 방향으로 이끌어 주어야 한다는 것을 기억해야 할 것입니다.

✳ 과거의 과벌점자들의 조직 및 구성 ✳

■ 과거의 과벌점자들은 학생자치법정에서 봉사할 것을 판결받은 학생들로 판결받은 봉사 시간을 채우는 것이 처벌의 한 방편으로 활용됩니다.

■ 과거의 과벌점자들은 학생자치법정에서 배심원단으로 활동하게 됩니다.

■ 활동하는 시간은 처벌의 정도에 따라 다르게 정해지며, 이는 반드시 수행해야합니다.

■ 과거의 과벌점자들은 자신이 과벌점자의 입장에서 섰던 법정을 다른 입장에서 다시 한 번 경험함으로써 자신의 행동을 되돌아 볼 기회를 가질 수 있고, 자신에게 내려진 처벌이 어떤 과정을 통해 어떻게 결정되었는지를 확인함으로써 보다 긍정적인 법의식을 가질 수 있습니다.

■ 또한 과거의 과벌점자들과 학생 자원 봉사자들이 함께 배심원단을 구성해 판결을 내리는 과정에서 긍정적인 상호작용이 일어날 수 있습니다.

■ 과거의 과벌점자들의 배심원 자원 봉사는 처벌의 한 방편인 동시에 봉사 활동

시간을 부여받을 수 있는 봉사 활동이기 때문에 참여하는 학생들에게 긍정적
인 의미를 줄 수 있습니다.

✹ 학생 자원 봉사자들의 조직 및 구성 ✹

■ 학생 자원 봉사자들은 크게 3 그룹으로 나눌 수 있습니다.

1. 선도부 → page 131
2. 학생회 → page 132
3. 일반 학생 → page 133

각각의 그룹은 서로 다른 활동을 하게 됩니다.

✹ 선도부의 조직 및 구성 ✹

■ 선도부는 학생자치법정의 성공적인 실행을 위해서 큰 역할을 담당하게 됩니다.

■ 학생자치법정에 필요한 선도부는 학교의 사정에 따라 기존의 선도부를 활용할
수도 있고, 새로 선발할 수도 있습니다.

■ 이때의 명칭은 선도부, 검사부, 학생명예위원회 등이 있을 수 있습니다. 적절
하다고 생각되는 명칭을 쓰시면 됩니다.

■ 선도부의 역할은 크게 3가지로 구분할 수 있습니다.

① 문제행동 적발, 벌점 수합: 선도부는 교칙에 따라 벌점을 부과하고, 이 결과를 수합해서 통계 관리합니다. 통계 관리는 교사가 담당할 수도 있습니다.

② 학생자치법정 대상자 선정: ①의 과정을 통해 일정수준 이상의 벌점을 부과받은 학생들은 학생자치법정 회부 대상자로 선정됩니다. 선도부는 관련 자료들을 학생회로 넘겨 학생회를 통한 통보가 이루어질 수 있게 합니다.

③ 판결 이행 확인: 학생자치법정이 끝난 후 과벌점자가 판결 받은 벌칙을 제대로 이행하는지 확인합니다. 만약 과벌점자가 판결을 제대로 이행하지 않을 경우 다시 선도위원회에 회부되게 됩니다.

■ 위에서 살펴본 선도부의 역할에 따라 선도부의 구성은 크게 3가지 조직으로 구분할 수 있습니다.

① 문제 행동 적발 담당: 벌점 부과 및 수합

② 학생자치법정에서의 검사 담당: 학생자치법정에서의 검사 역할

③ 통계 관리 & 사후 관리: 판결 이행 여부 확인, 교사의 통계 관리 보조

■ 선도부의 활동에는 적절한 보상이 함께 이루어져야 합니다.

✴ 학생회의 조직 및 구성 ✴

■ 학생회의 역할은 크게 2가지로 나눌 수 있습니다.

① 학생자치법정 대상자 통보: 학생회에서는 선도부의 자료를 받아 학생자치법정 회부 대상자에게 재판 일정을 통보하고, 과벌점자의 변호인 지정여부를 확인합니다. 또한 재판에 참여하게 될 검사, 배심원단에게 구체적인 일정을 통보합니다.

② 학생자치법정에서의 서기 담당: 학생자치법정이 시작할 때 사건 번호와 과

벌점자의 이름을 부르고, 재판이 진행됨에 따라 재판을 기록하는 일을 합니다.

③ 학생자치법정에서의 지정변호인 담당: 지정변호인은 과벌점자가 적절한 변호인를 선임하지 못했을 때 학생회에 변호인 선임을 위임하게 되고, 이에 따라 학생회에서 지목한 학생회 임원을 말합니다.

■ 위의 역할 중 ①, ②는 서기가 함께 맡는 역할입니다.

■ 학생회 대의원회 소속 학생들은 학생자치법정의 시행 날짜에 따라 순서를 정해서 서기와 지정변호인로 활동하는 계획을 미리 가지고 있어야 합니다.

■ 지정변호인으로 활동하는 학생은 학생자치법정이 열리는 것이 공고 된 후 과벌점자가 변호인 선임을 위임할 경우 활동을 통보받게 되며, 법정에서 변호인으로서 자신의 책임을 다해야 합니다.

■ 서기와 지정변호인 활동에는 적절한 보상이 함께 이루어져야 합니다.

✳ 일반 학생의 조직 및 구성 ✳

■ 선도부와 학생회만으로 학생자치법정을 운영할 경우 학생자치법정을 운영하는 데 필요한 인원을 충당하기 어렵고, 일반 학생들의 참여가 배제된다는 문제가 있을 수 있습니다.

■ 따라서 일반 학생들이 학생자치법정에 참여할 기회를 열어놓아야 합니다.

■ 일반 학생들이 학생자치법정에 참여할 수 있는 방법으로는 변호인으로 활동하는 것과 배심원으로 활동하는 것 두 가지가 있을 수 있습니다.

■ 변호인으로 활동하는 것은 과벌점자의 변호인 선임에 따라 결정되는 것이므로 일반 학생들이 원하는 시기에 참여할 수 있는 것이 아닙니다.

■ 그러므로 일반 학생들이 배심원으로 자원 봉사할 수 있는 기회가 필요합니다. 배심원은 과거의 과벌점자들로도 구성되지만, 과거의 과벌점자들로만 구성하기에는 인원이 부족하고, 그 수가 일정하지 않기 때문에 일반 학생들의 자원 봉사로 적정한 인원을 유지할 수 있고, 과거의 과벌점자들과 일반 학생들의 긍정적인 상호작용도 기대할 수 있습니다.

■ 일반 학생들이 배심원으로 활동하는 방법으로는 학기 초 미리 자원 봉사할 학생들의 인력 풀을 조성하거나 학생자치법정이 열리기 전 미리 공고를 통해 자원 봉사할 학생을 선발하는 방법 등이 있습니다.

■ 배심원으로 활동할 학생들은 학생자치법정이 열린다는 사실이 공고될 때 자신이 배심원으로 활동한다는 사실을 전달받고, 구체적인 배심원 활동에 관한 내용을 교육받아야 합니다.

■ 학생 자원 봉사자들에게는 봉사에 따른 적절한 보상이 제공되어야 합니다.

✹ 구성원의 처우 ✹

■ 학생자치법정의 구성원은 성인 자원 봉사자와 과거의 과벌점자들, 청소년 자원 봉사자로 구분할 수 있습니다.

■ 이 중 청소년 자원 봉사자는 과거의 과벌점자와 학생 자원 봉사자로 다시 구분할 수 있고, 학생 자원 봉사자는 선도부, 학생회, 일반 학생으로 나눌 수 있습니다.

■ 각각의 구성원이 담당한 역할에 따라 적절한 보상이 주어져야 하고, 이는 구체적으로 명시되어 있어야 합니다.

■ 구성원들에게 주어질 수 있는 보상의 예로는 임명장 수여, 표창장 수여, 생활기록부에 기록(체험활동, 종합의견, 특별활동 등으로 기록 가능), 장학금 지급, 봉사활동시간 기록 등이 있습니다.

(임명장 예시 → page 160

표창장 예시 → page 164

장학증서 예시 → page 165

■ 이 중 봉사활동시간 기록이 가장 구체적이고, 역할이나 봉사 시간에 따른 구분이 가능하고, 관리하기 쉽다는 점에서 가장 적절할 것으로 생각됩니다.

별첨 자료

★ '별첨자료'에는 운영에 도움이 될 만한 서식이나 자료들을 부록으로 따로 실려 있습니다. 여기에 실린 자료들은 학생자치법정을 운영하실 때 필요한 구체적인 자료들로, 실용적으로 활용될 수 있을 것입니다.

★ 이 장에는 상벌점제도와 관련된 각종 서류 양식, 학생자치법정 좌석배치 예시, 학생자치법정 운영 관련 각종 서류 양식, 학생자치법정 시행 전 교육자료, 학생자치법정 시나리오, 학생자치법정 관련 교사의 업무 순서 등이 담겨 있습니다.

[별첨 1] 상벌점제도 관련서류 양식

-벌점 카드의 예시 (1)

벌점 카드			회신용 (학생용)		
학년 반 번 성명:			학년 반 번 성명:		
항목 번호		항	항 목 번 호		항
지적 내용			지 적 내 용		
부여 벌점		점	부 여 벌 점		점
부여 일자 및 시간	2006 년 월 일 시 분		부여 일자 및 시간	2006 년 월 일 시 분	
지도 교사		서 명	담임 교사		서 명
학생 확인		서 명	학부모 확인		서 명

- 벌점 카드의 예시 (2)

상 · 벌점 신고서	
학년 반 번 성명	
발 급 일 자	년 월 일 시
발 급 교 사	(서명)
학 생 확 인	(서명)
학 생 부 장	(서명)
상 · 벌 내용 (구체적으로)	( )항목 ( )항
	내용:
	상점( ) 벌점( )
개인 누적 점수 상황	( )점

- 벌점 카드의 예시 (3)

* 전면

학생 생활 평가카드 (학생복지부용)	
학년 반 번 성명:	
위반일자	
위반항목	
벌 점	
지도교사	
학생확인	

학생 생활 평가카드 (담임용)	
학년 반 번 성명:	
위반일자	
위반항목	
벌 점	
반 성 란	
학생확인	

* 후면

벌점기준	
1.규정보다 긴 머리, 무쓰, 젤리, 헤어로션(3) 2.교복미착용(5) 3.속옷미착용(2) 4.줄인바지, 염색, 혐오감을주는머리(5) 5.Y셔츠, 명찰, 뺏지, 미착용(1) 6.음주(5) 7.목걸이, 반지착용(2) 8.기초예절(2) 9.학생증미소지(1) 10.휴대폰소지, 사용(2) 11.보행중음식물취식(1) 12.월담, 무단외출, 슬리퍼착용위반(1-3) 13.실내외쓰레기 무단투기(2) 14.수돗물장난(1) 15.낙서행위(1) 16.껌을 씹고 함부로 버리는 행위(2) 17.교실,복도에서의 소란행위(2) 18.학교단체행사 불참(2) 19.청소, 주번활동시 기본의무 태만(2) 20.수업 또는 타인수업 방해(3) 21.수업준비태도 불량(2) 22.무단지각, 결과, 조퇴(각1회3점) 23.무단결석(5) 24.흡연 및 담배소지(5) 25.교내에서 불건전 오락(2) 26.도박(3) 27.불량서적소지, 탐독(3) 28.불량비디오 테이프 소지 및 시청(3) 29.학생 출입금지장소 출입(10) 30.지도시 타인명칭 도용 및 도주(2) 31.기타 경고가 필요한 행위(1-3) 32. 침 뱉는 행위(2) 33. 오토바이등 불법차량 편승(5) 34. 이외의 사항은 벌점 기준 및 징계 기준 참고	* 학교 규정을 위반하여 이 카드를 발부하니 다시는 이런 위반 사례가 없도록 할 것. * 반성란은 써서 담임선생님께 제출할 것.

- 벌점 카드의 예시 (4)

* 전면

벌(罰)점카드 (교사용)	
학년 반 번 이름:	
위반일자	
위반항목	
벌 점	점
지도교사	(인)
학생확인	
○ ○ 고 등 학 교	

벌(罰)점카드 (학생용)	
학년 반 번 이름:	
위반일자	
위반항목	
벌 점	점
지도교사	(인)
학생확인	
○ ○ 고 등 학 교	

* 후면

구분	위 반 항 목	벌점
용의	1. 단정치 못한 두발(규정 위반)	3
	2. 무쓰, 젤, 헤어로션 사용	2
	3. 줄인바지, 염색, 혐오감을 주는 두발	5
	4. 목걸이, 반지착용	2
복장	1. 교복 미착용	5
	2. 속옷 미착용	2
	3. 와이셔츠, 명찰(학생증), 뺏지, 혁대 미착용	1
	4. 원색신발착용	1
교내외준법	1. 기초예절부족	2
	2. 휴대폰(음향 및 영상기기)소지 및 착용	2
	3. 보행 중 음식물취식	1
	4. 월담, 슬리프 착용위반	1~3
	5. 실내외쓰레기, 휴지 무단 투기	2
	6. 수돗물 장난	1
	7. 낙서행위	1
	8. 껌을 씹고 함부로 버리는 행위	2
	9. 교실, 복도에서의 소란행위	2
	10. 학교단체행사 불참	2
	11. 청소, 주번활동시 기본의무 태반	2
	12. 흡연 및 담배소지, 또는 음주	5
	13. 교내에서 불건전 오락 또는 도박행위	2~3
	14. 불량 비디오 테이프 소지 및 시청	3
	15. 학생 출입 금지 장소 출입	2
	16. 교내외에서 무단 침 뱉기	2
	17. 오토바이 등 불법차량 편승	5

구분	위 반 항 목	벌점
용의	1. 단정치 못한 두발(규정 위반)	3
	2. 무쓰, 젤, 헤어로션 사용	2
	3. 줄인바지, 염색, 혐오감을 주는 두발	5
	4. 목걸이, 반지착용	2
복장	1. 교복 미착용	5
	2. 속옷 미착용	2
	3. 와이셔츠, 명찰(학생증), 뺏지, 혁대 미착용	1
	4. 원색신발착용	1
교내외준법	1. 기초예절부족	2
	2. 휴대폰(음향 및 영상기기)소지 및 착용	2
	3. 보행 중 음식물취식	1
	4. 월담, 슬리프 착용위반	1~3
	5. 실내외쓰레기, 휴지 무단 투기	2
	6. 수돗물 장난	1
	7. 낙서행위	1
	8. 껌을 씹고 함부로 버리는 행위	2
	9. 교실, 복도에서의 소란행위	2
	10. 학교단체행사 불참	2
	11. 청소, 주번활동시 기본의무 태반	2
	12. 흡연 및 담배소지, 또는 음주	5
	13. 교내에서 불건전 오락 또는 도박행위	2~3
	14. 불량 비디오 테이프 소지 및 시청	3
	15. 학생 출입 금지 장소 출입	2
	16. 교내외에서 무단 침 뱉기	2
	17. 오토바이 등 불법차량 편승	5

구분	위 반 항 목	벌점
수업태도	1. 수업 또는 타인 수업방해	3
	2. 수업준비태도 불량	2
	3. 불량서적 소지 및 탐독	3
	4. 위험물소지 및 사용	1~3
출결	1. 무단결석	5
	2. 무단(지각, 조퇴, 결과)외출	3
교권	1. 수업 중 교사에게 불손한 언동과 소란행위	징계
	2. 교사의 정당한 교육적 지시 거부	〃
	3. 학생지도중인 교사에게 폭언을 한 경우	〃
	4. 기타 주의 및 경고를 필요로 하는 행위	1~3

구분	위 반 항 목	벌점
수업태도	1. 수업 또는 타인 수업방해	3
	2. 수업준비태도 불량	2
	3. 불량서적 소지 및 탐독	3
	4. 위험물소지 및 사용	1~3
출결	1. 무단결석	5
	2. 무단(지각, 조퇴, 결과)외출	3
교권	1. 수업 중 교사에게 불손한 언동과 소란행위	징계
	2. 교사의 정당한 교육적 지시 거부	〃
	3. 학생지도중인 교사에게 폭언을 한 경우	〃
	4. 기타 주의 및 경고를 필요로 하는 행위	1~3

벌점카드 작성 시 유의사항

1. 아래 위반항목에 ∨표시를 하고 위반항목 란에 번호를 기재함.
2. 지도교사가 학생확인을 한 후 교사용은 학생부로, 학생용은 학생에게 발급한 후 학생은 담임교사에게 제출한다.

– 상점 카드의 예시 (1)

상 점(모범학생) 카드	
학년 반 번 성명 :	
발급 일자 및 시간	2006 년 월 일 시 분
발급 교사	서 명
학생 확인	서 명
학부모 확인	서 명
모범사례 (구체적으로)	

- 상점 카드의 예시 (2)

(일련번호:) 모범학생 추천카드		
인적사항	학년 반 번 성명 :	
추천일자	2006년 월 일 요일	
모범사례		평 점
추천자	교사: (인) [학부모(학생):]	
※ 이 카드는 학생복지부로 제출해 주시기 바랍니다.		

(일련번호:) 모범학생 추천카드		
인적사항	학년 반 번 성명 :	
추천일자	2006년 월 일 요일	
모범사례		평 점
추천자	교사: (인) [학부모(학생):]	
※ 이 카드는 담임선생님께 제출해 주시기 바랍니다.		

- 상점 카드의 예시 (3)

* 전면

상(賞)점카드 (교사용)	
학년 반 번 이름:	
선행일자	
선행항목	
상 점	점
지도교사	(인)
학생확인	
○ ○ 고 등 학 교	

상(賞)점카드 (학생용)	
학년 반 번 이름:	
선행일자	
선행항목	
상 점	점
지도교사	(인)
학생확인	
○ ○ 고 등 학 교	

* 후면

구분	상 점 항 목	상점	구분	상 점 항 목	상점
기본상점항목	1. 학교전체를 위해 열심히 일 했을 때	3	기본상점항목	1. 학교전체를 위해 열심히 일 했을 때	3
	2. 급우들에게 필요한 도움을 주었을 때	3		2. 급우들에게 필요한 도움을 주었을 때	3
	3. 분실물을 습득 신고하였을 때	3		3. 분실물을 습득 신고하였을 때	3
	4. 학급 일에 적극적으로 참여했을 때	3		4. 학급 일에 적극적으로 참여했을 때	3
	5. 수업태도가 바람직하여 타의 모범이 되었을 때	3		5. 수업태도가 바람직하여 타의 모범이 되었을 때	3
	6. 헌신적으로 봉사활동을 했을 때	3		6. 헌신적으로 봉사활동을 했을 때	3
	7. 기타모범적인 행위를 했을 때	3		7. 기타모범적인 행위를 했을 때	3
기타 상점을 부여할 수 있는 항목	1. 무결석 학급의 학생전원	3	기타 상점을 부여할 수 있는 항목	1. 무결석 학급의 학생전원	3
	2. 모범적인 수업태도를 보인 학생(학기별)	3		2. 모범적인 수업태도를 보인 학생(학기별)	3
	3. 예절 바른 우수 학생	3		3. 예절 바른 우수 학생	3
	4. 선행, 미담사례가 남다른 경우	3		4. 선행, 미담사례가 남다른 경우	3
	5. 학교장 및 표창(학업상 및 장학생선발 제외)	3		5. 학교장 및 표창(학업상 및 장학생선발 제외)	3
	6. 시·군, 도, 전국 단위의 기관장 상 및 표창	3		6. 시·군, 도, 전국 단위의 기관장 상 및 표창	3
	7. 장관상, 대통령상 표창	3		7. 장관상, 대통령상 표창	3
	8. 비품 및 시설의 고장 훼손 신고	3		8. 비품 및 시설의 고장 훼손 신고	3
	9. 교실 무단 출입 외래인 신고	3		9. 교실 무단 출입 외래인 신고	3
	10. 교외 학생 관련사건 신고	3		10. 교외 학생 관련사건 신고	3
	11. 학기중 한번도 벌점이 전혀 없는 학생	3		11. 학기중 한번도 벌점이 전혀 없는 학생	3
	12. 학교폭력(싸움), 금품 갈취 사건 신고	3		12. 학교폭력(싸움), 금품 갈취 사건 신고	3
	13. 학교생활규정 위반 학생 신고	3		13. 학교생활규정 위반 학생 신고	3
	14. 교실환경미화 활동에 적극적으로 참여한 학생	3		14. 교실환경미화 활동에 적극적으로 참여한 학생	3
	15. 교사(담임) 확인한 교내외의 선행활동	3		15. 교사(담임) 확인한 교내외의 선행활동	3
	16. 인정된 개인적 캠페인 활동	3		16. 인정된 개인적 캠페인 활동	3
	17. 학교전체, 자치 및 행사에 적극적 활동하였을 때	3		17. 학교전체, 자치 및 행사에 적극적 활동하였을 때	3
	18. 매스컴 및 기타 매체로 학교를 빛냈을 때	3		18. 매스컴 및 기타 매체로 학교를 빛냈을 때	3
봉사활동	1. 방과 후 교내 청소	3	봉사활동	1. 방과 후 교내 청소	3
	2. 불우 이웃돕기에 적극 참여	3		2. 불우 이웃돕기에 적극 참여	3
	3. 교내 봉사 활동에 솔선 수범	3		3. 교내 봉사 활동에 솔선 수범	3
	4. 각종 학교행사시 봉사활동	3		4. 각종 학교행사시 봉사활동	3
	5. 봉사활동 전체 우수자	3		5. 봉사활동 전체 우수자	3

(봉사활동 란 우측: 기본 봉사 시간외 객관적 평가)

상점카드 작성 시 유의사항

1. 아래 선행항목에 ∨표시를 하고 선행항목 란에 번호를 기재함.
2. 지도교사가 학생확인을 한 후 교사용은 학생부로, 학생용은 학생에게 발급한 후 학생은 담임교사에게 제출한다.
3. 상점카드 발급 시 학급이나 모든 학생들에게 인정되는 객관적 판단 하에 발급요망

– 생활 평점 누가기록부 예시

생활평점 카드 누가기록부

학생 성명(   )
제   학년   반   번 (담임:)

횟수	지도날짜	지 도 내 용	벌점	벌점 누계	담임확인	비고
1						
2						
3						
4						
5						
6						
7						
8						
9						
10						
11						
12						
13						
14						
15						
16						
17						
18						
19						
20						
21						
22						
23						
24						
25						
26						
27						
28						
29						
30						

- 모범학생 카드 누가기록부 예시

모범학생 카드 누가기록부

학생 성명(   )

제   학년   반   번 (담임:)

횟수	추천인	추천 분야	추 천 내 용	추천인 확인	담임확인	비고
1						
2						
3						
4						
5						
6						
7						
8						
9						
10						
11						
12						
13						
14						
15						
16						
17						
18						
19						
20						
21						
22						
23						
24						
25						
26						
27						
28						
29						
30						

[별첨 2] 학생자치법정 좌석배치 예시

학생자치법정에서 사용하는 공간은 재판정과 회의실 & 배심원 대기실로 크게 2가지 장소로 나눌 수 있습니다.

재판정과 회의실 모두 특별실의 형태로 독립적인 공간을 갖추는 것이 필요합니다. 기존의 교실이나 특별활동실을 재판이 열릴 때마다 활용할 수도 있지만, 법정의 모습을 매번 갖추는 것이 불편하고, 학생들에게 법정이 권위를 갖춘 공간으로 인식되기에는 어려움이 있습니다. 따라서 가급적이면 별도로 학생자치법정을 실시하는데 필요한 공간, 특히 재판정을 확보하고 그 구성을 갖추어 놓을 것을 권장합니다.

1. 재판정

- 판사, 배심원단, 검사, 과벌점자, 변호인, 서기 등이 참석해 실제 재판이 열리는 장소입니다.
- 재판정의 좌석 배치: 재판정의 좌석 배치는 크게 4가지 형태로 나눌 수 있습니다. 각각의 배치가 가지고 있는 장, 단점을 비교한 후 학교에 따라 적절한 형태를 선택하면 됩니다.

[Tip] 재판정에 마이크를 설치하실 때에는(수량의 한계가 있을 경우) 우선적으로 과벌점자석과 판사석에 마이크를 설치하실 것을 권장합니다. 학생자치법정은 과벌점자가 소명할 기회를 주기 위해 열리는 것이고, 대부분 과벌점자 학생이 위축되어 목소리가 작은 경우가 많기 때문입니다.

2. 회의실 & 배심원 대기실

- 법정에서 사건에 대한 검사와 변호사의 발언이 끝난 후 배심원단이 판결을 내릴 때 의견을 교환하고, 판결을 확정하는 장소입니다.

■ 회의실 & 배심원 대기실의 좌석 배치: 회의실 & 배심원 대기실의 좌석 배치 는 크게 2가지 형태로 나눌 수 있습니다. 각각의 배치가 가지고 있는 장, 단 점을 비교한 후 학교에 따라 적절한 형태를 선택하면 됩니다.

✴ 재판정 배치 ① ✴

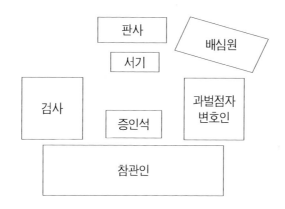

■ 이 형태는 일반적인 법정에서 볼 수 있는 형태입니다.

■ 학생들에게 익숙한 형태라 법정의 분위기를 강조할 수 있습니다.

■ 교실현장에 적용할 때 배치에 어려움이 있을 수 있습니다. 특히 배심원의 위 치가 애매하게 될 수 있습니다.

✷ 재판정 배치 ② ✷

- 이 형태는 책상 배치가 간단하다는 장점이 있습니다.
- 그렇지만 배심원이 재판정 뒤쪽에 위치해 단순히 재판을 참관하는 정도의 역할로 인식할 수 있습니다. 이럴 경우 배심원의 재판에 대한 책임감 떨어지고 적극적인 참여가 어렵다는 문제가 있습니다.

✷ 재판정 배치 ③ ✷

- 청소년법정의 좌석 배치 중 가장 권장하는 형태입니다.
- 이 형태의 경우 책상 배치가 간단하고 배심원이 판사와 같은 선상에 있어 재

판에 집중할 수 있고, 주도적으로 참여할 수 있다는 장점이 있습니다.

■ 배심원과 판사의 구분이 어렵다는 문제가 있을 수 있으나 이는 재판에 있어서 크게 중요한 요소는 아니기 때문에 큰 영향은 없을 것으로 생각됩니다.

■ 배심원이 판사의 양쪽에 나뉘어 있어 배심원 간 의사소통이 어려우나 실질적으로 재판정에서 배심원 간의 대화가 많지 않을 것이므로 큰 문제가 되지 않을 것으로 생각됩니다.

☀ 재판정 배치 ④ ☀

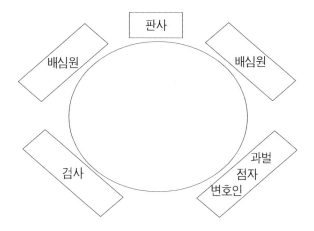

■ 이 형태는 구성원들의 동등한 위치를 강조하고 있어 민주적이라는 느낌을 줄 수 있습니다.

■ 그렇지만 법정의 형식이 제대로 갖춰지지 않아서 법정의 엄숙함이 강조되지 못할 수 있습니다.

■ 원형으로 모두 둘러앉는 형태이기 때문에 구성원의 역할 구분이 명확하지 않다는 문제가 있습니다.

☀ 회의실 & 배심원 대기실 ① ☀

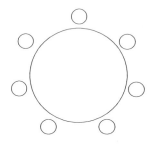

- 원형으로 배치할 경우 배심원들이 서로 얼굴을 마주보면서 의사소통을 할 수 있다는 장점이 있습니다.

- 그러나 학교 현장에서 원형으로 책상을 배치하는 것이 번거로울 수 있습니다.

☀ 회의실 & 배심원 대기실 ② ☀

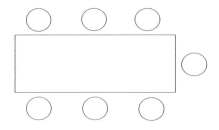

- 기존의 책상을 활용해서 만들기 편하다는 장점이 있습니다.

- 그러나 배심원 간의 거리가 너무 멀어질 경우 적극적으로 참여하지 않는 배심원이 생길 수 있습니다.

[별첨 3] 학생자치법정 운영 관련 서류 양식

통보문 – 과벌점자

통 보 문

○학년 ○반 ○○○   귀하

제   회 학생자치법정이 열리기에 이를 알립니다.

- 시   간: 년   월   일   시
- 장   소 :
- 사건 제목 :
- 누적 벌점 및 위반 사항 내역

위 사건에 대해 과벌점자의 자격으로 참석해 줄 것을 요청합니다.

▸ 알림사항
   - 학생자치법정에 나오지 않을 경우 교칙에 따라 추가로 처벌 받습니다.
   - 학생자치법정에서는 정해진 처벌 수준에서 경감하는 것만 가능합니다.
   - 자신의 문제를 잘 대변해 줄 수 있는 변호인을 선임할 수 있습니다.
   - 법정은 엄숙한 공간입니다. 법정이 소란해지지 않도록 주의합니다.

▸ 학생자치법정의 절차
   출석확인 → 교육(변호인, 검사, 배심원단) → 과벌점자 선서 → 검사 신문
   → 변호인 신문 → 검사 구형 → 변호인 최종 의견 → 과벌점자 최종 의견
   → 배심원 합의 및 합의문 제출 → 판결 선고

○○고등학교 학생자치법정

통보문 - 검사

통 보 문

○학년 ○반 ○○○ 귀하

제   회 학생자치법정이 열리기에 이를 알립니다.

- 시   간: 년   월   일   시
- 장   소 :
- 사건 제목 :

위 사건에 대해 검사의 자격으로 참석해 줄 것을 요청합니다.

▶ 학생자치법정의 절차
  출석확인 → 교육(변호인, 검사, 배심원단) → 과벌점자 선서 → 검사 신문
  → 변호인 신문 → 검사 구형 → 변호인 최종 의견 → 과벌점자 최종 의견
  → 배심원 합의 및 합의문 제출 → 판결 선고

▶ 검사의 역할
  - 검사는 재판의 한 축으로 과벌점자의 규칙 위반에 대해 처벌을 요청하는 역할을 담당합니다.
  - 신문할 때 과벌점자의 규칙 위반 사실에 대해 확인합니다.
  - 규칙 위반이 어떤 문제를 가져오는지를 언급하고 규칙 준수의 중요성을 강조합니다.
  - 구형할 때는 과벌점자의 규칙 위반에 대한 규정상의 처벌을 선고합니다. 이때의 처벌은 교칙에 의거해야 합니다.
  - 배심원단과 판사에게 엄정한 판결이 나올 것을 요청합니다.
  - 필요하다면 증인을 신청할 수도 있습니다.

▶ 주의사항
  - 구형할 때 교칙에 근거를 두고 처벌을 선고해야 합니다. 자신의 개인적인 감정이 개입되어서는 안됩니다.
  - 법정은 엄숙한 공간입니다. 법정이 소란해지지 않도록 주의합니다.

○○고등학교 학생자치법정

통보문 – 변호인

통 보 문

○학년 ○반 ○○○ 귀하

제   회 학생자치법정이 열리기에 이를 알립니다.

- 시　　간:　　　　　년　　　　월　　　　일　　　　시
- 장　　소 :
- 사건 제목 :

위 사건에 대해 변호인의 자격으로 참석해 줄 것을 요청합니다.

▶ 학생자치법정의 절차
　출석확인 → 교육(변호인, 검사, 배심원단) → 과벌점자 선서 → 검사 신문
　→ 변호인 신문 → 검사 구형 → 변호인 최종 의견 → 과벌점자 최종 의견
　→ 배심원 합의 및 합의문 제출 → 판결 선고

▶ 변호인의 역할
　- 변호인은 재판의 한 축으로 피고의 규칙 위반에 대해 변론하고, 선처를 요청하는 역할을 담당합니다.
　- 신문할 때 과벌점자의 규칙 위반이 어떠한 연유에서 나오게 되었는지, 과벌점자의 규칙 위반이 다른 경우와 어떻게 다른지에 대해 설명합니다.
　- 학생자치법정은 과벌점자의 잘못을 인정한 상태에서 진행됩니다. 따라서 무죄를 주장하는 것은 불가능합니다. 정상참작을 요청할 수 있지만 이 때에는 근거를 가지고 요청해야 합니다.
　- 배심원단과 판사에게 관대하고 너그러운 판결이 나올 것을 요청합니다.
　- 필요하다면 증인을 신청할 수도 있습니다.

▶ 주의사항
　- 학생자치법정은 과벌점자의 무죄를 주장하는 것이 아닙니다. 교칙에 의해 규정된 처벌 수준에서 가능한 한 정상참작을 인정받아 처벌을 낮추는 것이라는 것을 기억해야 합니다.
　- 법정은 엄숙한 공간입니다. 법정이 소란해지지 않도록 주의합니다.

○○고등학교 학생자치법정

통보문 - 배심원

통 보 문

○학년 ○반 ○○○ 귀하

제   회 학생자치법정이 열리기에 이를 알립니다.

- 시   간: 년   월   일   시
- 장   소 :
- 사건 제목 :

위 사건에 대해 배심원단의 자격으로 참석해 줄 것을 요청합니다.

▶ 학생자치법정의 절차
   출석확인 → 교육(변호인,검사,배심원단) → 과벌점자 선서 → 검사 신문
   → 변호인 신문 → 검사 구형 → 변호인 최종 의견 → 과벌점자 최종 의견
   → 배심원 합의 및 합의문 제출 → 판결 선고

▶ 배심원단의 역할
   - 배심원단은 과벌점자 측 변호인과 검사의 주장을 듣고 회의실에서 처벌 수준 결정하는 역할을 담당합니다.
   - 배심원단이 내릴 수 있는 판결은 규정 상 정해진 처벌에서 정상참작 여부에 따라 처벌을 얼마나 경감할 것인가를 결정하는 것입니다.
   - 검사의 구형과 피고, 과벌점자 측 변호인의 최종 의견이 끝나면 따로 마련된 회의실에서 배심원단 회의를 합니다. 배심원단의 판결은 만장일치로 결정됩니다. 이 회의에서 결정된 내용을 배심원 중 대표가 판결문 형식에 맞추어 판결문으로 작성합니다. 판사가 판결문을 승인하면, 이 판결문이 최종 판결문이 되고, 승인하지 않을 경우 다시 회의를 통해 판결문을 작성하게 됩니다.

▶ 주의사항
   - 배심원단은 양측의 의견을 듣고 공정한 판단을 내려야 합니다. 개인적인 감정을 개입해서 판결을 내려서는 안됩니다.
   - 법정은 엄숙한 공간입니다. 법정이 소란해지지 않도록 주의합니다.

○○고등학교 학생자치법정

선서문 – 배심원

배 심 원   선 서

    저희 배심원 일동은 이 재판에 있어 사실을 정당하게 판단할 것과 이 법정이 지정하는 법과 증거에 의하여 진실한 평결을 내릴 것을 엄숙히 선서합니다.

선서문 – 과벌점자 (1)

선   서

    나 ○○○는 나 스스로의 명예와 학교의 명예를 걸고 이 법정에서 성실한 태도로 진실만을 말할 것을 맹세합니다.

년   월   일

○ ○ ○

선서문－과벌점자 (2)

선 서 문

본인은 양심에 따라 숨김과 보탬이 없이 사실 그대로 말하고 만일 거짓말이 있으면 위증의 벌을 받기로 맹세합니다.

2006년 0월 0일

과벌점자 0 0 0 (서명)

선서문－증인 (1)

선   서

나 ○○○는 나 스스로의 명예와 학교의 명예를 걸고 이 법정에서 성실한 태도로 진실만을 말할 것을 맹세합니다.

년   월   일

○ ○ ○

선서문-증인 (2)

선 서 문

　본인은 양심에 따라 숨김과 보탬이 없이 사실 그대로 말하고 만일 거짓말이 있으면 위증의 벌을 받기로 맹세합니다.

2006년　0월　0일

증인　ㅇ　ㅇ　ㅇ　(서명)

선서문-증인 (3)

증 인　선 서

　양심에 따라 숨김과 보탬이 없이 사실 그대로 말하고 만일 거짓말이 있으면 위증의 벌을 받기로 맹서합니다.

배심원 기록지(1)

배심원 기록지

배 심 원	이 름		학년 / 반	
과 벌 점 자	이 름		학년 / 반	
벌 점 사 안	벌점: ( )점 내역:			
검 사 사실심리 · 심 문				
변호인 변론				
검 사 구 형				
변호사 선고				
과 벌 점 자 최 종 변 론				
배심원 합의				

배심원 기록지(2)

배 심 원 기 록 문

과벌점자	검사측 심문	변호인측 심문

판결문 (1)

판 결 문

사건번호 :
사 건 명 :
선고날짜 :

과벌점자 :
변 호 인 :

판결내용:

위와 같이 판결합니다.

년   월   일

배심원 ○○○ (인)
○○○ (인)
○○○ (인)
○○○ (인)
판 사 ○○○ (인)

위의 판결을 성실하게 수행할 것을 약속합니다.

과벌점자 ○○○ (인)

판결문 (2)－배심원 평결문

평결 및 양형 의견서

사건번호:
과벌점자: ○학년 ○반 ○○○ 학생

◆ 본 배심원들은 과벌점자 ○○○ 학생에 대해 다음과 같이 평결합니다.

◆ 본 배심원들의 양형의견은 다음과 같습니다.

- 다음 -

시외우기	편
한문쓰기	편
책 읽고 감상문 쓰기	편
교장실에 머물러 있기	시간
토요일 천자문 쓰기	회

2007년 ○월 ○일

배심원의 평결 내용과 양형의견이 위와 같음을 확인함

재판장 ○ ○ ○ 서명 또는 날인

○○ 고등학교 학생자치법정

학생자치법정 참여학생 임명장 – 판사

제 2007 ― ○○ 호

임 명 장

제 ○ 학년 ○ 반
성 명: ○ ○ ○

위 학생을 2007학년도 학생 자치 법정 판사로 임명함.

2007년 ○월 ○일
○○고등학교장 ○ ○ ○

학생자치법정 참여학생 임명장 – 검사

제 2007 ― ○○ 호

임 명 장

제 ○ 학년 ○ 반
성 명: ○ ○ ○

위 학생을 2007학년도 학생 자치 법정 검사로 임명함.

2007년 ○월 ○일
○○고등학교장 ○ ○ ○

학생자치법정 참여학생 임명장 – 배심원

제 2007 – ○○ 호

임 명 장

제 ○ 학년 ○ 반
성 명: ○ ○ ○

위 학생을 2007학년도 학생 자치 법정 배심원으로 임명함.

2007년 ○월 ○일

○○고등학교장 ○ ○ ○

학생자치법정 참여학생 임명장 – 국선변호인

제 2007 – ○○ 호

임 명 장

제 ○ 학년 ○ 반
성 명: ○ ○ ○

위 학생을 2007학년도 학생 자치 법정 국선변호인으로 임명함.

2007년 ○월 ○일

○○고등학교장 ○ ○ ○

학생자치법정 참여학생 임명장-서기

제 2007 - ○○ 호

임 명 장

제 ○ 학년 ○ 반
성 명: ○ ○ ○

위 학생을 2007학년도 학생 자치 법정 서기로 임명함.

2007년   ○월   ○일
○○고등학교장 ○ ○ ○

학생자치법정 참여학생 임명장-법정경위

제 2007 - ○○ 호

임 명 장

제 ○ 학년 ○ 반
성 명: ○ ○ ○

위 학생을 2007학년도 학생 자치 법정 법정경위로 임명함.

2007년   ○월   ○일
○○고등학교장 ○ ○ ○

학생자치법정 참여학생 임명장 – 실무지원팀

제 2007 – ○○ 호

임 명 장

제 ○ 학년 ○ 반
성 명: ○ ○ ○

위 학생을 2007학년도 학생 자치 법정 실무지원팀으로 임명함.

2007년 ○월 ○일

○○고등학교장 ○ ○ ○

학생자치법정 참여학생 임명장 – 방송지원팀

제 2007 – ○○ 호

임 명 장

제 ○ 학년 ○ 반
성 명: ○ ○ ○

위 학생을 2007학년도 학생 자치 법정 방송지원팀으로 임명함.

2007년 ○월 ○일

○○고등학교장 ○ ○ ○

학생자치법정 우수참여학생 표창장-판사

제 2007 - ○○ 호

표 창 장

제 ○학년 ○반
○ ○ ○

위 학생은 ○○ 학생 자치 법정에서 판사로서 맡은 역할을 성실히 수
행하고 법적 소양 능력이 우수하여 이에 표창합니다.

2007년 ○월 ○일

○○고등학교장 ○ ○ ○

학생자치법정 우수참여학생 표창장-검사

제 2007 - ○○ 호

표 창 장

제 ○학년 ○반
○ ○ ○

위 학생은 ○○ 학생 자치 법정에서 검사로서 맡은 역할을 성실히 수
행하고 법적 소양 능력이 우수하여 이에 표창합니다.

2007년 ○월 ○일

○○고등학교장 ○ ○ ○

학생자치법정 우수참여학생 표창장 – 배심원

제 2007 – ○○ 호

표 창 장

제 ○학년 ○반

○ ○ ○

위 학생은 ○○ 학생 자치 법정에서 배심원으로서 맡은 역할을 성실히 수행하고 법적 소양 능력이 우수하여 이에 표창합니다.

2007년 ○월 ○일

○○고등학교장 ○ ○ ○

학생자치법정 우수참여학생 장학증서 – 판사

제 2007 – ○○ 호

장 학 증 서

제 ○ 학년 ○ 반

성명: ○ ○ ○

위 학생은 ○○고 자치법정 재판부 운영위원으로서 학생 자치 활동에 공헌한 바가 크므로 이에 장학증서를 수여함.

200○년 ○월 ○일

○ ○ 고 등 학 교 장

교장선생님 생활 지도장

교장선생님과 면담

학년   반   번호 이름:

   교장선생님과 면담한 내용과 자신의 생각을 정리한 후 교장선생님의 확인 사인을 받아온다.

교장선생님 사인

○○고등학교 학생자치법정

사과순례 확인장

선생님께 사과순례

학년   반   번호 이름:

위 학생의 사과를 받아주시는 의미로 아래 칸에 싸인을 해주시면 고맙겠습니다.

○○고등학교 학생자치법정

수업 태도 확인장

수업 잘 들었어요.

학년   반   번호 이름:

위 학생이 수업을 잘 들었다면 그 증거로 아래 칸에 사인을 해주시면 고맙겠습니다.

○○고등학교 학생자치법정

학부모 생활 지도장

	학년 반 번 성명 :		
교칙 위반 내용		벌 점	
		징계종류	
지 도 할 내 용			

위의 내용을 확인하고 가정에서 상기와 같이 철저히 지도하겠습니다.

200○년   월 일

주   소:
전화번호: 핸드폰:

학부모: (인)

○ ○ 고 등 학 교 장   귀 하

[별첨 4] 학생자치법정 시행 전 교육 자료

학생자치법정 교육자료 – 판사용(학생판사제일 경우)

학생자치법정이란?

1. 학생자치법정이란?
   - 경미한 교칙위반자들에게 기존에 있었던 선생님의 일방적인 지도나 훈계 대신 친구들, 선·후배들이 판단한 긍정적 벌을 수행하도록 하는 것입니다.
   - 그동안 일방적으로 교칙을 어긴 것에 대한 처벌만을 받았던 과벌점자 학생들에게 각자 가진 나름대로의 사정과 반성의 기미, 개선 노력들을 말할 기회를 줍니다.
   - 과벌점자에 대한 처벌 수준은 선생님이 아니라 학교에서 함께 생활하는 다른 학생들에 의해서 결정됩니다. 과벌점자의 사정이나 반성 정도에 따라 처벌이 경감될 수 있습니다.

2. 학생자치법정의 절차

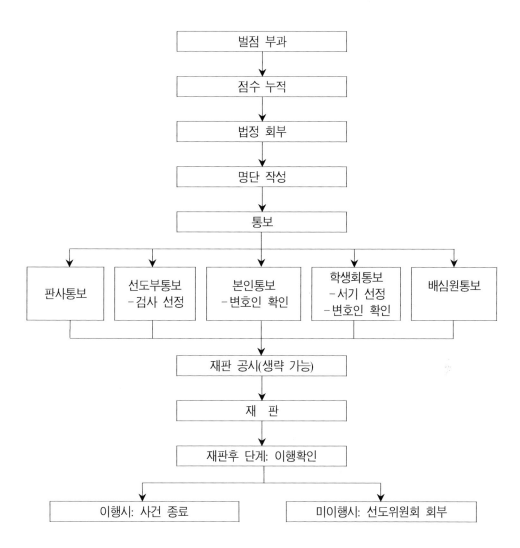

3. 학생자치법정의 구성원 및 역할 소개

구성원	역 할
판 사	- 재판의 전반적인 진행을 정리하는 역할을 담당합니다. - 재판이 시작할 때 재판의 주의사항을 안내합니다. - 사건에 대한 변호사와 검사의 의견을 듣습니다. - 배심원단의 결정을 승인하거나 거부할 권리가 있습니다. - 최종적인 판결을 선언합니다.
검 사	- 과벌점자의 규칙 위반 사실에 대해 확인합니다. - 과벌점자의 규칙 위반에 대해 규정 상의 처벌을 선고합니다. - 판사와 배심원단에게 엄정한 판결을 요청합니다.
과벌점자	- 학교 교칙에 따라 일정 수준 이상의 누적벌점에 도달하면 학생자치법정에 회부됩니다. - 원하는 사람을 변호인으로 선임할 수 있습니다. - 위반 사실에 대한 정당한 상황 근거나 반성하는 모습, 개선 노력 등을 알리기 위해 적극적으로 노력합니다.
변호인	- 과벌점자의 변론을 담당합니다. - 과벌점자의 선택에 따라 결정됩니다. - 과벌점자의 피치 못할 사정이나 현재의 변화된 모습, 미래의 발전 가능성 등을 효과적으로 전달하여 가능한 한 낮은 수준의 처벌이 나올 수 있도록 노력합니다.
배심원	- 검사와 과벌점자측 변호인의 주장을 듣고 판단을 내립니다. - 별도로 마련된 배심원 회의실에서 만장일치로 결정을 내려야 합니다. - 배심원은 처벌 수준을 경감해줄 권한만을 가지고 있습니다. - 만약 판사가 판결문을 승인하지 않을 경우 다시 조정합니다.
서 기	- 법정에서의 일들을 기록하고 판결을 선도부 담당 교사에게 전달합니다. - 검사나 변호사가 제출하는 각종 법정 서류를 배심원단과 판사에게 전달합니다. - 법정의 구성원들에게 재판의 개정을 통보합니다.
법정경위	- 재판이 시작되고 끝날 때 판사의 입정과 퇴정을 알립니다. - 재판이 진행되는 동안 법정의 분위기를 엄숙하게 유지합니다.

4. 판사를 위한 주의사항

- 판사를 담당했다고 해서 다른 학생들보다 우월한 지위에 있는 것이 아닙니다. 법정 안에서 맡은 판사의 역할에 충실한 것은 좋지만, 이러한 역할 수행은 법정 안에서만 이루어져야 할 것입니다.
- 판사가 다른 학생들의 잘못에 대한 최종적인 판단을 내리는 위치인 만큼 스스로의 생활태도에 문제가 있는 것은 아닌지 다시 한 번 주의해야 할 것입니다.
- 판사는 배심원단의 결정이 최대한 자율적으로 이루어질 수 있도록 해야 합니다. 배심원단의 판단에 큰 문제가 없는 한 가능한 한 배심원단의 판결을 인정해주도록 합니다.
- 판사는 중립적인 입장에서 재판의 진행을 총괄해야 합니다. 다만, 과벌점자가 법정에서 위축되어 있을 수 있으므로, 무조건 중립을 지키기보다는 과벌점자의 입장에 약간 치우친 방향으로 재판을 진행하는 것도 좋을 것입니다.

학생자치법정 교육자료 - 검사용

학생자치법정이란?

1. 학생자치법정이란?

- 경미한 교칙위반자들에게 기존에 있었던 선생님의 일방적인 지도나 훈계 대신 친구들, 선·후배들이 판단한 긍정적 벌을 수행하도록 하는 것입니다.
- 그동안 일방적으로 교칙을 어긴 것에 대한 처벌만을 받았던 과벌점자 학생들에게 각자 가진 나름대로의 사정과 반성의 기미, 개선 노력들을 말할 기회를 줍니다.
- 과벌점자에 대한 처벌 수준은 선생님이 아니라 학교에서 함께 생활하는 다른 학생들에 의해서 결정됩니다. 과벌점자의 사정이나 반성 정도에 따라 처벌이 경감될 수 있습니다.

2. 학생자치법정의 절차

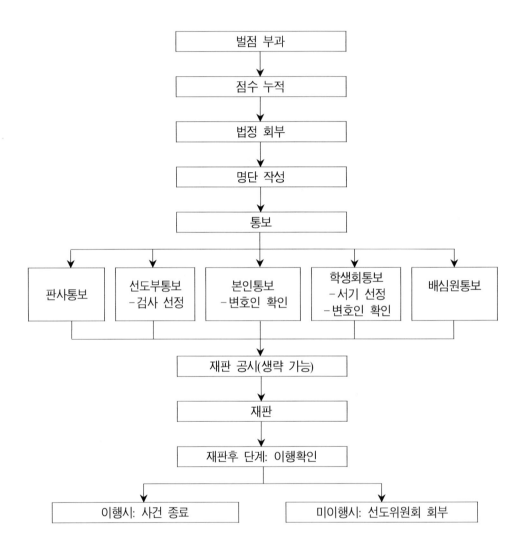

3. 학생자치법정의 구성원 및 역할 소개

구성원	역 할
판 사	- 재판의 전반적인 진행을 정리하는 역할을 담당합니다. - 재판이 시작할 때 재판의 주의사항을 안내합니다. - 사건에 대한 변호사와 검사의 의견을 듣습니다. - 배심원단의 결정을 승인하거나 거부할 권리가 있습니다. - 최종적인 판결을 선언합니다.
검 사	- 과벌점자의 규칙 위반 사실에 대해 확인합니다. - 과벌점자의 규칙 위반에 대해 규정 상의 처벌을 선고합니다. - 판사와 배심원단에게 엄정한 판결을 요청합니다.
과벌점자	- 학교 교칙에 따라 일정 수준 이상의 누적벌점에 도달하면 학생자치법정에 회부됩니다. - 원하는 사람을 변호인으로 선임할 수 있습니다. - 위반 사실에 대한 정당한 상황 근거나 반성하는 모습, 개선 노력 등을 알리기 위해 적극적으로 노력합니다.
변호인	- 과벌점자의 변론을 담당합니다. - 과벌점자의 선택에 따라 결정됩니다. - 과벌점자의 피치 못할 사정이나 현재의 변화된 모습, 미래의 발전 가능성 등을 효과적으로 전달하여 가능한 한 낮은 수준의 처벌이 나올 수 있도록 노력합니다.
배심원	- 검사와 과벌점자측 변호인의 주장을 듣고 판단을 내립니다. - 별도로 마련된 배심원 회의실에서 만장일치로 결정을 내려야 합니다. - 배심원은 처벌 수준을 경감해줄 권한만을 가지고 있습니다. - 만약 판사가 판결문을 승인하지 않을 경우 다시 조정합니다.
서 기	- 법정에서의 일들을 기록하고 판결을 선도부 담당 교사에게 전달합니다. - 검사나 변호사가 제출하는 각종 법정 서류를 배심원단과 판사에게 전달합니다. - 법정의 구성원들에게 재판의 개정을 통보합니다.
법정경위	- 재판이 시작되고 끝날 때 판사의 입정과 퇴정을 알립니다. - 재판이 진행되는 동안 법정의 분위기를 엄숙하게 유지합니다.

4. 검사를 위한 주의사항

- 우리가 일반적으로 생각하는 검사의 모습은 피고인의 잘못을 날카롭게 지적하고, 빠져나가지 못하게 몰아세우는 예리한 모습입니다. 하지만 학생자치법정에서의 검사는 일반적인 법정에서의 검사와는 다른 성격을 갖습니다. 검사들 역시 학교의 구성원 중 한 사람일 뿐이고, 검사로 자원봉사하는 것일 뿐이지 과벌점자를 무시하거나 질책할 권한을 가지고 있는 것은 아닙니다. 과벌점자에게 인신공격을 하거나 인격적인 모욕을 가하는 일이 발생하지 않도록 노력해야 할 것입니다.
- 검사를 담당했다고 해서 다른 학생들보다 우월한 지위에 있는 것이 아닙니다. 다른 학생들을 통제하거나 지배한다는 생각을 가져서는 안됩니다.
- 검사가 다른 학생들의 잘못에 대한 처벌을 선고하는 위치인 만큼 스스로의 생활태도에 문제가 있는 것은 아닌지 다시 한 번 주의해야 할 것입니다.

학생자치법정 교육자료 - 과벌점자용

학생자치법정이란?

1. 학생자치법정이란?
   - 경미한 교칙위반자들에게 기존에 있었던 선생님의 일방적인 지도나 훈계 대신 친구들, 선·후배들이 판단한 긍정적 벌을 수행하도록 하는 것입니다.
   - 그동안 일방적으로 교칙을 어긴 것에 대한 처벌만을 받았던 과벌점자 학생들에게 각자 가진 나름대로의 사정과 반성의 기미, 개선 노력들을 말할 기회를 줍니다.
   - 과벌점자에 대한 처벌 수준은 선생님이 아니라 학교에서 함께 생활하는 다른 학생들에 의해서 결정됩니다. 과벌점자의 사정이나 반성 정도에 따라 처벌이 경감될 수 있습니다.

2. 학생자치법정의 절차

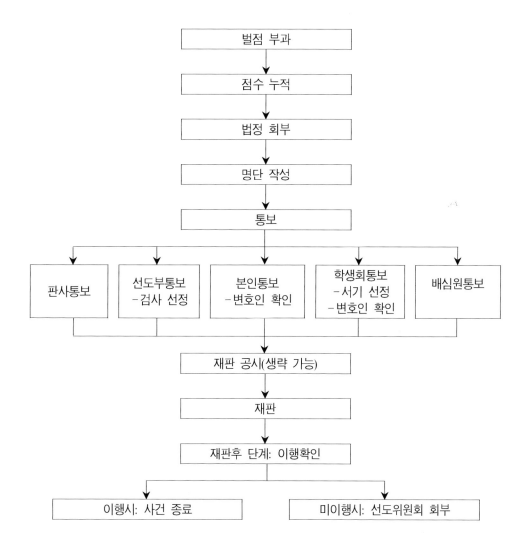

3. 학생자치법정의 구성원 및 역할 소개

구성원	역할
판 사	– 재판의 전반적인 진행을 정리하는 역할을 담당합니다. – 재판이 시작할 때 재판의 주의사항을 안내합니다. – 사건에 대한 변호사와 검사의 의견을 듣습니다. – 배심원단의 결정을 승인하거나 거부할 권리가 있습니다. – 최종적인 판결을 선언합니다.
검 사	– 과벌점자의 규칙 위반 사실에 대해 확인합니다. – 과벌점자의 규칙 위반에 대해 규정 상의 처벌을 선고합니다. – 판사와 배심원단에게 엄정한 판결을 요청합니다.
과벌점자	– 학교 교칙에 따라 일정 수준 이상의 누적벌점에 도달하면 학생자치법정에 회부됩니다. – 원하는 사람을 변호인으로 선임할 수 있습니다. – 위반 사실에 대한 정당한 상황 근거나 반성하는 모습, 개선 노력 등을 알리기 위해 적극적으로 노력합니다.
변호인	– 과벌점자의 변론을 담당합니다. – 과벌점자의 선택에 따라 결정됩니다. – 과벌점자의 피치 못할 사정이나 현재의 변화된 모습, 미래의 발전 가능성 등을 효과적으로 전달하여 가능한 한 낮은 수준의 처벌이 나올 수 있도록 노력합니다.
배심원	– 검사와 과벌점자측 변호인의 주장을 듣고 판단을 내립니다. – 별도로 마련된 배심원 회의실에서 만장일치로 결정을 내려야 합니다. – 배심원은 처벌 수준을 경감해줄 권한만을 가지고 있습니다. – 만약 판사가 판결문을 승인하지 않을 경우 다시 조정합니다.
서 기	– 법정에서의 일들을 기록하고 판결을 선도부 담당 교사에게 전달합니다. – 검사나 변호사가 제출하는 각종 법정 서류를 배심원단과 판사에게 전달합니다. – 법정의 구성원들에게 재판의 개정을 통보합니다.
법정경위	– 재판이 시작되고 끝날 때 판사의 입정과 퇴정을 알립니다. – 재판이 진행되는 동안 법정의 분위기를 엄숙하게 유지합니다.

4. 과벌점자를 위한 주의사항

– 과벌점자가 학생자치법정에 서게 된 것은 굉장히 큰 범죄를 저지르거나 다시는 용서받지 못할 잘못을 했기 때문이 아닙니다. 사실 누구나 사소한 규칙 위반으로 벌점을 받을 수 있고, 이러한 벌점이 누적되면 올 수 있는 곳입니다. 법정에 서는 시간을 지나치게 부담스럽고, 어렵게 생각할 필요는 없습니다.

– 하지만, 꼭 기억해야 할 것은 학생자치법정에 서게 된 과벌점자의 행동이 옳았던 것은 아니라는 것입니다. 법정은 무조건 자신의 잘못을 봐달라고 우기는 자리가 아닙니다. 혹시 피치 못할 사정이 있었을 경우 이러한 사정을 잘 이야기해 정상참작을 받을 수 있는 자리입니다. 규칙의 중요성을 잊지 말아야 할 것입니다.

– 비록 항상 학교에서 함께 생활하는 친구들 혹은 선·후배가 내린 판단이기는 하지만 배심원단과 판사가 내린 판결은 엄연히 구속력을 갖습니다. 판결의 내용을 성실하게 이행하도록 노력해야 할 것입니다.

학생자치법정 교육자료 – 변호인용

학생자치법정이란?

1. 학생자치법정이란?

- 경미한 교칙위반자들에게 기존에 있었던 선생님의 일방적인 지도나 훈계 대신 친구들, 선·후배들이 판단한 긍정적 벌을 수행하도록 하는 것입니다.
- 그동안 일방적으로 교칙을 어긴 것에 대한 처벌만을 받았던 과벌점자 학생들에게 각자 가진 나름대로의 사정과 반성의 기미, 개선 노력들을 말할 기회를 줍니다.
- 과벌점자에 대한 처벌 수준은 선생님이 아니라 학교에서 함께 생활하는 다른 학생들에 의해서 결정됩니다. 과벌점자의 사정이나 반성 정도에 따라 처벌이 경감될 수 있습니다.

2. 학생자치법정의 절차

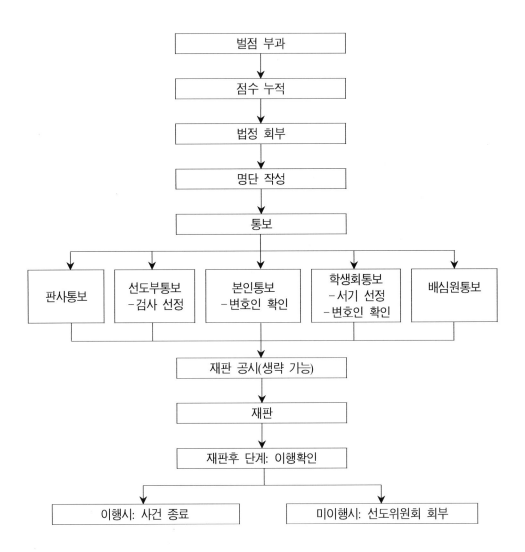

3. 학생자치법정의 구성원 및 역할 소개

구성원	역 할
판 사	– 재판의 전반적인 진행을 정리하는 역할을 담당합니다. – 재판이 시작할 때 재판의 주의사항을 안내합니다. – 사건에 대한 변호사와 검사의 의견을 듣습니다. – 배심원단의 결정을 승인하거나 거부할 권리가 있습니다. – 최종적인 판결을 선언합니다.
검 사	– 과벌점자의 규칙 위반 사실에 대해 확인합니다. – 과벌점자의 규칙 위반에 대해 규정 상의 처벌을 선고합니다. – 판사와 배심원단에게 엄정한 판결을 요청합니다.
과벌점자	– 학교 교칙에 따라 일정 수준 이상의 누적벌점에 도달하면 학생자치법정에 회부됩니다. – 원하는 사람을 변호인으로 선임할 수 있습니다. – 위반 사실에 대한 정당한 상황 근거나 반성하는 모습, 개선 노력 등을 알리기 위해 적극적으로 노력합니다.
변호인	– 과벌점자의 변론을 담당합니다. – 과벌점자의 선택에 따라 결정됩니다. – 과벌점자의 피치 못할 사정이나 현재의 변화된 모습, 미래의 발전 가능성 등을 효과적으로 전달하여 가능한 한 낮은 수준의 처벌이 나올 수 있도록 노력합니다.
배심원	– 검사와 과벌점자측 변호인의 주장을 듣고 판단을 내립니다. – 별도로 마련된 배심원 회의실에서 만장일치로 결정을 내려야 합니다. – 배심원은 처벌 수준을 경감해줄 권한만을 가지고 있습니다. – 만약 판사가 판결문을 승인하지 않을 경우 다시 조정합니다.
서 기	– 법정에서의 일들을 기록하고 판결을 선도부 담당 교사에게 전달합니다. – 검사나 변호사가 제출하는 각종 법정 서류를 배심원단과 판사에게 전달합니다. – 법정의 구성원들에게 재판의 개정을 통보합니다.
법정경위	– 재판이 시작되고 끝날 때 판사의 입정과 퇴정을 알립니다. – 재판이 진행되는 동안 법정의 분위기를 엄숙하게 유지합니다.

4. 변호인을 위한 주의사항

- 변호인은 과벌점자의 입장을 대변하는 역할입니다. 학생자치법정의 취지가 과벌점자의 사정을 이해하고 발전기회를 주기 위한 것이라는 점에서 검사보다도 변호사의 역할이 중요합니다.

- 변호인은 법정에서 과벌점자보다도 더 발언할 기회가 많기 때문에 발언 기회를 적절하게 살려야 합니다. 과벌점자에게 질문을 할 때에도 그 때 얼마나 피치못할 사정이 있었는지, 그 이후로 얼마나 많이 개선되었는지, 현재 어떤 모습을 보이는지가 잘 드러나도록 해야 합니다.

- 가능한 한 다양한 자료를 활용하여 과벌점자에 대한 처벌이 경감될 수 있

도록 노력해야 합니다. 위반 당시의 사정과 관련된 증거들(영수증, 관련 선생님의 진술서 등), 현재의 모범적인 모습에 관련된 증거들(담임 선생님의 진술서 등), 앞으로의 개선 의지에 관련된 증거들(과벌점자의 반성문 등)을 사용할 수 있습니다.

학생자치법정 교육자료 - 배심원용

학생자치법정이란?

1. 학생자치법정이란?
   - 경미한 교칙위반자들에게 기존에 있었던 선생님의 일방적인 지도나 훈계 대신 친구들, 선·후배들이 판단한 긍정적 벌을 수행하도록 하는 것입니다.
   - 그동안 일방적으로 교칙을 어긴 것에 대한 처벌만을 받았던 과벌점자 학생들에게 각자 가진 나름대로의 사정과 반성의 기미, 개선 노력들을 말할 기회를 줍니다.
   - 과벌점자에 대한 처벌 수준은 선생님이 아니라 학교에서 함께 생활하는 다른 학생들에 의해서 결정됩니다. 과벌점자의 사정이나 반성 정도에 따라 처벌이 경감될 수 있습니다.

2. 학생자치법정의 절차

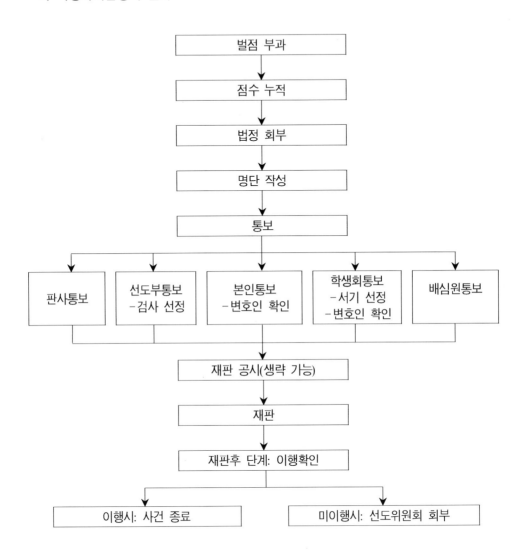

3. 학생자치법정의 구성원 및 역할 소개

구성원	역 할
판 사	- 재판의 전반적인 진행을 정리하는 역할을 담당합니다. - 재판이 시작할 때 재판의 주의사항을 안내합니다. - 사건에 대한 변호사와 검사의 의견을 듣습니다. - 배심원단의 결정을 승인하거나 거부할 권리가 있습니다. - 최종적인 판결을 선언합니다.
검 사	- 과벌점자의 규칙 위반 사실에 대해 확인합니다. - 과벌점자의 규칙 위반에 대해 규정 상의 처벌을 선고합니다. - 판사와 배심원단에게 엄정한 판결을 요청합니다.
과벌점자	- 학교 교칙에 따라 일정 수준 이상의 누적벌점에 도달하면 학생자치법정에 회부됩니다. - 원하는 사람을 변호인으로 선임할 수 있습니다. - 위반 사실에 대한 정당한 상황 근거나 반성하는 모습, 개선 노력 등을 알리기 위해 적극적으로 노력합니다.
변호인	- 과벌점자의 변론을 담당합니다. - 과벌점자의 선택에 따라 결정됩니다. - 과벌점자의 피치 못할 사정이나 현재의 변화된 모습, 미래의 발전 가능성 등을 효과적으로 전달하여 가능한 한 낮은 수준의 처벌이 나올 수 있도록 노력합니다.
배심원	- 검사와 과벌점자측 변호인의 주장을 듣고 판단을 내립니다. - 별도로 마련된 배심원 회의실에서 만장일치로 결정을 내려야 합니다. - 배심원은 처벌 수준을 경감해줄 권한만을 가지고 있습니다. - 만약 판사가 판결문을 승인하지 않을 경우 다시 조정합니다.
서 기	- 법정에서의 일들을 기록하고 판결을 선도부 담당 교사에게 전달합니다. - 검사나 변호사가 제출하는 각종 법정 서류를 배심원단과 판사에게 전달합니다. - 법정의 구성원들에게 재판의 개정을 통보합니다.
법정경위	- 재판이 시작되고 끝날 때 판사의 입정과 퇴정을 알립니다. - 재판이 진행되는 동안 법정의 분위기를 엄숙하게 유지합니다.

4. 배심원을 위한 주의사항

- 배심원은 과벌점자에게 어느 정도의 처벌을 내릴지를 결정하는 역할을 맡습니다. 이때 주의할 것은 규정 상 정해진 처벌에서 정상참작 여부에 따라 처벌경감 정도를 결정할 수 있는 것이지 전적으로 처벌을 결정할 수 있는 권한을 가진 것은 아니라는 것입니다.
- 배심원단의 판결은 만장일치로 의견이 합쳐질 때 결정됩니다. 법정에서 가장 맡은 책임이 큰 역할이 배심원입니다. 배심원의 선택에 따라 과벌점자가 받게 되는 처벌이 정해지기 때문입니다. 배심원의 판단에는 선생님도 간섭할 수 없다는 점에서 배심원은 법정에서 누구보다 큰 힘을 가지고 있

습니다. 배심원이 가진 무거운 책임과 힘을 생각하여 신중한 결정을 내려야 할 것입니다.

- 배심원은 개인의 사사로운 감정에 따라 판단을 내려서는 안됩니다. 법정에서 안 사실과 진술만을 바탕으로 합리적이고 공정한 판단이 나오도록 노력해야 합니다.

학생자치법정 교육자료 - 서기용

학생자치법정이란?

1. 학생자치법정이란?

- 경미한 교칙위반자들에게 기존에 있었던 선생님의 일방적인 지도나 훈계 대신 친구들, 선·후배들이 판단한 긍정적 벌을 수행하도록 하는 것입니다.

- 그동안 일방적으로 교칙을 어긴 것에 대한 처벌만을 받았던 과벌점자 학생들에게 각자 가진 나름대로의 사정과 반성의 기미, 개선 노력들을 말할 기회를 줍니다.

- 과벌점자에 대한 처벌 수준은 선생님이 아니라 학교에서 함께 생활하는 다른 학생들에 의해서 결정됩니다. 과벌점자의 사정이나 반성 정도에 따라 처벌이 경감될 수 있습니다.

2. 학생자치법정의 절차

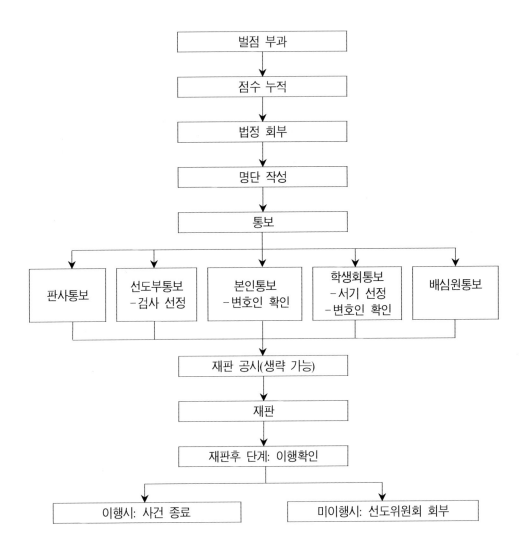

3. 학생자치법정의 구성원 및 역할 소개

구성원	역 할
판 사	- 재판의 전반적인 진행을 정리하는 역할을 담당합니다. - 재판이 시작할 때 재판의 주의사항을 안내합니다. - 사건에 대한 변호사와 검사의 의견을 듣습니다. - 배심원단의 결정을 승인하거나 거부할 권리가 있습니다. - 최종적인 판결을 선언합니다.
검 사	- 과벌점자의 규칙 위반 사실에 대해 확인합니다. - 과벌점자의 규칙 위반에 대해 규정 상의 처벌을 선고합니다. - 판사와 배심원단에게 엄정한 판결을 요청합니다.
과벌점자	- 학교 교칙에 따라 일정 수준 이상의 누적벌점에 도달하면 학생자치법정에 회부됩니다. - 원하는 사람을 변호인으로 선임할 수 있습니다. - 위반 사실에 대한 정당한 상황 근거나 반성하는 모습, 개선 노력 등을 알리기 위해 적극적으로 노력합니다.
변호인	- 과벌점자의 변론을 담당합니다. - 과벌점자의 선택에 따라 결정됩니다. - 과벌점자의 피치 못할 사정이나 현재의 변화된 모습, 미래의 발전 가능성 등을 효과적으로 전달하여 가능한 한 낮은 수준의 처벌이 나올 수 있도록 노력합니다.
배심원	- 검사와 과벌점자측 변호인의 주장을 듣고 판단을 내립니다. - 별도로 마련된 배심원 회의실에서 만장일치로 결정을 내려야 합니다. - 배심원은 처벌 수준을 경감해줄 권한만을 가지고 있습니다. - 만약 판사가 판결문을 승인하지 않을 경우 다시 조정합니다.
서 기	- 법정에서의 일들을 기록하고 판결을 선도부 담당 교사에게 전달합니다. - 검사나 변호사가 제출하는 각종 법정 서류를 배심원단과 판사에게 전달합니다. - 법정의 구성원들에게 재판의 개정을 통보합니다.
법정경위	- 재판이 시작되고 끝날 때 판사의 입정과 퇴정을 알립니다. - 재판이 진행되는 동안 법정의 분위기를 엄숙하게 유지합니다.

4. 서기를 위한 주의사항

- 서기는 학생자치법정이 개정되기 전에 법정 구성원에게 개정을 통보하는 역할을 담당합니다. 여러 명의 구성원에게 개정을 통보하는 것은 생각보다 복잡하고 시간이 소요되는 일입니다. 혼란이 생기지 않도록 미리 준비해야 할 것입니다.
- 서기는 법정에서의 일들을 기록하여 문서로 남기는 역할을 맡습니다. 법정에 대한 기록은 법정에 대한 기록 자체로 보존가치가 있을 뿐 아니라 차후에 학생자치법정에 참여하는 학생들을 위한 교육자료로도 가치가 있습니다. 따라서 기록을 남길 때에는 가능한 한 상세하게, 당시 상황을 이해

하기 쉽도록 기술하는 것이 필요합니다.

- 법정에서의 발언이 단시간내에 이루어져 기록하기에 어려움이 있을 수 있습니다. 기록의 편의를 위해 부호와 약어를 활용하는 것도 좋은 방법입니다.

학생자치법정 교육자료 – 법정경위용

학생자치법정이란?

1. 학생자치법정이란?

- 경미한 교칙위반자들에게 기존에 있었던 선생님의 일방적인 지도나 훈계 대신 친구들, 선·후배들이 판단한 긍정적 벌을 수행하도록 하는 것입니다.
- 그동안 일방적으로 교칙을 어긴 것에 대한 처벌만을 받았던 과벌점자 학생들에게 각자 가진 나름대로의 사정과 반성의 기미, 개선 노력들을 말할 기회를 줍니다.
- 과벌점자에 대한 처벌 수준은 선생님이 아니라 학교에서 함께 생활하는 다른 학생들에 의해서 결정됩니다. 과벌점자의 사정이나 반성 정도에 따라 처벌이 경감될 수 있습니다.

2. 학생자치법정의 절차

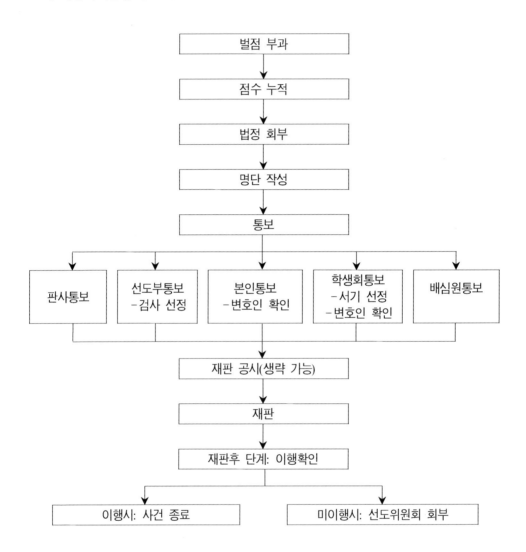

3. 학생자치법정의 구성원 및 역할 소개

구성원	역 할
판사	– 재판의 전반적인 진행을 정리하는 역할을 담당합니다. – 재판이 시작할 때 재판의 주의사항을 안내합니다. – 사건에 대한 변호사와 검사의 의견을 듣습니다. – 배심원단의 결정을 승인하거나 거부할 권리가 있습니다. – 최종적인 판결을 선언합니다.
검사	– 과벌점자의 규칙 위반 사실에 대해 확인합니다. – 과벌점자의 규칙 위반에 대해 규정상의 처벌을 선고합니다. – 판사와 배심원단에게 엄정한 판결을 요청합니다.
과벌점자	– 학교 교칙에 따라 일정 수준 이상의 누적벌점에 도달하면 학생자치법정에 회부됩니다. – 원하는 사람을 변호인으로 선임할 수 있습니다. – 위반 사실에 대한 정당한 상황 근거나 반성하는 모습, 개선 노력 등을 알리기 위해 적극적으로 노력합니다.
변호인	– 과벌점자의 변론을 담당합니다. – 과벌점자의 선택에 따라 결정됩니다. – 과벌점자의 피치 못할 사정이나 현재의 변화된 모습, 미래의 발전 가능성 등을 효과적으로 전달하여 가능한 한 낮은 수준의 처벌이 나올 수 있도록 노력합니다.
배심원	– 검사와 과벌점자측 변호인의 주장을 듣고 판단을 내립니다. – 별도로 마련된 배심원 회의실에서 만장일치로 결정을 내려야 합니다. – 배심원은 처벌 수준을 경감해줄 권한만을 가지고 있습니다. – 만약 판사가 판결문을 승인하지 않을 경우 다시 조정합니다.
서기	– 법정에서의 일들을 기록하고 판결을 선도부 담당 교사에게 전달합니다. – 검사나 변호사가 제출하는 각종 법정 서류를 배심원단과 판사에게 전달합니다. – 법정의 구성원들에게 재판의 개정을 통보합니다.
법정경위	– 재판이 시작되고 끝날 때 판사의 입정과 퇴정을 알립니다. – 재판이 진행되는 동안 법정의 분위기를 엄숙하게 유지합니다.

4. 법정경위를 위한 주의사항

– 법정경위는 재판의 시작하고 끝날 때 판사의 입정과 퇴정을 알립니다. 재판이 시작할 때 법정경위가 "재판부가 입장합니다. 모두 기립해주십시오."라는 안내를 하면 모두 일어서 재판부의 입장을 맞습니다. 재판이 끝날 때 법정경위가 "재판부가 퇴장합니다. 모두 기립해주십시오."라는 안내를 하면 모두 일어서 재판부의 퇴장을 기다립니다.

– 이 외에도 법정경위는 재판이 열리는 동안 법정의 분위기를 엄숙하게 유

지하는 역할을 담당합니다. 재판이 진행되는 도중 간혹 소란스러운 상황이 발생하면 소란을 발생시킨 사람을 제지하거나 심각한 경우 퇴장시킬 수 있습니다.

- 법정경위는 서기가 겸하여 활동하는 것도 가능합니다.

학생자치법정 안내 – 학부모 대상 가정통신문

가정 통신문

　학부모님께

　학부님 가정에 건강과 평안함이 가득하시기를 바랍니다.

　최근 법무부에서 주관하는 **학생자치법정시범학교**에 우리 학교가 선정되었습니다. 교육부는 1997년 학생지도방식을 처벌 위주의 지도방식(퇴학, 무기정학, 유기정학, 근신 등)에서 **선도 위주의 지도 방식(사회봉사, 학교봉사, 기타 선도 교육 프로그램 등)** 중심으로 전환하였습니다. 우리 학교는 이미 불교종립학교라는 학교의 특성을 살려 선도 위주의 지도방식을 적극적으로 실시하여 학생들의 인성교육을 실천해 왔습니다. 이번 학생자치법정시범학교 선정의 취지는 이미 시행되고 있는 상.벌점 제도를 활성화하여 **벌점 5점~9점인 경미한 교칙 위반 학생들**을 대상으로 지도하되 절차가 일방적으로 교사의 지도 및 훈계를 받는 방식이 아니라 학교 법정 구성원인 학생 동료가 정한 긍정적 지도를 경험하는 방식을 통해 교사와 학생 모두 자율적이고 자발적인 생활지도가 이루어질 수 있게 하는 것입니다.

　여름방학동안 준비 과정을 거쳐 2학기부터 본격적으로 학생자치법정을 개최할 예정이오니 학부모님께서도 진행되는 과정을 잘 지켜봐 주시고 격려하여 주시기를 바라며 늘 가정에 행복이 깃들기를 기원합니다.

<학생 지도 절차에서 학생자치법정의 위치>

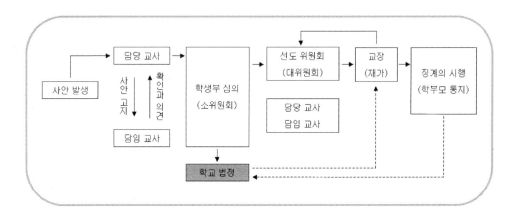

2007년 ○월 ○일

○ ○ 고 등 학 교 장   직인생략

학생자치법정 안내-학생 대상 안내문

학생자치법정 제대로 알아봅시다.^^

1. 학생자치법정이란?

미국에서 시행되던 '청소년 법정'의 한국형 모델로 학교법정을 개최하여 학생이 구성원으로 참여하고 직접 지도 방식을 정해 경미한 교칙 위반 학생들을 선도하는 프로그램을 말합니다.

2. 학생자치법정은 어떤 방법으로?

1) 새로운 상 벌점 제도를 적용하여 2학기부터 시행됩니다.
2) 벌점이 5점~9점까지인 교칙 위반 학생을 대상으로 합니다.
3) 재판 후에는 교내봉사활동에 상응하는 긍정적 지도를 받게 됩니다.
4) 2학기에는 4회정도 실시될 예정입니다.

3. 학생자치법정의 어떻게 구성되나요?

1) 법정은 판사 1명(교사), 검사 1명, 변호사 1명, 배심원 9명(모두 학생)으로 구성됩니다.
2) 학생 구성원은 서기 1명, 검사 6명, 변호사 6명, 배심원 30여명을 시험을 통해 선발합니다.
3) 학생 구성원에게는 봉사활동 점수 부여와 생활 기록부 활동 상황 기재 등의 포상이 주어집니다. (추후 법무부 자체 우수 학생시상 예정)
4) 법에 대해 잘 몰라도 방학 중에 법정구성원 교육을 선생님께서 실시합니다.

4. 학생자치법정은 언제 어디서 하나요?

1) 재판 장소는 본교 3층 도서관 내 잉글리쉬존과 특별실을 이용합니다.
2) 특별실은 재판정으로 잉글리쉬존은 배심원 대기실로 활용할 예정입니다.

3) 법정은 2학기 중 금요일 방과 후 시간을 이용해서 3주에 한 번 정도 실시합니다.

4) 1회당 4~5건의 사건을 다루며 3시간 정도 개최할 예정입니다.

학생자치법정에 대한 궁금증이 좀 풀렸나요? ^^ 여러분들이 관심을 가지고 노력하면 학교 생활이 더욱 즐거워질 겁니다. 궁금한 점이 생기면 바로바로 선생님들께 여쭈어 보세요.

<참고. 학생 지도 절차에서 학생자치법정의 위치>

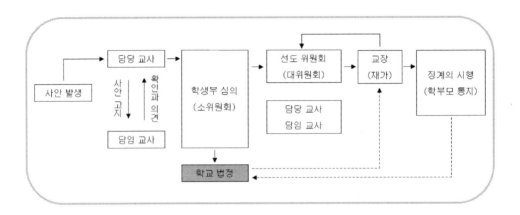

학생자치법정조직위원회 하계 방학 중 학생지도 계획안(의정부 광동고)

일 시	내 용	담당교사
7 / 15(토)	학생대상 홍보 1시간 집행부(검사, 변호사) 공개 모집 공고	백정환
7 / 18(화)	집행부 사법고시 　－ 시　　간: 7교시 　－ 장　　소: 본관 3층 English Zone 　－ 선정방법: 심층면접 　－ 면 접 관: 조직위원회 선생님 　－ 선정인원: 학생회·선도부에서 검사 3～4명 선정 　　　반장·부반장에서 변호사 3～4명 선정 　　　일반학생에서 검사·변호사 각 2～3명 선정	박성기, 김미정, 백정환, 이윤창, 윤성관, 김재영, 조경은, 박희진
7 / 19(수)	집행부 합격자 발표 및 1차 모임 　－ 시　간: 12시 　－ 장　소: 본관 3층 English Zone	윤성관, 김재영, 조경은
7 / 26(수)	기초개념강의 (모의법정의 취지 및 법정개념) 　－ 시　　간: 14시～16시 　－ 장　　소: 본관 3층 English Zone	윤성관
8 / 2(수)	법 교육 센터 방문을 통한 집행부교육 　－ 시　　간: 14시～16시 　－ 장　　소: 자녀안심 국민재단 회의실 　－ 내　　용: 학생자치법정 집행부 역할 과 성격	김미정, 김재영, 박희진
8 / 7(월)～8 / 10(목)	모의재판 I 연습 　－ 시　　간: 14시～16시 　－ 장　　소: 본관 3층 English Zone 　－ 시나리오: 『모의재판·청소년 법정』, 법무부	윤성관, 조경은
8 / 11(금)	모의재판 I 시연 및 평가 　－ 시　간: 14시～16시 　－ 장　　소: 본관 3층 English Zone	윤성관, 김재영 조경은
8 / 14(월)～8 / 16(수)	모의재판 II 연습 　－ 시　　간: 14시～16시 　－ 장　　소: 본관 3층 English Zone 　－ 시나리오: 『모의재판·청소년 법정』, 법무부	김재영
8 / 17(목)	모의재판 II 시연 및 평가 　－ 시　　간: 14시～16시 　－ 장　　소: 본관 3층 English Zone	윤성관, 김재영 조경은

교사연수자료 - 학생 자치 법정 운영 계획(고양 행신고)

Ⅰ. 운영 목적

학생 자치 법정에 학생들이 직접 참여함으로써 공동체 속에서 자신의 위치와 타인을 위해 일할 수 있는 다양한 역할을 인식하고 실천하며, 미래 사회의 민주 시민으로서 필요한 준법정신과 책임 능력을 함양하는데 기여하고자 한다. 또한 학교 생활의 기초 질서 확립에 자발적으로 참여하고 민주적 절차에 따라 선도 활동을 함으로써 민주시민으로서 기본 생활 습관 방식을 체득하고, 학교교육의 발전에 공동으로 노력하는 학교 풍토를 조성할 수 있다.

1. 학생 자치 법정에 참여하여 학생 중심의 생활 지도를 실천할 수 있다.
2. 학생들이 스스로 학칙을 준수하여 민주적인 시민생활을 내면화할 수 있다.
3. 학생 자치 법정을 통해 공동체 의식을 갖는 생활태도를 습관화할 수 있다.

Ⅱ. 기대 효과

1. 학생 자치 법정에 의한 징계를 받은 학생들은 비행 행동에 대한 책임감을 더욱 크게 느낀다.
2. 학교 내 징계 결정 프로그램으로서 학생들의 재비행 방지에 효과가 있다.
3. 판사, 검사, 변호사, 배심원 등의 역할로 재판과정에 참여한 학생들은 자연스럽게 사법 절차 및 법적 권리와 의무를 이해할 수 있을 것이며 준법정신도 향상될 것이다.
4. 학생 스스로 문제를 해결하는 학생 자치권을 확대시켜 학교 내 갈등으로 인한 여러 문제들을 학생 참여를 통해 해결할 수 있다.

Ⅲ. 운영 기본 방침

1. 기존 상벌점 제도를 최대한 활용한다.
2. 학생 자치 법정은 학생들이 다룰 수 있는 경미한 사안이나 초범에 해당할 경우에만 다루도록 한다.
3. 학생 자치 법정에 회부된 학생들에게 어떤 긍정적 처벌을 내릴 것인가를 사전 충분히 고려해야 한다.
4. 학생 자치 법정의 운영 횟수는 학교 일정을 최대한 고려하여 결정한다.
5. 처벌 위주의 징계 방식보다는 선도 위주의 징계 방식을 지향한다.
6. 학생－교사－학부모가 상벌점제도와 학생 자치 법정의 충분한 필요성과 타당성에 대한 인지도를 높여야 한다.
7. 학생 자치 법정의 세부 규정에 대해서는 교사, 학생 모두 자세히 알고 있어야 하며, 적극적인 홍보 활동이 전개되어야 한다.
8. 학생 자치 법정에 활동하는 여러 학생들에게 임명장 수여 및 봉사 활동 인정 등의 보상 및 유인책을 마련해야 한다.
9. 모든 교사들이 동일하게 규칙을 적용할 수 있어야 공정성과 일관성을 확보할 수 있다.
10. 긍정적인 처벌의 종류에 대하여 다양한 고민이 필요하고 배심원에게 일정 정도의 사안별 긍정적 처벌 종류를 공지해야 한다.
11. 학생 자치 법정의 운영 결과는 학생 생활 규정 개정협의회 논의와 연계한다.

Ⅳ. 세부 운영 계획

1. 시기별 주요 추진 일정

시 기	주요 추진 내용	비 고
2006.06.01 - 07.31 (준비기)	- 모의 법정 자체 운영 계획 수립 - 교사와 학생의 의견 수렴(설문 조사) - 모의 법정 운영팀 구성 및 협의회 활동 - 각종 정보 수집 및 연수 활동	
2006.08.01 - 12.31 (실행기)	- 모의 법정 참가자 선정 - 모의 법정 교실 선정 및 시연회 준비 - 모의 법정 시연회 활동(총 4회 예상) - 모의 법정 운영팀 활동 및 각종 협의회 - 각종 정보 수집 및 연수 활동	
2007.01.01 - 01.31 (평가기)	- 사후 평가 회의 및 개선 방안 마련 - 향후 모의 법정 운영 계획 수립 - 모의 법정 운영 결과 작성 및 학생 생활 규정 개정 협의회 정식 보고	

2. 단계별 주요 실천 계획

단 계	주요 실천 내용	비 고
재판 전 단계	- 법정 회부 대상과 기준 마련 - 벌점 부과 및 점수 누적 집계 - 법정 회부 대상자 명단 작성 - 통보(판사, 검사, 변호사, 피고, 서기, 배심원) - 재판 공시	
재판 단계	- 법정 형태 결정 - 재판 횟수 및 일시 결정 - 법정 준비(법정 배치도) - 법정 구성원의 역할 및 권한: 판사, 배심원, 검사, 피고, 변호인, 서기, 법정경위, 방청객 - 법정 재판 절차: 출석 확인 - 교육 - 피고인 선서 - 검사 심문 - 변호사 심문 - 검사 구형 - 변호사 최종 변론 - 피고 최후 변론 - 배심원 회의 및 판결 - 판결 선고	
재판 후 단계	- 법정 판결 이행시 관리 / 감독(학생부) - 법정 판결 불이행시 선도위원회 회부 조치 - 사후 평가 회의 - 역할 소감문 작성 및 발표 - 학교 교칙 개정을 위한 제언	

Ⅶ. 세부 실천 사항

1. 행신 법정 회부 대상자 요건 및 선정

가. 요 건
- 행신 법정 지정일로부터 2주 전 벌점이 25점 이상인 학생(선도위원회 회부사항 벌점 항목에 대해서는 제외)
- 누적된 특정 벌점 항목에 대해 10회 이상 지적을 받은 학생으로서 개전의 여지가 없는 학생(선도위원회 회부사항 항목에 대해서는 제외)
- 선도위원회 회부사항 중 경미한 내용으로서 학생 선도위원회 자체 심의 과정을 통해 행신 법정 회부자로 판단되는 학생

나. 선정 과정
- 선도부에서 1차적으로 선정 대상 학생 파악하여 학생부에 통보
- 학생부 자체적으로 선정 대상 심의위원회를 개최하여 법정 회부 대상자 선정
- 해당 학생에게 소명 기회 제공 및 의견 반영
- 법정 회부 대상자 최종 선정 및 담임교사(학부모)에게 통보

2. 행신 법정 운영 횟수 및 일시

가. 운영 횟수
- 학교 여건을 최대한 고려하여 법정을 운영한다.
- 월 1회 운영을 원칙으로 하며, 2학기에 총 4회 운영한다.

나. 운영 일시 (금요일 방과 후나 토요일 오전 시간을 활용)
- 세부 운영 일시(총 4회)

구 분	1회	2회	3회	4회
일 시	9월 29일(금) 18:30 -	10월 27일(금) 18:30 -	11월 18일(토) 2, 3교시	12월 30일(토) 2, 3교시
누계 벌점 기준일	9월 8일(금)	10월 9일(월)	11월 4일(토)	12월 4일(월)
특기사항	교사 판사제	교사 판사제	학생 판사제	학생 판사제
장 소	교과학습실2	교과학습실2	교과학습실2	교과학습실2

3. 행신 법정 구성원의 조직도 및 역할 내용과 선정

가. 법정 구성원 조직도
- 행신 법정 실무 지원팀: 선도부
  * 문제 행동 적발에 따른 벌점 수합
  * 벌점 점수를 확인하여 법정 회부 대상자를 선정하고 학생부에 통보
  * 법정 판결 이후 이행 확인
  * 행신 법정 회부 대상자 및 구성 역할 담당자에게 통지
- 행신 법정 실무 운영팀: 판사, 검사, 변호사, 서기, 배심원, 법정경위
  * 판사: 교사 판사 또는 학생 판사
  * 검사: 선도부에서 선발
  * 변호사: 법정 회부자가 지정한 학생 또는 학생회 간부 중에서 지정한 학생
  * 서기: 학생회에서 선발
  * 배심원: 과거 법정 회부자＋학생회 대의원회(학생회, 학급 반장 / 부반장) 중 희망자＋일반 학생 중 희망자
  * 법정경위: 선도부에서 선발

나. 역할 선정 과정
- 선도부 역할 선정: 전체 선도부원을 법정 실무 지원팀, 검사팀, 법정경위 팀으로 구분하고 내부적인 협의회를 통해서 역할 배분
- 학생회 역할 선정: 전체 학생회 부원을 국선 변호사팀, 서기팀, 배심원팀 으로 구분하고 내부적인 협의회를 통해서 역할 배분
- 판사: 교사 판사(학생부 또는 사회교과 교사 중에서 선발), 학생 판사(2학 년 '법과 사회' 과목 수강생 중에서 우수한 법적 소양 능력을 갖고 있는

학생 중에서 선발된 자)
- 배심원: 학생회 대의원회(학급 반장 또는 부반장) 중에서 4명 이내 선정, 일반 학생 중에서 4명 이내 선정, 이전 자치 법정 회부 학생

4. 행신 법정 장소(배치도는 생략)

가. 본관 1층에 있는 '교과 학습실 2'를 행신 법정으로 사용
나. 행신 법정을 실제 법정과 유사하게 각종 집기와 물품을 구입하여 비치
다. 행신 법정에 재판 관련 각종 참고 자료와 서적 비치
라. 주변 벽면과 게시판에 재판 관련 게시물 게시하여 법적 소양 교육 병행 실시

5. 긍정적 처벌의 종류

가. 긍정적 처벌: 구체적이고 일관된 기준에 따라 일정한 처치 및 강화를 제공함으로써 학생 스스로 자기 행동을 반성해볼 수 있는 계기를 마련하는 처벌
나. 긍정적 처벌의 종류
- 특정 사안에 따른 긍정적 처벌(2개 이상 부과 가능)

특정 벌점 항목	긍정적 처벌의 종류	비고
복장 위반	배심원 참여, 나의 다짐쓰기, 에세이쓰기, 기타	
쓰레기 무단 투척	배심원 참여, 교내 환경미화, 환경 캠페인 참여, 표어 및 포스터 그리기, 에세이쓰기, 기타	
등교시간 지각	배심원 참여, 일찍 등교하기, 나의 다짐쓰기, 에세이쓰기	
무단횡단 (교통질서위반)	배심원 참여, 교통질서 캠페인 참여, 표어 및 포스터그리기, 에세이쓰기, 기타	
두발불량 및 용모불량 (화장행위포함)	배심원 참여, 나의 다짐쓰기, 에세이쓰기, 기타	
만화책(잡지) 및 불건전CD 소지	배심원 참여, 나의 다짐쓰기, 에세이쓰기, 기타	
수업 및 면학분위기 저해	배심원 참여, 교사 업무보조, 교재(교구) 정리, 교내도서관 도서 정비, 나의 다짐쓰기, 에세이쓰기, 기타	
월담행위 및 타학생의 명의 도용	배심원 참여, 나의 다짐쓰기, 에세이쓰기, 기타	

- 종합적인 벌점 부여 학생에 대한 긍정적 처벌(2개 이상 부과 가능)

긍정적 처벌의 종류	배심원 참여, 나의 다짐쓰기, 에세이 쓰기, 교내 봉사(환경미화, 교구(교재) 정리, 교사 업무보조, 교내도서관 도서 정비, 쓰레기 분리 수거), 역할극 참여, 사회 봉사

* 긍정적 처벌 이후 조치: 자치 법정에서 배심원에 의해 부과된 긍정적 처벌을 정상적으로 완수한 학생에게는 그동안 부과된 벌점을 모두 상쇄시켜 준다.

6. 학생 자치 법정 참여 학생에 대한 보상

가. 임명장 수여: 참여 구성원 역할에 따른 학교장 임명장 수여(판사, 검사, 변호사, 배심원, 서기, 법정경위)
나. 학교 생활기록부에 활동 내용 기록: 참여 내용과 사항을 세밀하게 기록
다. 학교 봉사 활동 시간 인정: 학생 자치 법정 참여 시간을 학교 봉사 활동으로 최대한 인정
라. 학교 봉사상 추천: 학생 자치 법정 활동에 적극적으로 참여한 학생
마. 법무부 장관상 추천: 학생 자치 법정 활동에 적극적으로 참여한 학생(연말 1 −2명 이내)

[별첨 5] 학생자치법정 시나리오

의정부 광동고등학교 제4차 학생자치법정

(아직 판사석은 비어 있다. 검사와 변호사는 각자 자리에 앉아 문서를 검토하고 있다. 서기 일어난다.)

서　기: 지금부터 의정부광동고등학교 **제4차** 학생자치법정을 개정하겠습니다. 재판부 입장이 있겠습니다. 모두 기립해 주십시오.

(검사, 변호인, 방청객들 모두 기립한다. 법정 문이 열리고 재판부 일동이 들어온다.)

판　사: (앉으며) 반갑습니다.

① 국민의례 및 출석확인

서　기: 국민의례가 있겠습니다. 모두 기립해 주십시오. (모두 기립하면)
　　　　국기에 대한 경례!
　　　　나는 자랑스런 태극기 앞에 조국과 민족의 무궁한 영광을 위하여 몸과 마음을 바쳐 충성을 다할 것을 굳게 다짐합니다.
　　　　바로. 이하 의식은 생략하도록 하겠습니다.

서　기: 모두 착석해 주십시오. (모두 자리에 앉으면) 사건번호 제2006-13번부터 **16번**까지, 벌점초과자 **최현영, 여희정, 이정미, 이호영** 등은 용의복장, 수업태도, 무단지각, 학습태도, 생활태도, 고의적 지시불응 등으로 인한 초과벌점으로 기소되었습니다.
판　사: 벌점초과자 학생들은 일어서 주십시오. 묻는 말이 맞으면 "예"라고 대답해 주세요.

(벌점초과자들 일어선다.)

판　사: 벌점초과자 1학년 5반 35번 최현영 학생이 맞습니까?

벌점초과자(최현영): 예.

판　사: 벌점초과자 1학년 6반 18번 여희정 학생이 맞습니까?

벌점초과자(여희정): 예.

판　사: 벌점초과자 2학년 4반 27번 이정미 학생이 맞습니까?

벌점초과자(이정미): 예.

판　사: 벌점초과자 2학년 9반 23번 이호영 학생이 맞습니까?

벌점초과자(이호영): 예.

판　사: 좋습니다. 벌점초과자들 자리에 앉아 주세요. (벌점초과자들 자리에 앉는다.)

② 교육 (판사가 변호사, 검사, 배심원단 교육)

판　사: 본교 학생자치법정을 진행하기에 앞서 변호사, 검사, 배심원단에 대한 역할과 주의점 및 본 학생자치법정에 대해서 간단히 교육을 하도록 하겠습니다.

(검사들을 바라보며 말을 한다.)

판　사: 검사는 학생자치법정에서 벌점초과자의 규칙 위반 사실에 대해 확인하고 벌점초과자의 규칙 위반에 대한 규정상의 처벌을 구형하는 일을 맡습니다. 이 때 사실을 확인하고, 처벌을 선고하는 기준은 본교의 교칙입니다. 그리고 검사는 판결을 내릴 배심원단과 판사에게 엄정한 판결이 나올 것을 요청하고, 교칙의 중요성과 교칙 위반에 따른 처벌의 필요성을 주장하여야 합니다. 또한 검사는 필요하다고 생각한다면 검사신문을 할 때에 증인을 신청하는 것이 가능합니다.

(변호사들을 바라보며 말을 한다.)

판 사: 다음, 변호사는 벌점초과자의 변론을 담당합니다. 따라서 변호사는 벌점초과자의 위반 사실에 대한 정당한 이유, 그동안 학교생활의 성실함이나 반성하는 태도, 앞으로의 개선 약속 등을 제시함으로써 정해진 처벌 수위에서 가능한 한 낮은 처벌이 이루어 질 수 있도록 정상참작을 요청할 수 있습니다. 또한 변호인이 필요하다고 생각한다면 변호사 변론을 할 때에 증인을 신청하는 것이 가능합니다.

(배심원단을 바라보며 말을 한다.)

판 사: 그리고, 배심원단은 벌점초과자 측 변호사와 검사의 주장을 듣고 난 후 회의실에서 벌점초과자들에게 어느 정도의 처벌을 내릴지 처벌 수준을 결정하는 역할을 맡습니다. 이때의 처벌은 규정 상 정해진 처벌에서 정상참작 여부에 따라 처벌의 경감 정도를 결정하는 것이지 전적으로 처벌을 결정하는 권한을 가진 것은 아닙니다. 처벌수준은 배심원단의 만장일치로 결정됩니다. 만장일치에 이룰 때까지 배심원단은 회의실에서 회의를 통해 조정을 거쳐야 합니다.

(모두를 두루 바라보며 말을 한다.)

판 사: 본 학생자치법정은 학생들을 처벌하는 것이 목적이 아니라 서로 이야기를 들어보고 처벌 하는 쪽이든, 받는 쪽이든, 상대방의 입장을 이해하며 학생들이 스스로 학교의 질서를 세워나간다는 것이 핵심입니다. 따라서 검사들은 지나치게 학생들을 몰아세우는 일은 삼가 주고, 벌점초과자

학생들은 괜히 주눅든다거나, 검사 학생들에게 나쁜 감정을 갖지 않도록 해 주기 바랍니다. 모두 최선을 다해 주기 바랍니다.

③ 벌점초과자 선서

서 기: 벌점 초과자 선서가 있겠습니다. 벌점초과자 학생들은 일어서 주십시오.

(서기가 선서문을 벌점초과자들에게 나눠주고 자리에 앉는다.)

판 사: 벌점초과자들 선서 하십시오.

(벌점초과자들은 오른손을 들고 선서문을 낭독한다.)

벌점초과자들: 선서, 나 ○○○는 나 스스로의 명예와 학교의 명예를 걸고 이 법정에서 성실한 태도로 진실만을 말할 것을 맹세합니다.

서 기: 벌점초과자들은 자리에 앉아 주십시오. (벌점초과자들은 자리에 앉는다.)

④ 검사 모두 진술

판 사: 최현영(여희정, 이정미, 이호영) 학생 벌점초과자 자리로 이동해 주세요.
(최현영 학생 벌점초과자 자리로 이동해서 앉는다.)

판 사: 검사, 모두진술 해 주세요.

검 사: (준비된 모두진술을 함)

⑤ 변호사 변론

판 사: 변호사, 변론 해 주세요. 벌점 초과자 학생은 변호사가 묻는 말에 대답

을 해 주시면 됩니다.

변호사: (준비된 변론을 함)

(변호사가 변론을 할 때에 증인을 신청할 수 있다. 시나리오는 아래와 같다.)

변호사: 재판장님, 이번 사건의 증인으로 벌점초과자의 친구 ○○○군(양)을 증인으로 신청합니다.

판 사: 인정합니다. 증인, 들어오세요.

(서기는 일어나서 방청석에 앉아 있는 증인을 데려온다. 서기는 서기석까지 데려온 다음, 선서문이 적힌 파일을 건넨다. 증인은 판사를 향해 목례하고 오른손을 든 채 선서문을 읽는다.)

증 인: 선서, 양심에 따라 숨김과 보탬이 없이 사실 그대로 말하고, 만일 거짓말이 있으면 위증을 벌을 받기로 맹세합니다.

판 사: 자리에 앉으세요.

(서기, 증인을 증인석에 앉힌다.)

판 사: 변호사, 증인 신문해 주세요.

변호사: (준비된 증인 신문을 한다.) 이상입니다.

판 사: 검사, 증인 신문 하시겠습니까?

검 사: 예

판 사: 검사, 증인 신문해 주세요.

검 사: (증인 신문을 한다.) 이상입니다.

판 사: 증인 다시 방청석으로 가서 앉아 주십시오.

(증인은 천천히 걸어서 방청석으로 가서 앉는다.)

⑥ 검사 신문 및 구형

판 사: 검사, 검사신문 및 구형을 해 주세요. 벌점초과자는 검사가 묻는 말에
        대답을 해 주시면 됩니다.

검 사: (준비된 검사신문 및 구형을 한다.)

(검사가 신문을 할 때에 증인을 신청할 수 있다. 시나리오는 아래와 같다.)

검 사: 재판장님, 이번 사건의 증인으로 벌점초과자의 친구 ○○○군(양)을 증인
        으로 신청합니다.

판 사: 인정합니다. 증인, 들어오세요.

(서기는 일어나서 방청석에 앉아 있는 증인을 데려온다. 서기는 서기석까지 데
려온 다음, 선서문이 적힌 파일을 건넨다. 증인은 판사를 향해 목례하고 오른손을
든 채 선서문을 읽는다.)

증 인: 선서, 양심에 따라 숨김과 보탬이 없이 사실 그대로 말하고, 만일 거짓
        말이 있으면 위증을 벌을 받기로 맹세합니다.

판 사: 자리에 앉으세요.

(서기, 증인을 증인석에 앉힌다.)

판　사: 검사, 증인 신문해 주세요.

검　사: (준비된 증인 신문을 한다.) 이상입니다.

판　사: 변호사, 증인 신문 하시겠습니까?

변호사: 예

판　사: 변호사, 증인 신문해 주세요.

변호사: (증인 신문을 한다.) 이상입니다.

판　사: 증인 다시 방청석으로 가서 앉아 주십시오.

(증인은 천천히 걸어서 방청석으로 가서 앉는다.)

⑦ 변호사 최후변론

판　사: 변호사, 최후변론 해 주세요.
변호사: (준비된 변호사 최종변론을 한다.)

⑧ 벌점초과자 최종진술

판　사: 벌점 초과자, 마지막으로 하실 말씀이 있습니까? 있다면 말씀하십시오.

최현영: (준비된 최종진술을 한다.)

(여희정) (이정미)(이호영): (준비된 최종진술을 한다.)

판　사: 예, 잘 알았습니다. 최현영 학생은 제자리로 돌아가 앉고 다음 여희정(이정미, 이호영) 학생 벌점초과자 자리로 이동해 주세요.

(다시 여희정, 이정미, 이호영 각각 ④번 검사 모두진술 순서부터 ⑧번 벌점초과자 최종진술 순서까지 반복한다.)

⑨ 휴정 및 배심원 회의

판 사: 배심원 회의를 위해 20여 분간 휴정 후 판결을 내리겠습니다.

서 기: (일어선다) 재판부 퇴장이 있겠습니다. 모두 기립해 주십시오.
      (검사, 변호인, 방청객들 모두 기립한다. 법정 문이 열리고 재판부 일동이 퇴장한다.)

서 기: 잠시 휴정한 후, 20여분 후에 이곳에서 다시 개정하겠으니 배심원단 여러분 은 배심원 회의실로 자리이동을 하시고, 다른 분들은 잠시 휴식하시기 바랍 니다.

⑩ 재개정

(판사석은 비어 있다. 검사와 변호사는 각자 자리에 앉아 있다. 서기 일어난다.)
서 기: 지금부터 의정부광동고등학교 제4차 학생자치법정을 재개정하겠습니다. 재판부 입장이 있겠습니다. 모두 기립해 주십시오.

(검사, 변호인, 방청객들 모두 기립한다. 법정 문이 열리고 재판부 일동이 들어온다.)
판 사: (앉으며) 잘 쉬셨습니까.

서 기: 모두 착석해 주십시오.
      (모두 자리에 앉으면)

⑪ 배심원 합의문 낭독

판 사: 배심원 여러분, 합의문을 낭독해 주십시오.

배심원: (배심원 대표 3명이 차례로 일어나서 합의문을 낭독한다.)

⑫ 합의문 제출

(배심원의 합의문 낭독이 끝나고 배심원장은 판사에게 합의문을 제출한다. 판사 선생님 세분은 서로 합의하는 모습을 보여준다.)

⑬ 판결선고

판 사: 의정부광동고등학교 교칙에 의거하여 배심원들의 평결이 충분한 논리적 근거를 가지고 있으며 벌점초과자들의 처벌로 합당하다고 판단되므로 본 재판부는 배심원들의 평결을 그대로 받아들이겠습니다.
판 사: 최현영 학생, 일어서 주십시오.
벌점초과자 최현영에 관하여 · · · · · · · · · · · 을 선고한다.
(판사, 법봉을 세 번 두드린다.)

판 사: 최현영 학생은 앉고 여희정 학생, 일어서 주십시오.
벌점초과자 여희정에 관하여 · · · · · · · · · · · 을 선고한다.
(판사, 법봉을 세 번 두드린다.)

판 사: 여희정 학생은 앉고 이정미 학생, 일어서 주십시오.
벌점초과자 이정미에 관하여 · · · · · · · · · · · 을 선고한다.
(판사, 법봉을 세 번 두드린다.)

판 사: 이정미 학생은 앉고 이호영 학생, 일어서 주십시오.

벌점초과자 이호영에 관하여 · · · · · · · · · · · 을 선고한다.
(판사, 법봉을 세 번 두드린다.)

판　사: 이호영 학생, 앉으세요.

⑭ 판사 선생님의 학생자치법정 평가발언

서　기: (일어서서) 재판부 선생님들께서 본 학생자치법정의 과정과 결과에 대하
에 평가를 해 주시겠습니다.
(재판부 선생님들이 그날의 재판과정과 결과에 대해 재판부의 입장에서
교육적 차원으로 한마디씩 코멘트를 하시면 됩니다.)

⑮ 폐　정

서　기: (일어선다) 재판부 퇴장이 있겠습니다.
(판사들, 모두 일어나 각자의 문서를 챙기고 법정을 나선다.)
서　기: 의정부광동고등학교 제4차 학생자치법정을 폐정하겠습니다.
(서기는 벌점초과자석에 앉은 벌점초과자들을 일으켜 보낸다. 검사와 변호사, 각
자 문서를 정리한 후 간단히 목례한다. 서기도 문서들을 챙기고 나간다.)

의정부 광동고등학교 제4차 학생자치법정

등장하는 증인 및 순서

[선도부측 증인]
1. 증인 이경로(선도부): 벌점자들의 벌점부과 경위에 대하여 설명
2. 증인 서덕준(선도부): 두발 규정에 대한 설명

[변호인측 증인]
1. 증인 김동주(벌점자 최민혁의 친구): 벌점 받을 당시의 상황과 평소 벌점자의 성품에 대해 진술

[증거물 등]
있으면 제시

구체적 재판 시나리오

재판부: 교사(이승준)
검사: 선도부차장
변호인: 벌점자의 친구들 또는 자치법정 선정 변호인
벌점자: 벌점누적학생
배심원: 9명

(선도부, 변호인, 벌점자는 이미 착석. 재판부와 배심원은 각각 다른 공간에서 대기)
학생부회장: (금일 자치법정에 관한 개시선언) 지금으로부터 제천고 자치법정을 시작하겠습니다.
법정외 안내자: (사회자의 설명이 시작되면 다른 공간에서 대기하고 있는 배심

원들을 안내하여 법정외 출입구 복도에 순번대로 대기시킨다) 아울러 배심
원들의 복도 대기가 끝난 후, 복도에서 대기하도록 안내함)

학생부회장: 이 법정은 제천고 자치법정으로서 2006학년도 9월부터 실시되었던
제천고 상벌점제에 규정에 따라 각각의 위반행위로 인한 누적 벌점이 5점을
초과한 학생들의 벌점 인정 여부와 그에 따른 양형을 위한 법정임을 말씀드
리며, 이 법정 운영에 관한 기준은 제천고 자치 법정 운영계획에 따른 것임
을 말씀드립니다.

법정 경위: (학생부회장의 경과 소개가 끝나자마자, 법관 출입문 쪽의 다른 안내
직원에게 들어오라는 신호를 보내고, 그에 따라 판사가 법관 출입문(교실문)
을 통하여 들어온다)

법정 경위: (재판부가 들어오는 과정에 또렷한 목소리로) "모두 자리에서 일어나
주십시오. 이 법정은 제천고 자치 법정입니다."

법정 경위: 먼저 국기에 대한 경례를 하겠습니다. 국기에 대하여 경례(모두 경례
한다.) 바로!

(재판부가 착석하면) "모두 앉아 주십시오."

재판장: 안녕하십니까. 지금부터 2006년 9월 29일 재판을 시작하겠습니다. 오늘
은 이미 예정한 바와 같이 벌점자 최민혁, 정용재, 이영윤, 이경로, 이상수
학생에 대한 2006-1호 사건의 재판을 시작하겠습니다. 먼저 관계자의 출석
여부를 확인하겠습니다. 선도부 측의 이강명, 조용호학생, 벌점자 최민혁의
변호인 고영태, 벌점자 정용재, 이영윤, 이경로, 이상수 측의 변호인 김재혁,
장효성, 출석하였나요?

선도부 및 변호인: 네

재판장: 법정경위는 배심원을 입정시켜 주십시오.

법정 경위: (법정 내 출입구 옆에 기다리고 있다가 문 밖에서 대기 중인 배심원
들을 입정시켜 지정된 자리로 안내한다)

(배심원 착석 후)

재판장: 배심원들은 일어서서 선서하여 주십시오.

(배심원들 모두 일어남)

서기: (배심원들 중 한명에게 선서문을 주고 배심원들에게 오른손을 들고 선서
하는 자세를 취하도록 한다)

선서문을 받은 배심원: (선서문 낭독) "저희 배심원 일동은 이 재판에 있어 사실
    을 정당하게 판단할 것과 이 법정이 지정하는 법과 증거에 의하여 진실한
    평결을 내릴 것을 엄숙히 선서합니다."

재판장: (배심원들을 바라보며) 재판의 진행순서는 모두 진술절차, 증거조사 절
    차, 선도부의 논고 및 구형, 변호인의 최후 변론, 벌점자의 혐의인정 여부
    및 양형에 대한 토론 순으로 이루어집니다. 본 공판절차는 선도부의 공소장
    낭독과 공소사실을 인정하는 지 여부에 관한 벌점자의 진술로 시작됩니다.
    이를 모두진술절차라고 합니다. 그리고 앞으로 제시될 증거가 무엇을 입증
    할 것인지를 선도부와 변호사가 설명할 것입니다. 본 사건에 있어서 벌점카
    드에 기록된 행위로 인해 벌점을 받았다는 사실에 대해서는 선도부 측과 변
    호사 측 사이에 다툼이 없었습니다만, 벌점부과의 정도에 관하여는 다툼이
    있으므로 본 공판절차에서 증거 조사할 증거들에 관하여 이미 합의하였습니
    다. 그리고 그 다음 증거조사절차에 들어가게 됩니다. 선도부와 변호사는 여
    러분들에게 증인을 비롯한 여러 증거를 제시할 것입니다. 증인에 대한 신문
    은 이 때 이루어집니다. 오늘은 선도부측 증인 3명과 벌점자 측 증인 1명에
    대한 증인신문이 이루어질 것입니다. 증인의 법정에서의 증언을 믿을 수 있
    는 지 여부를 잘 유념하여 주십시오. 증거조사가 끝나게 되면 선도부 측과
    변호인의 최후변론을 듣고 이 사건 공판절차를 종결하게 됩니다. 그 후 제
    가 여러분에게 이 사건에 적용할 상벌점 조항에 쓰여 있는 내용과 법원칙,
    평의절차 등에 대한 설명을 할 것입니다. 그 후 여러분들은 평의실로 퇴장
    하여 벌점자에 대한 벌점 인정 여부에 관하여 평의를 하게 되며, 만일 벌점
    이 모두 인정된다고 평결한 경우에는 벌점자 최민혁, 정용재, 이영윤, 이경
    로, 이상수의 양형에 관하여 판사와 함께 토론을 할 것입니다. 여러분들이
    이 판사와 벌점자들의 양형에 관하여 토론을 할 때에는 오늘 이 법정에서
    보고 들은 내용을 가지고 판단을 하셔야 하며 벌점자들에 대하여 어떠한 선
    입견을 가지고 판단을 하여서는 안 됩니다. 배심원 여러분, 배심원으로서 여
    러분의 역할은 오로지 오늘 이 법정에서 제출되는 증거인 증인의 증언과 증
    거물만을 가지고 이 사건의 진실이 무엇인가를 결정하는 것입니다. 즉 여러
    분은 이 법정에서 조사된 증거에 의거해서만 결정을 하여야 하고 여러분이
    이 법정 외에서 읽거나 들은 점들을 고려하면 안 됩니다.

　　오늘 재판과정에서 선도부나 변호인들이 증인의 증언 중에 부당하다는 이의를 제기하면 판사인 제가 그 이의를 받아들이거나 이의를 기각할 것입니다. 제가 이의를 받아들이는 경우, 그러한 증인의 증언은 법에 의하여 허용되지 않는다는 것을 뜻하므로 여러분은 그 증언을 이 사건의 진실을 판단하는데 고려하여서는 안 됩니다. 그리고 지금 여러분들 앞에는 메모지가 놓여 있습니다. 여러분들은 오늘 이 재판과정에서 여러 사람들의 증언을 듣고 증거를 보시면서 증언 내용 등을 메모지를 사용하여 메모하실 수 있습니다. 다만, 평의가 끝나면 이를 모두 수거하여 폐기하도록 하겠습니다. 배심원 여러분, 여러분은 이 사건에 대한 평의를 위하여 퇴장할 때까지 이 사건이나 증거에 대하여 다른 사람과, 심지어는 다른 배심원들과도 의논할 수 없습니다. 여러분들은 배심원으로서 스스로 이 사건에 대하여 여러분이 가지고 있는 편견이나 선입견을 무시하고 공정하고 공평한 결정을 내려야 합니다. 제 말을 이해하실 수 있겠습니까?

배심원들: 예.

재판장: 벌점자 최민혁, 정용재, 이영윤, 이경로, 이상수, 나왔습니까?

벌점자들: (변호인석 옆에 앉아 있다가 자리에서 일어서서) 네.

재판장: 벌점자들은 앞으로 진행될 심리과정에서 진술을 하지 않거나 개개의 질문에 대하여 진술을 거부할 권리가 있고, 한편 이익 되는 사실을 진술할 수 있습니다. 아시겠습니까?

벌점자들: 예.

재판장: (벌점자 최민혁에 대하여)

　　먼저 벌점자 최민혁에 대하여 묻겠습니다. **학년 반 번호를 말해보세요.**

　　벌점자 최민혁: 1학년 6반 30번입니다.

재판장: (나머지 벌점자들 / 정용재, 이영윤, 이경로, 이상수 / 에게도 똑같이 물어 본다.)

재판장: 벌점자는, 공소장을 받아 보았죠?

벌점자들: 예.

재판장: 벌점자들, 자리에 앉으세요.

(벌점자들: 벌점자석에 앉는다)

재판장: (선도부석을 쳐다보며) 선도부측, 모두진술을 하시겠습니까?

선도부: 예. (이후 공소장을 낭독한다) 이에 선도부에서는 벌점자 최민혁, 정용
재, 이영윤, 이경로, 이상수 학생을 제천고 상벌규정 제3조 제4항, 실내화 착
용 위반에 해당되는 이유로, 또 이경로, 이상수 학생을 제천고 상벌규정 제1
조 제1항 두발규정 위반을 이유로 기소를 하였습니다. 이상입니다.

재판장: (벌점자석을 쳐다보며) 벌점자들, 모두진술을 하시겠습니까?

벌점자 최민혁: －－－－－－－－－－(적절하게 진술한다)

벌점자 최면혁의 변호인: 벌점자 최민혁은 －－－－－－－(적절하게 진술한다.)

재판장: 정용재 벌점자는 어떤가요?

벌점자 정용재 이영윤, 이경로, 이상수: －－－－－－－－－(적절하게 진술한다)

벌점자 정용재, 이영윤, 이경로, 이상수의 변호인: 벌점자 정용재는 (적절하게 진
술한다.)

(나머지 학생들도 모두진술한다)

재판장: (선도부 및 변호인들에게) 이 사건 공소사실의 증명과 관련된 주장 및
입증계획 등을 진술하시겠습니까?

선도부: 예, 먼저 벌점을 받은 학생들이 어떻게 벌점을 받았는지에 대해 벌점을
부과한 학생지킴이 학생을 통해 사실을 확인하고자 합니다. 아울러 환경지
킴이 학생을 통해 실내화 착용 위반이 학교생활에 미치는 영향에 대하여 설
명할 것입니다. 그리고 선도부 학생을 통해 우리학교 두발규정에 대하여 말
씀드림으로써 두발규정 위반 사항에 대해 확인하고자 합니다.

재판장: (변호인측을 쳐다보며) 벌점자 최민혁변호인은 어떠하신가요?

벌점자 최민혁의 변호인: －－－－－－－－－－－－－－－(적절하게 진술한다)

재판장: (변호인측을 쳐다보며) 벌점자 정용재, 이영윤, 이경로, 이상수의 변호인
은 어떠하신가요?

벌점자 정용재, 이영윤, 이경로, 이상수의 변호인: －－－－－－(적절하게 진술한다)

증거조사

재판장: 그럼 증거조사를 하도록 하겠습니다.

재판장: 본 사건의 공판절차에 앞서 열린 공판준비절차에서 선도부 측과 벌점자 최민혁, 정용재, 이영윤, 이경로, 이상수 학생 측이 본 사건의 공판절차에서 심리할 증인들과 증거물에 대하여 합의하였습니다. 따라서 본 공판절차에서는 공판준비절차에서 합의한 대로 먼저 벌점자들에 대한 선도부측 증인인 오승재, 서덕준의 순서대로 신문하고, 다음에 벌점자 최민혁 학생의 증인인 김동주학생을 신문하고, 정용재, 이영윤, 이경로, 이상수 학생 측 증인은 없어 생략하도록 하겠습니다.

재판장: 오늘 증언을 위하여 나오신 증인들이 이 자리에 계신지 확인하도록 하겠습니다. 오승재, 서덕준 김동주 학생 모두 출석하셨습니까?

증인들: (방청석에서 손을 들며) 예.

재판장: 증인으로 오신 분 중 오승재군 법정에 남아계시고, 다른 학생들은 잠시 나가 있다가 제가 다음에 부를 때 들어오시기 바랍니다.

법정경위: (오승재를 제외한 나머지 증인들을 밖으로 안내한다)

선도부측 증인

〈증인 1. 선도부 신문사항〉

재판장: 그럼 선도부측 증인인 오승재군부터 신문하도록 하겠습니다.

증인 오승재군, 앞으로 나오세요.

(법정경위: 법정 방청석에 앉아 있는 증인 오승재를 증언석으로 안내한다)

재판장: 이렇게 증인으로 나와 줘서 감사합니다. 먼저 간단하게 인적사항을 확인하겠습니다.

재판장: (증인 쪽을 바라보면서) 증인 오승재군이지요.

증인 장민완: 네, 그렇습니다.

재판장: 벌점자들과 친척관계나 다른 특별한 관계에 있지 않지요?

증인: 예.

재판장: 그러면 선서를 한 다음에 증인신문을 하도록 하겠습니다. 선서한 다음에

거짓말을 하게 되면 위증에 대한 벌을 받게 됩니다. 증인께서는 자신이 경험한 것을 사실대로 진술하시면 됩니다.

(법정 서기가 증언석에 놓인 선서문을 증인에게 건네주고, 증인은 이것을 보면서 오른손을 들어 선서자세를 취한다)

증인: (선서문을 보면서 일어서서 낭독한다) "양심에 따라 숨김과 보탬이 없이 사실 그대로 말하고 만일 거짓말이 있으면 위증의 벌을 받기로 맹서합니다." (선서문을 접어서 증언석 탁자에 내려놓으면서 앉는다)

재판장: 증인, 방금 거짓말을 하지 않기로 선서하셨습니다. 선서한 바와 같이 질문에 따라 아시는 대로 답변해 주시기 바랍니다. 만일 거짓말을 하면 위증에 대한 벌을 받을 수 있음을 다시 한번 말씀드리겠습니다.

(선도부를 바라보며) 자 그럼 신문하시겠습니까?

선도부: 예. 신문을 시작하겠습니다.

– 심문한다.

선도부: 이상입니다.

재판장: 변호인, 반대신문하시겠습니까?

벌점자 최민혁의 변호인: 예. – – – – – – – – – – – – – – – – – – –(진술한다)

벌점자 정용재, 이영윤, 이경로, 이상수의 변호인: 예. – – – – – – – – –(진술한다)

변호인: 이상입니다.

재판장: 증인, 수고하였습니다. 증언석에서 내려가셔도 좋습니다.

(이와 같은 순서로 계속 진행한다)

벌점자 최민혁외 4인 변호인측 증인

〈증인 1. 김동주(벌점자 최민혁의 친구) 신문사항〉

재판장: 지금까지는 선도부측이 신청한 증인에 대한 신문을 하였습니다. 이어 벌점자 최민혁의 변호인측이 신청한 증인에 대한 조사를 시작하겠습니다.

증인 김동주군 앞으로 나오시죠.

법정 경위: (법정 밖에서 증인 김동주를 증언석으로 안내한다)

재판장: 증인으로 나와주셔서 감사합니다. 먼저 간단하게 인적사항을 확인하겠습

니다.

재판장: 증인 김동주군이지요.

증인 김동주: 네, 그렇습니다.

재판장: 벌점자 최민혁과 친척관계나 다른 특별한 관계에 있지는 않지요?

증인: 친구입니다.

재판장: 그러면 선서를 한 다음에 증인신문을 하도록 하겠습니다. 선서한 다음에 거짓말을 하게 되면 위증에 대한 벌을 받게 됩니다. 증인께서는 자신이 경험한 것을 사실대로 진술하시면 됩니다.

(법원 사무관이 증인석에 놓인 선서문을 증인에게 건네주고, 증인은 이것을 보면서 오른손을 들어 선서자세를 취한다)

증인: (선서문을 보면서 일어서서 낭독한다) " 선서! , 양심에 따라 숨김과 보탬이 없이 사실 그대로 말하고 만일 거짓말이 있으면 위증의 벌을 받기로 맹서합니다." (선서문을 접어서 증인석 탁자에 내려놓으면서 앉는다)

재판장: 증인, 방금 거짓말을 하지 않기로 선서하셨습니다. 선서한 바와 같이 질문에 따라 아시는 대로 답변해 주시기 바랍니다. 만일 거짓말을 하면 위증죄로 처벌받을 수 있음을 다시 한 번 말씀드리겠습니다.

(변호인을 바라보며) 자 그럼 신문하시겠습니까?

최민혁 변호인: ——————————————(적절하게 신문한다)

최민혁 변호인: 이상입니다.

재판장: 선도부측에서 반대신문하시겠습니까?

선도부: ———————————————(적절하게 반대신문한다.)

검사: 이상입니다.

재판장: 증인, 수고하셨습니다. 돌아가셔도 좋습니다.

재판장: 선도부 및 변호인 측에서 더 제시할 증거가 있습니까?

선도부, 변호인: 없습니다.

재판장: 지금까지 선도부 및 변호인측 증인에 대한 신문을 하였습니다.

재판장: 그럼 다음으로 벌점자에 대하여 신문하겠습니다.

재판장: 벌점자 최민혁부터 신문하도록 벌점자 최민혁부터 벌점자 신문을 진행 하도록 하겠습니다. 선도부측에서는 벌점자 학생을 상대로 신문해 주시기 바랍니다.

재판장: (선도부측을 바라보며) 신문하시겠습니까?

선도부: ――――――――――――――(적절하게 신문한다)

선도부: 이상입니다.

재판장: 변호인. 반대신문하시겠습니까?

변호인: ――――――――――――――(적절하게 신문한다)

변호인: 이상입니다.

논고, 변론, 최후진술

재판장: 이상으로 모든 증거 조사를 마칩니다. 이어서 선도부의 논고를 듣겠습니다. 선도부의 논고와 구형을 부탁드립니다.

선도부: ―――유죄를 인정하시고 학교봉사 0시간에 준하는 벌을 주시기 바랍니다.

재판장: 변호인측 최후 변론하십시오.

벌점자 최민혁의 변호인: ――――――――――――――(진술한다)

재판장: 벌점자, 끝으로 하고 싶은 말이 있습니까?

벌점자 최민혁: ――――――――――――――(진술한다)

(벌점자 정용재, 이영윤, 이경로, 이상수에게도 물어본다)

재판장: 이상으로 벌점자 벌점자 최민혁, 정용재, 이영윤, 이경로, 이상수 학생의 변론을 종결하겠습니다.

재판장: 배심원 여러분. 벌점자 벌점자 최민혁, 정용재, 이영윤, 이경로, 이상수 학생은 슬리퍼 착용 위반 혐의로 제천고 상벌점 규정 제3조 제4항 슬리퍼

착용 위반으로 기소되었습니다. 또한 이경로, 이상수 학생은 제천고 상벌점 규정 제1조 제1항 두발불량으로 추가 기소되었습니다. 슬리퍼 착용 위반의 경우 벌점 1~3점을 부과하고 있으며 두발불량의 경우 벌점 3점 부과를 규정하고 있습니다.

본 사건에 있어 벌점자 벌점자 최민혁, 정용재, 이영윤, 이경로, 이상수 학생은 자신의 잘못에 대한 인정과 두발에 관한 벌점 적용에 이의를 제기하고 있습니다. 따라서 두발에 관한 이의를 제기한 벌점자 이경로 이상수 학생이 그 죄에 대하여 유죄판결을 받으려면 선도부는 모두 합리적인 의심이 가지 않을 정도로 입증해야만 합니다.

벌점자는 유죄의 재판이 확정되기 전까지는 무죄인 것으로 추정됩니다. 따라서 벌점자를 유죄로 인정하기 위하여는 선도부는 이 재판을 통하여 증거를 가지고 벌점자의 유죄를 증명할 책임을 가지고 있습니다.

다만 선도부가 할 유죄의 증명은 전혀 아무런 의심을 할 여지도 없을 정도로 100% 증명될 것까지는 요구하고 있지 않습니다.

재판장: 배심원 여러분, 이상의 설명을 잘 이해하셨습니까?
배심원들: 예.
재판장: 선도부 및 변호인에게 묻겠습니다. 설명에 추가나 수정할 사항이 있습니까?
선도부 및 변호인: 없습니다.

재판장: (나머지 배심원들을 향해) 이제는 배심원 평결 절차를 진행하여야 합니다. 배심원 여러분께서는 배심원실로 퇴장하신 후 심리를 시작하시기 전에 배심원 중 한 분을 대표인으로 선정해 주십시오.

그 다음에 이 법정에서 제시된 증거에 의하여 벌점자 벌점자 최민혁, 정용재, 이영윤, 이경로, 이상수 학생의 혐의에 관한 본 사건의 진실을 결정해 주십시오. 배심원들은 각자 자신이 이해하는 이 사건의 사실과 본 법관이 지시한 법에 따라 평결할 것입니다.

평결은 배심원 여러분들의 만장일치로 결정되어야 합니다. 다만, 배심원 여러분들의 의견이 일치되지 않으면 심리와 평결에 관여한 판사의 의견을 들을 수 있습니다. 벌점자 벌점자 최민혁, 정용재, 이영윤, 이경로, 이상수 학생의 혐의에 관한 유무죄의 판단은 1차적으로 배심원 여러분들에게 달려 있는 것입니다.

배심원 여러분들의 벌점자 벌점자 최민혁, 정용재, 이영윤, 이경로, 이상수 학생의 혐의에 관한 유, 무죄의 평결이 나왔을 경우에는 배심원 대표가 판사에게 그 결과를 알려 주십시오.

(서기가 별지 기재의 벌점자 벌점자 최민혁, 정용재, 이영윤, 이경로, 이상수 학생에 대한 평결 및 양형 의견서 양식 1장을 배심원 중 1인에게 전해 줌)

배심원들: 예.

재판장: 배심원 여러분, 이제 배심원실로 심리를 위해 퇴장하십시요.

(재판부는 합의실로, 배심원들은 평의실로, 벌점자들은 법정 경위의 안내를 받아 벌점자 대기실로 각 퇴장)

(배심원들의 벌점자 벌점자 최민혁, 정용재, 이영윤, 이경로, 이상수 학생의 혐의에 관한 유, 무죄의 평결이 끝나면 재판부가 배심원 평의실에 가서 평결결과를 확인한 후 배심원들과 벌점자들의 양형에 관하여 토론)

[평결 종료 후 재판 속행]

(재판부와 배심원들의 양형토론이 끝난 후 재판을 속개함. 배심원 등이 입정하여 있는 상태에서 재판부가 입정함. 재판장이 모든 인원이 집결한 것을 재확인 한 후 재판 속개를 선언함. 사회자의 배심원 평결공개가 별도로 있으므로 사회자의 마이크 준비하도록 함)

재판장: (배심원단을 향하여) 배심원 대표께서는 평결결과와 양형의견서를 제출하여 주시기 바랍니다.

배심원 대표: (평결서를 가지고 나와 법원사무관에게 제출하고, 사무관은 이를 잠시 훑어본 후 재판장에게 제출한다)

재판장: (배심원들의 평결결과와 양형의견서를 잠시 살펴 본 후)

그러면 벌점자 벌점자 최민혁, 정용재, 이영윤, 이경로, 이상수 학생에 대하여 판결을 선고하겠습니다.

(선고한다)

재판장: (배심원들을 향하여) 장시간 공정한 재판을 위해 힘써 주신 배심원들께 감사의 말씀을 전합니다. 이제 여러분들은 자유롭게 사건에 대하여 다른 사람들과 논의할 수 있습니다만 평의, 평결 및 토의과정에서 알게 된 판사, 배심원 각자의 의견 및 그 분포 등을 누설하여서는 안 됩니다. 다시 한 번 명심해 주십시오. 지금까지 수고해 주신 배심원들께 감사드리며 배심원들의 해산을 명합니다. 이것으로 벌점자 벌점자 최민혁, 정용재, 이영윤, 이경로, 이상수 학생에 대한 피고사건의 재판을 마치겠습니다.

학생자치법정 시행 관련 교사의 업무 순서

✳ 학생자치법정을 시행하기로 했다면······ ✳

0. 학생자치법정은 상벌점제도와 결합되어 시행될 수 있습니다. 따라서 기존에 상벌점제도가 갖추어지지 않은 학교의 경우 다른 학교의 교칙과 각 학교의 개별적인 상황을 고려하여 상벌점제도를 교칙으로 확립시켜두는 것이 필요합니다.

1. 학교의 교칙을 확인하고, 학생자치법정이 열리는 한도를 정합니다.
   (예를 들어, 벌점 5점 이상)

   한 번 정해진 한도는 임의로 바뀌지 않아야 하기 때문에 이 한도는 학생자치법정이 어느 정도의 사건을 처리할 것인지, 어느 정도의 간격을 두고 열릴 것인지에 대한 충분한 고려를 한 후 정해야 합니다.

2. 학생자치법정이 열리는 한도와 운영 간격, 날짜 등이 정해지면 학생자치법정의 운영에 필요한 인력을 구성해야 합니다.

   학생자치법정의 운영에 필요한 인력으로는 ①담당 교사, ②판사(성인 자원봉사자 혹은 학생), ③선도부, ④학생회, ⑤일반 학생, ⑥과거의 과벌점자 등이 있습니다.

   2-1. 담당 교사 확정
   2-2. 판사 인력 풀 조성, 교육 내용 확정
   2-3. 선도부 인원 충원, 역할 분담, 교육
   2-4. 학생회 임원 역할 안내, 교육
   2-5. 일반 학생 인원 충원 방안 확정, 교육
   2-6. 과거의 과벌점자 봉사시간 관리, 교육

3. 학생자치법정을 시행하는데 있어서 필요한 세부 사항을 확정하고, 학생자치법정의 시행을 공지합니다.

　학생들이 학생자치법정이 무엇인지 이해하고, 적극적으로 참여할 수 있도록 충분한 교육이 이루어져야 합니다.

4. 매뉴얼과 학교에서 정한 세부 사항을 바탕으로 학생자치법정을 시행합니다.

2부 학생자치법정 보고서

I. 들어가는 말

현재 학교에서 일반적으로 이루어지고 있는 학생생활지도의 문제점을 살펴보고 법무부가 학생자치법정을 도입하게 된 배경에 대해 기술하였으며 2006년 학생자치 법정 운영사업 보고서에 대해 간략히 소개하였다.

I

들어가는 말

우리나라는 매우 오랜 세월동안 이어진 유교적 교육 전통을 가지고 있다. 이러한 전통 하에서 교사와 학교는 단순히 학생들에게 지식을 전달하는 존재를 넘어 기본적인 생활 태도와 규범 등의 습득을 통해 사회화 과정 전반을 책임지는 중요한 역할을 하는 것으로 인식되어 왔다. 이러한 전통은 현재 우리 학교 현장에서도 '생활지도'라는 영역으로 그대로 이어지고 있다. 교과 내용에 대한 지도 못지않게 학생들에 대한 생활지도는 대단히 중요한 교육적 의무로 여겨지고 있다. 그러나 현실적인 환경은 점점 교사들이 이런 역할을 제대로 수행하기 어렵게 변화하고 있다.

가장 중요한 문제는 학교와 교사의 권위에 대한 학생들의 인식이 변화하고 있다는 점이다. '군사부일체'라는 말로 상징되는 교사의 권위에 대한 맹목적인 신뢰와 존경 대신 합리적 근거에 따른 토론과 합의에 의해 이성적으로 구성된 권위를 요구하는 학생들이 증가하고 있으며 이는 학생 개개인의 변화라기보다는 전근대 사회에서 근대사회로 넘어가는 단계에서 필연적으로 나타나는 사회 전반적인 변화라고 보아야 할 것이다. 그러나 아직 우리 학교 내에서는 이러한 합리적 권위를 확립할만한 교사-학생 간의 의사소통체계가 제대로 구축되어있지 못한 상황이다. 학부모와 평교사의 참여가 확대된 학교운영위원회가 조금씩 자리를 잡아가고 있으나 여전히 학생들의 입장에서 교칙은 자신들과 무관하게 결정되어 강제되는 것으로 여기게 된다. 즉, 교칙을 결정하는 단계뿐 아니라 그 교칙이 시행되어 실제로 자신의 생활이 제한되는 상황에도 학생들은 전혀 개입하거나 자신의 의견을 표명할 수 있는 기회가 없는 것이다. 따라서 학생들은 이러한 교칙의 적용에 거부감을 갖게 되기 쉽고 교사와 충돌하는 경우도 종종 발생하고 있다. 더구나 이렇게 충돌이 일어날 경우 교사가 체벌 등의 방식을 고집한다면 문제가 더욱 심각해질 가능성도 있다.

학생들이 민주 사회의 구성원으로서 더 적극적이고 능동적인 자세를 갖도록 요구되는데 반해 학교에서는 그런 교육적 경험을 제대로 제공하지 못하고 있다는 점도 문제이다. 학교마다 학생들의 투표를 통해 구성된 학생회가 활동하고 있으나 실질적인 권한이 없는 상태에서 별다른 역할을 하지 못하고 있다. 따라서 학생회에 대한 학생들의 관심도 낮고 스스로 학교의 주인이라는 생각보다는 교육의 대상으로 자신을 인식하는 경우가 많다. 학교 교육의 일반적인 목표가 '민주 시민의 양성'이라는 점을 고려하면 정작 학교에서 민주적 참여와 활동의 기회를 주지 못하면서 사회 문제에 관심과 책임감을 가지고 참여하라고 가르치는 것은 모순이라고 할 수 있다.

교사들의 과도한 업무 부담도 문제이다. 최근엔 교사의 교과 전문성을 높이고 다양한 교수학습 방법을 적용해야 한다는 요구가 많다. 여기에 학교 운영과 관련된 다양한 행정적 업무도 증가하다 보니 상대적으로 학생생활지도에 모든 노력을 기울이기 어려운 상황이다. 이러다보니 생활지도 업무를 맡는 일부 교사들에게 과도한 부담이 가해지는 경우도 적지 않고 소수의 인력에 의한 학생지도는 세세한 관심과 소통보다는 일방적인 교칙의 적용으로 흐르게 될 가능성이 높아졌다. 특히 이렇게 다수의 학생들을 통제하는 과정에서 발생할 수 있는 학생 체벌의 문제는 교사와 학생 간의 관계를 극단적으로 악화시킬 뿐 아니라 법적 책임 문제가 제기될 수도 있는 심각한 사안이기도 하다.

이러한 문제들은 다른 나라에서도 비슷하게 나타나고 있다. 특히 미국의 경우 청소년 범죄가 매우 심각한 수준에 이르러 이를 해결하기 위한 여러 가지 노력들이 시도되어왔다. 그 중 가장 효과적인 프로그램으로 미국 전역에 걸쳐 널리 시행되고 있는 제도가 바로 '청소년 법정'(Teen Court, Youth Court, Peer Court)이다. 경미한 범죄를 처음 저지른 청소년들에 대해 정규 형사 절차에 의해 처벌하는 대신 동료 청소년들로 구성된 청소년 법정에서 서로 대화를 나누고 형량을 결정 받은 후, 다음 법정에서는 자신이 변호사나 배심원 등으로 참여하여 다른 친구들의 형량을 결정해보는 과정을 통해 청소년들은 각자의 입장을 충분히 밝히고 이해하는 경험을 나눌 수 있었다. 특히 언제나 판단을 받는 입장에만 서있던 비행청소년들이 타인에 대해 판단을 내려 보는 경험을 갖게 되면서 규칙의 필요성과 판단의 근거 등을 이해하게 되어 사회에 대해 훨씬 긍정적인 태도를 갖는 계기를 마련하게 되었다.

법무부에서는 미국에서 폭넓은 성공을 거둔 청소년 법정 프로그램을 법교육 프로그램의 일환으로 국내에 도입하기 위해 다각도로 검토하였다. 그러나 미국에서의 청소년 법정은 정규 형사 절차의 우회 프로그램으로 형사절차의 일부를 구성하는 공식프로그램이었으나 우리나라에서는 사회적 전통과 정서의 차이로 인해 청소년들의 동료 청소년에 대한 판단이 공식적인 형사절차를 구성하는 것은 받아들여지기 어렵다고 판단되었다. 따라서 법무부 보호국 법교육팀과 한국법교육센터에서는 미국의 청소년 법정 프로그램을 한국적 상황에 맞추어 대폭 수정하여 학교 내에서 교칙을 통해 자율적으로 학교를 운영해나가는 프로그램인 '학생자치법정 프로그램'으로 개발하기로 했다. 2006년 1월부터 6월까지 약 6개월간 서울대 박성혁 교수의 연구팀을 중심으로 학생자치법정의 실행을 위한 세부 매뉴얼이 개발되었으며 7월부터 시범실시 학교를 공모하여 치열한 경쟁 끝에 의정부 광동고등학교, 고양 행신고등학교, 충북 제천 고등학교, 전주 상산고등학교, 분당 이우고등학교 등 다섯 개 학교가 최종 선정되었다.

여러 준비과정을 거쳐 2006년 2학기 약 4개월간 시범 실시된 학생자치법정 프로그램은 짧은 준비기간에도 불구하고 교사와 학생들의 높은 호응 속에 대단히 큰 성과를 거두며 마무리되었다. 2007년에는 이러한 성과를 기반으로 법무부와 교육부의 협력 하에 전국 단위로 학생자치법정 프로그램을 확산시킬 예정으로 있다.

본 보고서는 학생자치법정 프로그램의 개발 및 시범 실시 과정에 관련된 다양한 경험과 정보를 체계적으로 정리하여 이후 학생자치법정의 실시 과정에 직접적으로 도움이 되는 참고자료를 제공하는 것을 목적으로 하고 있다.

이를 위해 본 보고서는 다음과 같이 구성되었다.

2장에서는 학생자치법정 시범학교들의 실제 운영모습과 관련된 내용들을 담았다. 본 보고서에서 가장 핵심적인 부분이라고 할 수 있는 이 장에서는 시범학교 실시 단계에 따라 각 학교의 운영 실태를 분류하여 담았으므로 혹시 있을 수 있는 시행착오를 피하고 각 학교의 상황에 적합한 학생자치법정의 운영방식을 고민하는데 소중한 자료가 될 수 있을 것이다. 각 운영단계에 관련하여 시범학교들에서 사용한 서식 등은 역시 매뉴얼에 담겨있으므로 본 보고서에서는 중복되지 않는 내용들만을 담았다.

3장은 시범실시 단계에서 학생자치법정이 실제로 거둔 성과에 대해 통계적 연구를 실시한 결과이다. 실시 전후에 걸쳐 다양한 역할의 학생들에 대해 폭넓게 실시한 효과연구에서 대부분의 학생들이 학생자치법정 경험을 통해 법의식과 교칙에 대한 태도가 긍정적으로 변화하였고 참여의식도 높아졌으며 사회적 결속력도 높아져 비행의 가능성도 낮아진 것으로 보고되었다. 이러한 연구결과는 학생자치법정 시행의 타당성에 대한 강력한 근거가 될 수 있을 것으로 보인다.

4장에서는 전체 보고서의 내용을 요약하고 추후 학생자치법정이 더욱 발전해 나가기 위해 해결해야 할 과제들에 대해 언급했다.

학생자치법정 시범학교로 선정된 5개의 고등학교 중 의정부광동고, 행신고, 제천고 등은 법무부에서 개발한 매뉴얼을 기본으로 학생자치법정을 구성하고 운영하였으나 상산고, 이우고 등은 기존에 학교 내에서 운영하고 있던 자치법정의 형태를 살려나가는 방향으로 운영했기 때문에 형태와 내용이 매우 달라서 본 보고서에서 비교대상으로 제시하기 어려웠다. 따라서 본 보고서는 의정부광동고, 행신고, 제천고의 사례를 중심으로 구성되었다. 또한 앞서 잠시 밝힌 바와 같이 본 보고서는 개발 후 시범실시 과정을 통해 수정 보완된 학생자치법정 매뉴얼과 함께 사용될 것을 전제로 쓰여 졌다. 따라서 실제 실행과 운영에 관련된 실무적 사항은 매뉴얼을 통해, 그러한 운영과정에서 있을 수 있는 시행착오나 다양한 변형 및 애로사항의 해결에 관련된 부분은 보고서를 통해 시사점을 얻길 바란다.

Ⅱ. 학생자치법정의 시범운영

이 장에서는 학생자치법정 시범학교들의 실제 운영모습과 관련된 내용들을 담았다. 본 보고서에서 가장 핵심적인 부분이라고 할 수 있는 이 장에서는 시범학교 실시 단계에 따라 각 학교의 운영 실태를 분류하여 담았으므로 혹시 있을 수 있는 시행착오를 피하고 각 학교의 상황에 적합한 학생자치법정의 운영방식을 고민하는데 소중한 자료가 될 수 있을 것이다.

Ⅱ

학생자치법정의 시범운영

1 학생자치법정 시범학교 운영사업 추진일정

〈표 1 학생자치법정 시범학교 운영사업 추진일정〉

단 계	내 용
1단계 (3월~5월)	학생자치법정 제도 연구 및 개발 　– 학생자치법정 확대를 위한 연구 지원팀 구성 　– 미국과 영국의 청소년 법정에 대한 문헌연구 　– 학생자치법정 매뉴얼 제작 　– 학생자치법정 소개 ppt자료와 홍보물 제작
2단계 (6월~7월)	학생자치법정 제도 소개 및 홍보 　– 학생자치 법정 홍보팀 구성 　– 학교방문 홍보와 교사 워크숍소개 　– 여름방학 워크숍 프로그램 개발
3단계 (7월~8월)	학생자치법정 제도 확산 및 보급 　– 학생자치법정 시범학교 선정 　– 여름방학 학생자치법정 담당 교사 및 학생 워크숍 실시
4단계 (9월~11월)	학생자치법정 제도 실행 　– 시범학교의 학생자치법정 도입과 실행 　– 학생자치법정 시범학교 자체 평가회 실시
5단계 (11월~12월)	학생자치법정 시행결과 평가 　– 학생자치법정 제도를 도입한 학교에 대한 사례연구및 보고서 작성 　– 학생자치법정 표준안 작성

✳ 1단계-학생자치법정 제도 연구 및 개발 ✳

1) 학생자치법정 연구지원팀 구성

학생자치법정 연구지원팀으로 연구원 1명, 보조연구원 3명, 현직교사 1명으로 구성하였으며 학생자치법정에 관한 연구, 학생자치법정 매뉴얼 개발, 학생자치법정 소개ppt자료와 홍보물 제작, 워크숍 프로그램 개발, 학생자치법정 모니터링, 학생자치법정 시행결과 보고서 작성, 학생자치법정 표준안작성 등을 수행하였다.

2) 학생자치법정 매뉴얼 개발을 위한 문헌 연구

한국적 상황을 고려하여 실제 학교현장에 적용 가능한 학생자치법정 프로그램 개발을 위해 미국과 영국의 청소년 법정에 대한 관련 사이트와 문헌에 대한 조사·연구 가 진행되었다.

3) 학생자치법정 매뉴얼 제작

법무부와 연구지원팀에서는 청소년 사법체계의 일부에 속해 있지 않으면서 학교 내의 부속 기구로 구성된 학생자치법정 모델을 개발하였다. 앞서 거론된 미국의 청소년법정을 기초로 한국적 상황에 맞게 학생자치법정 매뉴얼을 개발하고 제작하였다. 학생자치법정 매뉴얼은 학교 내의 징계에서 발생하는 경미한 사안에 대해 학생들 스스로가 재판하는 선도프로그램으로 운영되기 위한 지침이 되었다. 학생자치법정 매뉴얼에서는 교칙을 위반한 학생이 자신의 교칙 위반 사실을 인정하고 학생과 학부모의 동의가 있을 때에 학생자치법정을 통한 징계를 선택할 수 있게 하는 형태를 취하며, 징계 판결의 수위도 정해진 한도 내에서 제한적으로 이루어 질 수 있도록 하였다. 또한 학생들의 적극적인 참여를 이끌어 낼 수 있고, 학생들에게도 재판이 의미 있는 것이 될 수 있도록 학생들에게 자율권이 폭넓게 주어지는 형태를 취하였다. 매뉴얼에서는 성인 판사제, 청소년 판사제, 청소년 집단 판사제, 동료 배심원제의 4 가지 형태 중 교내자치법정으로서의 학생자치법정에서는 학생들이 자치적으로 판결에 참여할 수 있는 '청소년 집단 판사제'를 채택 하였다.

✸ 2단계 – 학생자치법정 제도 소개 및 홍보 ✸

1) 학생자치법정 홍보팀 구성

① 학생자치법정 홍보를 위해 연구지원팀의 연구원 2명과 법무부 1명으로 홍보팀을 구성하였다.
② 직접 학교에 방문하여 홍보, 여름방학 워크숍 소개
  - 홍보 ppt자료와 홍보물을 준비하여 각 학교에 직접 다니면서 설명회를 하고 여름방학 교사 워크숍에 대해서도 소개하였다.
③ 여름방학 워크숍 프로그램 개발
  - 학생자치법정의 운영형태와 절차 그리고 의의와 효과에 대한 학생자치 법정 담당교사와 학생들에 대한 교육을 주요내용으로 하였다.

✸ 3단계 – 학생자치법정 제도의 확산 및 보급 ✸

1) 학생자치법정 시범학교 5개 고교선정 과정

① 전국의 30개 고등학교가 학생자치법정 시범학교를 신청하였으며 법무부 에서

는 담당교사의 열의, 지역안배, 학교 특성 및 규모 등을 기준으로 5개의 학교를 선정하였다.

② 연구지원팀은 학생자치법정 시범학교로 선정된 학교의 법정교실에 설치할 홍보 게시물을 제작하여 배포하였다.

③ 여름방학 학생자치법정 담당교사 및 학생을 대상으로 한 워크숍을 실시 하였다.

 - 워크숍에서는 학생자치법정에 대한 소개와 필요성, 운영방식, 효과에 대한 강좌와 교사와 학생들 사이의 학생자치법정의 성공적 운영을 위한 토론이 이루어졌다.

 - 의정부광동고에서는 직접 한국법교육센터에 방문하여 학생자치법정관련 동영상을 시청하고 학생자치법정에 대한 자세한 강의를 듣는 시간을 가졌다.

✳ 4단계 – 학생자치법정 제도의 실행 ✳

1) 시범학교의 학생자치법정 도입과 실행

① 법무부와 한국법교육센터의 지원

 - 법무부는 학생자치법정을 실행하기 위한 장소 및 필요물품을 제공하였다.

 - 시범학교별로 300만원의 예산을 지원하였다.

 - 시범학교의 학생자치법정 도입과 실행 과정에 한국법교육센터의 연구 지원팀은 프로그램 운영과 절차에 대한 지원과 자치법정이 열릴 때 직접 방문하여 모니터링을 하여 학생자치법정의 운영을 도왔다.

② 학생자치법정 평가회 실시

 - 각 학교별로 학생자치법정에 대한 평가회를 가지고 보고서를 작성하였다. → 의정부광동고에서는 평가회에서 참여하지 않은 선생님들에게 학생자 치법정의 운영에 대해 설명하고 광동고의 학생자치법정 동영상을 시 청하며 학생자치법정의 긍정적인 면을 홍보하였다.

✹ 5단계 - 학생자치법정 시행 평가 ✹

1) 학생자치법정을 도입한 학교에 대한 사례연구 및 보고서 작성

① 학생자치법정 표준안 작성

기존의 학생자치법정 매뉴얼과 학생자치법정을 실시하면서 시범학교가 작성한 평가보고서를 바탕으로 하고 기존의 매뉴얼을 보완하여 학생자치법정의 운영에 지침이 될 학생자치법정 매뉴얼을 최종적으로 작성하였다.

② 학생자치법정 사례연구

시범학교가 학생자치법정을 운영하면서 그에 따른 진행과정, 학생자치법정 참여 전후 효과분석을 통해 학생자치법정의 실례를 보여주고 학생자치법정을 도입할 학교에게도 참고하게 하기 위해 연구와 보고서 작성을 실시하였다.

2 학생자치법정 시범학교 개요

〈표 2 학생자치법정 시범학교 개요〉

학교명	의정부 광동고	제천고	행신고	상산고	이우고
소재지	경기 의정부시	충북 제천시	경기 고양시	전북 전주시	경기 성남시
개최횟수	4회	6회	3회	2회	5회
개최일	9. 7.(목) 9. 29.(금) 11. 3.(금) 11. 23.(목)	9. 29.(목) 10. 19.(목) 10. 26.(목) 11. 2.(목) 11. 23.(목) 12. 19.(화)	9. 29.(금) 11. 9.(목) 12. 7.(목)	10. 31.(화) 12. 21.(목)	3. 31.(금) 5. 3.(수) 6. 13.(화) 6. 19.(월) 7. 18.(화)

학교명	의정부 광동고	제천고	행신고	상산고	이우고
장　　소	잉글리시 존	제천고 자치법정	행신 자치법정	상산회관	이우 학생법정
회　당 재　판 참여자 수	판 사: 4명 검 사: 6명 변호사: 6명 (과벌점자 선임 변호사 제외) 배심원: 9명 서 기: 1명	판 사: 1명 검 사: 2명 변호사: (과벌점자선정) 배심원: 9명	판 사: 3명 검 사: 4명 변 호 사: 2명 (국선변호사) 배 심 원: 11명 서 기: 2명 무장경찰: 2명	판 사: 3명 검 사: 1명 변 호 사: 2명 배 심 원: 9명 참여사무관: 1명 참여주사: 1명 법정경위: 1명	집행부: 15명 배심원: 9명

3　학생자치법정 시범학교 단계별 운영과정

✳ 시범학교의 학생자치법정 도입 ✳

　상벌점제는 학생이 학교규칙을 위반했을 때 단순히 교사가 체벌을 가하는 것이 아닌 규정에 따라 벌점을 부과하거나 규정에 맞는 행동을 했을 때 일정의 상점을 부여해주는 제도이다. 상벌점제를 학교가 사용하게 되면 학생이 징계 처리를 받기 전에 징계 가능성이 높은 학생을 사전 지도하여 처벌 위주가 아닌 선도 중심으로 관리 할 수 있는 장점이 있다.

　학생자치법정의 도입을 위해서는 벌점시스템이 재판회부의 근거로 활용되기 때문에 벌점시스템을 새로이 도입하거나 조직화 하는 것이 필요하여 학생자치법정 시범학교에서는 상벌점제를 도입하거나 기존 상벌점제를 시행하고 있는 경우 학생자치법정에 적용이 가능하도록 개정하였다. 학생자치법정 운영사업이 2학기부터 시행되어 각 학교에서는 3학년 학생을 대상으로 적용시키기 어렵다고 보고 새로이 개정한 상벌점제를 1학년~2학년을 대상으로만 실시하였다. 또한 학생자치법정의 참여자들도 입시의 부담이 적은 1학년~2학년이 대부분이었다.

의정부광동고는 기존 상벌점제 규정을 수정, 보완하여 학생자치법정에 반영하였고, 상벌점제를 효율적으로 운영하기 위해 상·벌점 전산화 프로그램을 도입하여 상·벌점 통계를 온라인으로 처리하였다.

행신고의 경우 기존에 상벌점제와 함께 '푸른교실'을 운영하였다. 행신고의 '푸른교실'은 상벌점제와 연계되는 것으로 벌점을 받은 학생들이 수업시간을 제외한 시간에 교내 봉사활동 등을 수행하면 벌점을 감해주는 제도이다. 행신고 학생자치법정의 재판에서 검사들이 과벌점자를 심문할 때 푸른교실 참석 여부를 두고 벌점사안에 대한 태도의 판단 근거로도 사용하였다. 행신고에서는 이처럼 상벌점제와 푸른교실을 운영하고 있었으나 단기적이고 일회성 차원에 머무르는 경우가 많아 학생들의 기본 생활 습관을 형성하는데 부족한 면이 있다고 느꼈고, 선도위원회에 회부하기 힘든 경미한 사안에 대한 처리 문제를 실감하고 있었다. 그래서 행신고는 기존 상벌점제를 세분화 하고 명확하게 하여 학생자치법정에 적용시킬 수 있도록 개정하였고 학생자치법정을 도입하게 되었다.

제천고에서는 상벌점제를 적용하고 있지 않았으나 학생자치법정 시행과 더불어 상벌점제를 도입하였다. 또한 학생자치법정에 대해 학교구성원들의 이해가 부족하여 학교 교사나 학생회, 선도부를 대상으로 설명회를 가졌다. 제천고는 학생들의 생활지도에 있어 교사들의 체벌 문제를 해결하는데 어려움이 많았으나 학생자치법정도입 후에 교사들의 체벌이 대폭 줄어드는 효과가 있었다.

각 학교에서는 학생자치법정을 도입할 때 학생자치법정에 대해 학교구성원들의 이해가 부족하였기 때문에 학교 관리자에게 학생자치법정에 대한 소개와 각 학교 상황에 맞게 도입하기 위한 학교 구성원간의 협의가 있었으며 도입초기에 학생생활지도부인 학생회나, 선도부를 대상으로 설명회를 개최하고, 일반학생들에게 가정통신문을 발송하여 학부모들에게도 학생자치법정에 대해 홍보하였다.

✳ 준비과정 ✳

학생자치법정이 개최되기 전에 교칙을 위반하여 일정수준 이상의 벌점이 누적된 학생은 학생자치법정에 회부된다. 학생자치법정에 회부되는 학생의 벌점사안은 일상적이고 비교적 사소하지만 교내질서 유지와 관련되고 학생들의 교칙위반 빈도가 높은 사항, 예를 들어 지각, 복장 등이 주로 적용되었다.

의정부광동고는 벌점 5~9점을 받은 학생을 학생자치법정에 회부되게 하였고, 그 이상의 벌점을 받았을 경우 사회봉사활동을 하거나 특별교육을 이수하게 하였다.

제천고에서는 벌점 5점 이상을 받은 학생을 학생자치법정에 회부되게 하였다. 학생부 담당교사와 선도부가 한 달에 두 번 벌점 누계를 산출하였고 담임교사와 학생에게 자치법정 회부 여부를 고지하였다.

행신고에서는 학생자치법정이 열리기 2주 전 벌점이 25점 이상인 학생을 법정에 회부되게 하였고, 학생선도위원회 회부사항 중 경미한 내용으로서 학생 선도위원회 자체 심의과정을 통해 학생자치법정 회부가 가능하다고 판단되는 사안에 대해서는 예외적으로 법정 회부가 가능하도록 하였다. 기본적으로 학생생활 규정에 제시된 경미한 벌점 항목과 관련된 내용에 대해서만 자치 법정에 회부하도록 하며 중대한 학교 규정 위반 사항에 대해서는 학생 선도위원회와 학교폭력 대책 자치위원회를 통해 징계처리 하도록 하였다.

상산고의 경우 도서관, 기숙사, 학생지도부실에서의 위반사항에 대해 법정에 회부하도록 하였다. 그러나 실제 회부된 사안들은 도서관 음식물 반입이나 도서반납 시일위반 사안이었고, 그 외의 사안은 회부되지 않았다. 상산고에서는 유, 무죄를 결정하였고, 유죄인 경우 봉사활동 수행을 하였다.

〈표 3 상산고 학생자치법정 회부사항〉

```
1. 도서관 - 도서를 2주 이상 연체한 자
            - 열람실에 음식물을 소지하고 있다가 적발 된 자
            - 열람실에 개인 사물을 남기다가 적발된 자
            - 낙서하다가 적발된 자
            - 컴퓨터 인터넷 강의 외에 음란물을 본 자
            - 바코드 리더기를 거치지 않고 그냥 가져 간자
2. 기숙사 - 비기숙사생과 호실 및 기숙사 식당에 동행하다 적발 된 자
            - 감시 카메라를 조작하다 적발 된 자
            - 폭력에 직, 간접으로 적발 된 자
            - 거짓 학원 수강생으로 기록하고 기숙사를 나가다가 적발 된 자
            - 출입문 통제 후 비정상적인 방법으로 기숙사를 나가다가 적발된 자
3. 학생지도부실
   교외생활 - 술, 담배, 본드, 마약 등 유해성 약물을 복용하다가 적발 된 자
            - 청소년유해업소에 출입 및 불법 취업하다 적발 된 자
            - 음란, 폭력성 유해 사이트에 접속이나 불법 유해 매체물을 교내에 반입하여
              배포하다 적발 된 자
   교내생활 - 등교위반행위(실내화 착용, 과학과, 강의동 등교)
            - 두발 위반행위(퍼머, 염색)
            - 지정된 복장 위반 행위
            - 명찰 미 착용 행위
            - 방과 후 교복 차림으로 정문 출입 행위
            - 부적절한 정보 통신 기기를 사용하다가 적발 된 행위(컴퓨터, 휴대폰, PMP등)
            - 학교의 품위를 손상시키는 행위
            - 기본 예절과 질서를 지키지 않는 행위
            - 기본 예절과 질서를 지키지 않는 행위
            - 타인의 학을 해치는 행위
            - 기타 풍속 위반 행위습관
```

1) 재판 참여자 및 역할

학생자치법정 회부대상자가 선정되고 판사, 검사 등 재판참여자들이 구성되면 각 역할에 따라 수행하며 학생자치법정운영에 참여하게 된다. 재판참여자는 재판 과정에 직접 참여하는 학생뿐만 아니라 법정을 준비하고 운영하는데 참여하는 사람까지 포함된다. 학생자치법정의 모든 과정에 당교사와 학생들이 열의를 가지고 참여하였다.

① 판 사

학생자치법정의 판사는 재판 시작에 앞서 학생자치법정에 대한 취지 설명, 재판 참여자의 역할 소개 및 권리 고지, 재판의 주의사항을 안내하고, 재판 중에는 과벌 점자에게 벌점사안에 대한 고지와 검사, 변호사, 과벌점자의 의견을 듣는다. 학생 자치법정은 배심원제를 채택하고 있어 판사는 검사가 구형한 처벌을 직접 결정하지 않고 배심원들의 결정을 확인하는 일을 하였으며 전체 재판을 진행시키는 역할을 담당하였다.

가. 인 원
각 시범학교의 학생자치법정 판사는 주로 1명에서 3명이 담당하였는데 의정부광 동고에서는 판사의 역할을 모두 3명의 교사가 맡다가 마지막 4회 자치법정에서는 1명의 교사가 주심을 맡고 2명의 학생이 부심을 담당하였다. 제천고에서는 1명의 판사가 있었는데 1회와 2회 때는 교사 1명이 맡고 3회 때부터는 학생 1명이 맡아 재판을 진행하였다. 행신고에서는 총 3명이 판사로 활동하였는데 교사 1명이 주심을 맡고 2명의 학생이 판사를 맡는 형식으로 진행되다가 마지막 3회 법정에서는 세 명의 판사 중 그동안 부심을 맡았던 두 명의 학생이 번갈아 가며 주심을 맡고 교사는 부심으로 옆에서 지도해주는 역할을 맡았다.

나. 판사의 개입
학생자치법정의 판사는 재판의 시작과 중간 그리고 마지막까지 적절한 개입이 돋보였으며 판사의 적절한 개입은 재판의 분위기를 결정하고 교육적취지에 맞게 법정을 이끄는데 매우 중요한 역할을 하였다. 의정부광동고의 판사는 재판 절차의 시작에 학생자치법정의 검사, 변호사 등 각각 맡은 역할에 대한 설명과 학생자치 법정의 상호존중정신 및 태도에 대해 설명하였고, 재판절차의 마지막에는 적절한 예시를 들어 훈화를 전하였다. 이것은 학생자치법정에 참여한 모든 학생들에게 학생자치법정의 교육적 의미를 되살리고 학생자치법정의 취지에 맞게 재판을 진행하는데 도움이 되었다. 그러나 재판 중에 과벌점자가 답변을 하지 않아 검사가 진술하도록 추궁하는데도 검사를 제지하는 개입을 하지 않거나 판사가 "과벌점자는 진술하세요.", "과벌점자는 큰 목소리로 말하세요."라고 하는 등 진술을 강요하여 과벌점자의 묵비권을 보장하지 못하는 경우가 있었으며 검사가 과벌점자에 대해 인신공격성 발언을 하거나 재판에서 회부되지 않은 사안까지 거론하는 등 부적절한 심리를 펼칠 때 이것을 잘 지도해 줄 수 있는 판사의 개입이 없어 아쉬울 때도 있었다. 또한 배심원이 결정한 긍정적 처벌에 판사가 처벌하나를 추가하여 판결을 내린 일이 있었다. 판사는 사건에 대한 배심원단의 결정을 승인하거나 거부할 권리를 가지고 있으나 처벌을 내릴 수 없다는 것을 명심해야 한다.

제천고에서는 판사가 재판시작 전 절차에 대한 간략한 설명과 배심원에게 재판의 구체적인 내용과 절차에 대해 설명을 하였다. 타 학교와 다른 점 중 판사가 배심원 토의에 들어가기에 앞서 검사의 공소사실과 과벌점자와 변호사의 주요 진술에 대해 다시 한 번 정리해 주는 시간을 가졌다. 이것은 재판에서 다루어진 사건의 요점을 정리하고 배심원에게 다시 한 번 주의를 환기시켜 내용을 확인하게 한다는 점에서 좋은 방법이나 시간이 길어질 경우엔 지루해져 좋은 의도가 흐려질 수 있는 우려가 있었다.

행신고의 판사도 타 학교와 마찬가지로 학생자치법정에 대한 설명과 함께 재판을 진행시켰다. 재판 중 과벌점자가 벌점을 감하기 위한 활동을 하였음에도 반영되지 않아 억울함을 호소 할 때 판사가 직접 그 사안에 대해 자세히 질문하여 과벌점자의 소명기회를 살릴 수 있도록 하였다.

대부분의 시범학교에서는 학생자치법정 초기에 교사가 판사를 맡고 점차 학생들의 참여 기회를 늘려갔다. 처음에 학생자치법정의 취지와 목적에 대해 잘 숙지하고 있는 지도교사가 판사를 맡음으로써 학생자치법정의 취지와 목적에 맞게 그리고 법정의 분위기를 정돈되게 이끌어갈 수 있었으며 교사가 진행하는 것을 참관하여 판사를 맡을 학생들에게 본보기가 되었다. 나중에 주심을 맡은 학생들은 우왕좌왕 하는 일 없이 재판을 잘 이끌어 나가는 모습을 볼 수 있었다.

② 검　사

검사는 법정에서 과벌점자의 교칙위반 사실을 확인하고 위반에 대한 긍정적 처벌을 구형하는 일을 맡는다. 재판 중에 증인을 내세우거나 증거물을 제시할 수 있다.

가. 인 원

의정부광동고는 1~2학년 학생 6명이 맡았고, 각 회마다 재판에 참여하는 검사는 2명이었다. 제천고와 행신고에서는 4명의 학생이 맡으며 4명 모두 각 회마다 재판에 참여하였다. 제천고에서는 '검사' 명칭대신 '선도부'의 명칭을 사용하였다.

재판에 참여한 검사들은 번갈아 법정에 회부된 과벌점자들을 나누어 맡아 논고와 구형을 번갈아가며 맡았다.

나. 사전활동

사들은 재판 중 과벌점자를 심문하고, 증인과 다양한 증거물을 제출하는 것을 보면서 법정이 열리기 전에 과벌점자와 그 사안에 대한 조사활동이 활발했음을 알 수 있었다. 재판 전에 검사들은 과벌점자의 벌점사안을 확인하고 과벌점자에 대한 심문 및 논박과정을 준비하였다. 행신고의 검사는 지각으로 벌점이 누적된 과벌점자를 심문할 때 과벌점자가 버스배차시간 때문에 늦었다고 호소하였다. 검사는 미리 그 버스회사에 문의하여 배차간격이나 관련사항들을 조사해와 검사의 주장을 더욱 잘 뒷받침 해준 경우가 있었다.

다. 심 문

검사는 과벌점자에 대하여 주로 과벌점자의 반성하는 태도, 개선의 노력의지를 중심으로 심문하였다. 검사의 역할이 과벌점자의 교칙위반 사실을 확인하고, 구형하는 위치이기 때문에 과벌점자 보다 우위에 있다고 생각하기 쉬운 것 같았다. 그래서 과벌점자에 대해 인신공격성 발언을 하고 과벌점자를 가르치려는 태도를 보이거나 과벌점자를 몰아 붙여야 실력 있는 검사라는 잘못된 인식을 가지고 있는 경우가 있었다. 검사가 과벌점자에 대하여 인신공격성 발언을 했을 때 과벌점자는 그 이후 자신에 대한 변론을 하지 않거나 함구하는 등의 반응을 보이기도 하였다.

교칙위반에 대한 검사의 질문에 과벌점자가 답변하지 않을 때 "말씀이 없으신 것으로 보아 인정하신 것으로 알겠습니다."라고 한 발언이 있었는데, 이는 과벌점자의 권리를 보장해 주지 못한 발언이며 학생자치법정의 교육적 취지와 맞지 않아 매우 중요한 지적대상이 되었다. 또한 검사가 사실심리에서 같은 말을 반복하거나 말이 길어질 경우 법정 시간도 길어지고, 지루해지는 결과를 낳았다.

학생자치법정의 검사들은 학생자치법정의 고정 구성원으로서 활동하여 한 회 씩 재판을 거듭할수록 활동한 경험이 쌓이면서 능숙하게 재판진행과정에 참여하고, 논박과정이 점점 탄탄한 논리를 가지고 전개되었다. 또한 과벌점자를 대하는 부정적인 태도(인신공격, 과벌점자를 가르치려는 태도 등)도 많이 줄어들었다.

③ 변호사

변호사는 재판에서 과벌점자들을 변론하고 사전에 과벌점자와 함께 그 사안에 대한 조사활동을 벌인다. 변호사도 검사와 마찬가지로 변론을 위해 증인이나 증거물을 제시할 수 있다.

가. 인 원

의정부광동고에서는 6명의 집행부 변호사가 고정으로 활동하고 제천고와 행신고는 과벌점자들이 변호사를 직접 선정하는 방식을 사용하였다. 변호사는 검사에 비해 법정에 처음 참여하는 학생이 많아 법정에 대한 이해도가 부족하여 변호사를 대상으로 한 사전 교육의 필요성이 끊임없이 제기되었다.

과벌점자가 선정하는 변호사는 개인에 따라 적극적이고 논리적인 변론을 하는 경우도 많았으나 법정에 관한 사전지식이 전무한 채 법정에 참여하거나 어떻게 변론을 해야 하는지 전혀 몰라 과벌점자에 대한 배심원의 선처만 바라고 변론이 끝나는 경우도 있었다.

의정부광동고는 직접 학생이 지원하여 선발된 변호사가 고정으로 활동하였는데 시간이 지날수록 역할을 원활하게 수행해 나갔으며 적극적으로 참여하는 모습이었다.

과벌점자가 변호사를 선정하는 경우 변호사가 과벌점자를 옆에서 잘 아는 장점이 있어서 변론을 준비하기 위해 과벌점자와의 의사소통이 수월한 장점이 있지만 집행부에서 선정하는 경우에는 과벌점자가 변호사의 조사에 잘 협조해 주지 않아 변론을 준비하는 데에 어려움도 있었다.

나. 사전활동

변호사로 선임이 되면 선임된 변호사는 과벌점자와의 면담과 조사를 통해 법정에서 변론할 수 있도록 대비하였다. 학생자치법정 진행 중에 과벌점자가 의견을 말할 기회가 적을 수 있고, 긴장하거나 미처 준비하지 못하여 벌점사안에 대한 이유를 설명할 기회를 놓치는 경우가 있었다. 학생자치법정에서 중요한 점 중 하나가 과벌점자의 의견이 충분히 밝혀지는 것인 만큼 이를 위해 변호사는 과벌점자와의 사전 만남에서 처벌의 부당함이나 반성하는 태도, 앞으로의 개선 약속 등 배심원의 선처를 이끌어 내는 이야기를 할 시간이 있다는 사실을 고지하고 미리 준비할 수 있도록 돕는 활동이 중요한 것으로 나타났다.

④ 검사 / 변호사

검사와 변호사는 처벌의 수준을 결정하는 배심원에게 변론해야 한다는 사실을 충분히 인지하지 못하여 주로 판사를 바라보며 진술하는 경우가 많았다. 긍정적 처벌의 수준을 결정하는 것은 판사가 아니라 배심원임을 잊지 말아야 한다. 검사와 변호사는 필요하면 법정에 증거물을 제출하거나 증인을 참석시킬 수 있는데 증거물을 준비하여 배심원을 비롯한 재판 참여자 학생들이 잘 볼 수 있도록 화면을 통해 보여주거나 아니면 바로 판사에게 제출하는 경우가 있었다. 증인의 진술은 재판정에 있는 모든 참여자들이 들을 수 있어 진술하는 모든 정보를 배심원들이 받아들일 수 있었지만 공개되지 않은 증거물의 경우 배심원이 보지 못하는 상황도 있었다. 재판 참여자에 대한 사전 교육을 실시할 때 검사와 변호사에게 증거물 제출을 적어도 배심원에게 공개되어야 함을 주지시켜 줄 필요가 있었다.

⑤ 배심원

배심원단은 변호사와 검사의 주장을 듣고 난 후 회의실에서 과벌점자에게 어느 정도의 처벌을 내릴지 처벌 수준을 결정하는 역할을 맡는다. 이때의 처벌은 규정상 정해진 처벌에서 정상참작 여부에 따라 처벌의 경감정도를 결정하는 것이며 전적으로 처벌을 결정하는 권한을 가진 것은 아니다. 처벌 수준은 배심원단의 만장일치로 결정되며 만장일치를 이룰 때까지 회의를 통해 조정된다.

가. 인 원
의정부광동고에서는 9명, 제천고에서는 6명 행신고에서는 11명의 배심원이 참여하였다.

나. 배심원 합의

각 학교에서는 배심원합의 때에 판사단과 배심원 중 대표 한 사람이 만장일치로 결정된 내용을 판결문 형식에 맞추어 판결문을 작성하였다. 작성한 판결문을 배심원 평결 결과 발표 때에 낭독하였는데 초기에는 배심원 중 대표 한 사람이 낭독하다가 점점 다른 배심원들도 낭독하였다. 배심원으로 참여한 학생들은 매우 중요한 역할임에도 불구하고 재판 진행 중에 발언을 하거나 직접적으로 관여하지 않아 방관자 입장이라고 생각한 배심원이 있었는데 돌아가면서 발표하게 하면 배심원 학생들도 재판 중 직접 참여할 수 있는 기회를 갖게 할 수 있었다. 낭독할 때 과벌점자의 긍정적 처벌만 열거하는 것보다 그런 판결이 나오게 된 이유에 대해서도 거론해 준 경우가 과벌점자에게 내려진 처벌에 대해 잘 받아들일 수 있는 더 좋은 방법이었다.

각 학교의 배심원단은 배심원합의를 할 때 법정에서 검사가 구형한 처벌을 그대로 반영하거나 검사가 구형한 긍정적 처벌보다 높은 수준의 처벌을 내리는 경우가 가끔 있었다. 배심원단은 검사가 구형한 처벌과 거의 같거나 낮은 수준의 처벌을 내릴 수 있다는 점에 유의하고 배심원의 재량을 잘 활용할 필요가 있다는 것을 알 수 있었다. 제천고는 타 학교와 달리 유, 무죄를 결정하고 유죄 사안의 처벌수준을 결정하였다.

⑥ 서 기

서기는 법정에서의 일들을 기록하고, 배심원단의 판결문과 검사, 변호사로부터 전달받은 증거물을 판사에게 전달하는 역할을 맡았다. 또한, 증인 출두가 있을 시 증인선서문 낭독을 돕는다. 의정부광동고에서는 한 명의 서기를 배치하였는데 서기는 판사단의 입장을 알리고 재판의 사회를 맡았다. 행신고에서는 두 명의 서기가 법정의 일을 기록하고 판결문과 증거물을 배심원단과 판사에게 전달하는 역할을 주로 하였다. 제천고에서 증인이 처음 발언했던 내용과 다르게 말을 바꾸어서 서기의 기록이 매우 중요한 역할을 했던 사례가 있었다.

⑦ 과벌점자

과벌점자는 학교에서 규정한 일정한 기준의 벌점을 초과하면 학생자치법정에 회부되고, 학생자치법정 출두를 통지받는다. 의정부광동고는 5~9점 이상, 제천고는 5점 이상, 행신고는 25점 이상 누적된 학생이 과벌점자가 재판에 회부되었다. 또한 과벌점자는 직접 변호사를 선임하거나 법정 집행부에서 변호사를 지정 받을 수 있다.

가. 호 칭

과벌점자는 실제 재판의 피고에 해당하는데 학생자치법정 시행 초기단계에서는 과벌점자를 '피고인'이라고 불렀으나 의정부광동고에서 1차 자치법정 때에 피고인을 '과벌점자'로 새롭게 개발해 낸 표현이다. 피고인이라는 호칭은 대상학생을 죄인 취급하고 인격적으로 무시하듯 한 느낌을 줄 수 있어 적절하지 않지만 과벌점자라는 호칭은 정해진 벌점수준을 넘긴 학생이라는 말로 중립적인 뜻이 강하였다. 행신고에서는 '과벌점자', 제천고에서는 '벌점자'라고 불렀다. 의정부광동고에서는 이후에 '벌점초과자'라고도 하였다. 모두 맞는 표현이나 호칭이 자주 바뀌면 검사, 변호사, 판사가 과벌점자를 부를 때 혼란을 겪는 경우가 있었다. 재판 중에 판사, 검사, 변호사의 과벌점자에 대한 호칭은 ○○○군, ○○○학생 이라고 하였다.

나. 과벌점자의 변론

과벌점자가 자치법정에 회부되는 중요한 이유는 자신이 해명할 수 있는 기회가 있다는 것이다. 그러나 자치법정의 취지를 잘 모르거나 변론에 대한 고지를 받지 못한 채 출석하게 되어 최종변론 때에 "잘못하였습니다. 다시는 그러지 않겠습니다."라고만 말하거나 아무 변론 없이 재판을 마치게 되었다. 과벌점자가 자신을 변론할 준비를 해 온 경우엔 자신의 잘못도 생각해 볼 시간을 가졌다는 의미이기도 하다. 그래서 자신의 상황에 대해서도 자세히 진술하게 되고 변론도 적절한 논리를 가지고 발언할 수 있어 배심원에게 잘 피력할 수 있는 기회가 되었다.

⑧ 지도교사

학생자치법정은 학생들 스스로가 이끌어가는 법정이지만 학생자치법정 운영사업이 초기단계이고 학생들이 생소할 수 있기 때문에 지도교사의 열의에 따라 학생자치법정의 발전여부도 좌우되었다. 또한 과벌점자가 부여받은 긍정적 처벌의 이행이나 학생자치법정을 유지하고 운영하기 위해 다른 교사의 이해와 협조를 구해야 하므로 담당교사의 지원은 매우 중요하였다.

재판 진행 중에도 지도교사가 전체적 총괄을 맡거나 판사 객관적 입장을 잘 학생들로 하여금 신뢰를 주었다. 자치법정을 마무리하는 단계에서도 교육적 취지에 맞게 끝낼 수 있도록 재판 진행 마지막 까지 지도하였다.

⑨ 기 타

가. 무장경찰

행신고와 제천고에서 배치한 사례로 행신고의 무장경찰은 판사단의 입장을 알리고 법정에 비상이 발생할 경우 돕는 역할을 맡았다.

나. 법정 실무지원팀

행신고의 사례로 이 지원팀에는 판사, 검사, 변호사도 포함되어 있으며 그 외에는 법정의 책상을 배치하거나 관련된 사무업무를 지원하고 법정에 참관하게 되면서 진행을 배우게 되고 나중에는 검사, 변호사, 판사, 배심원으로 활동할 수 있는 인력풀을 구성하게 되었다.

다. 법정 외 안내자

제천고에서 참여했던 학생으로 배심원이 입장할 때 다른 곳에서 법정으로 입장할 수 있도록 안내하고 대기시키는 일을 맡았다.

라. 사회자

제천고에서 배치한 경우로 타 학교 자치법정에서는 판사단의 입장을 알리고 증거물을 판사단이나 배심원에게 전달하는 역할을 서기가 맡았던 것에 반해 제천고에서는 재판을 기록하는 서기를 따로 두고 사회자가 판사단의 입장을 알리고 국민의례를 진행시켰다

2) 재판 참여자 구성 및 교육

① 학생자치법정 참여자 구성

학생자치법정 연구지원팀에서는 선도부와 학생부에서 재판 참여자를 구성하도록 제안하였는데 선도부는 벌점을 부과하고 법정의 검사, 판결 이행을 확인하는 역할을 맡게 하였고, 학생부에서는 법정 회부대상자에게 법정 출두를 통보하고, 변호사 선임 여부 확인, 법정의 서기 및 학생자치법정의 선임변호사를 담당하게 하였다.

제천고와 행신고에서는 선도부, 학생회 학생들이 법정에 참여하여 운영하였으며 의정부광동고에서는 학생회, 선도부, 일반학생 1~2학년을 대상으로 면접을 통한 자치법정 집행부를 선발하고, 단독부서로 만들어 법정을 운영하였다.

가. 판 사

각 학생자치법정의 판사는 모두 교사가 맡거나 교사와 학생이 함께하는 방식, 모두 학생으로 구성되는 경우가 있었다.

의정부광동고에서는 집행부에서 2명이 부심으로서의 역할을 하였다. 제천고의 판사는 선발과정 없이 학생부회장 한 명이 맡았다. 행신고에서는 '법과사회'과목 수강생 중에서 우수한 법적 소양 능력을 갖고 있고, 담당 교사의 추천과 심층 면접의 과정을 통해서 2명을 선발하여 구성하였다.

나. 검 사

의정부광동고의 검사는 자치법정 집행부 중 6명이 맡았다. 집행부의 검사단은 학생회, 선도부원, 일반학생으로 이루어져 있다.

제천고의 검사는 선도부에서 맡았는데 선도부 차장과 선도부 학생을 검사단으로 구성하고 법정에서 두 명의 검사가 번갈아가며 논고와 구형을 하였다. 행신고의 검사는 학교 선도부원에서 선발하는 것을 원칙으로 하였으며 법적 소양능력, 교칙 준수태도, 성실성과 학습태도에 관한 담임교사의 의견, 심층면접을 한 기준으로 4명을 선발하였다. 4명의 검사가 매 학생자치법정에 참여하여 번갈아가며 맡았다.

다. 변호사

의정부광동고는 자치법정 집행부 중 학급임원과 일반학생으로 이루어진 6명의 학생이 변호인단으로 구성되었고, 과벌점자가 변호사를 지정하지 않는 방식을 사용하였다. 변호사 6명중 가회 재판에서는 2명씩 법정에 참여하였다. 제천고에서는 재판에 회부된 과벌점자가 변호사를 지정하여 재판에 참여 하게 되거나 과벌점자가 변호사를 선정하지 않았을 경우 고정되어 활동하는 법정의 변호사가 선임되었다. 제천고의 2회 자치법정 때에는 변호사로 참석한 3명의학생이 전 1회 법정에서 과벌점자로 참석한 경험이 있는 학생들이었다. 이 변호사들은 과벌점자의 입장에서 재판을 한 번 경험했기 때문에 어떻게 변호하는 것이 필요한지를 잘 알고 있었고, 그들에게도 의미 있는 경험을 할 수 있는 유익한 기회였다. 행신고에서는 과벌점자가 지정한 학생을 변호사로 선임하도록 하고 변호사를 선임하지 못한 과벌점자를 위하여 학생회에서 임명한 2명의 국선변호인을 선임하는 제도를 실시하였다.

라. 배심원

학생자치법정 매뉴얼의 배심원 구성방안은 전 법정의 과벌점자들로만 구성하는 방안, 과거 과벌점자와 학생자원봉사자로 구성하는 방안, 교내의 모든 학생들이 번갈아가며 의무적으로 참여하는 방안을 제시하였으나 각 학교별로 약간의 변화가 있었으며 전 법정의 과벌점자가 받은 긍정적 처벌 중 하나인 배심원수행은 모든 시범학교에서 채택한 방법이었다.

의정부광동고에서는 배심원을 일반학생에서 선발된 배심원과 전 법정의 긍정적 처벌로 배심원참여를 부여받은 과벌점자가 참여하였다. 제천고에서는 배심원 선정에 있어 무이유부 기피제도를 실시하였다. 배심원을 전 법정의 긍정적처벌 중 하나로 배심원 참여를 부여받은 학생 3명과 1, 2학년 중에서 9명을 선정하게 된다. 무작위로 선정된 배심원은 자신이 원하지 않을 경우 참여하지 않아도 되었다. 배심원을 원하는 9명의 학생들이 정해지면 검사가 1명, 변호사가 2명을 제외시킬 수 있었다. 이 선정방법은 미국 배심원 선발과정과 유사한 것으로 배심원들이 진지하게 재판에 임할 수 있는 장점이 있었다.

행신고에서는 학생회 대의원회(반장, 부반장) 지원자 중에서 심층면접과 담임교사 의견 청취를 통하여 법정 소양 능력과 교칙 준수 태도가 우수한 학생 4명, 일반 학생 지원자 중에서 심층면접과 담임교사 의견 청취를 통하여 법정 소양 능력

과 교칙 준수태도가 우수한 학생 3명, 교사 추천 학생 중에서 2명, 총 9명의 학생
을 배심원으로 구성하여 운영하였고, 2회 재판부터는 이전 과벌점자 중에서 관심
이 필요한 2명(1학년 1명, 2학년 1명)을 추가로 포함시켜 총 11명으로 배심원단을
구성하였다.

② 학생자치법정 참여자 교육

고등학생들은 주로 선택과목인 '법과사회'를 통해 법을 접하는데 그 과목을 수
강하지 않는 학생이나 수강하더라도 재판에 대한 사전지식과 실제 법정에 대한 이
해가 많이 부족하였다. 그래서 학생들은 자신이 맡은 역할에 대해 단순히 막막하
게 느끼거나 그 역할을 어떻게 수행해야 하는지 모르고 있었다. 이를 해결하기 위
해 학생자치법정이 시작되기 전에 각 학교별로 일정한 시간과 장소에 모여 전 법
정 동영상을 시청하여 법정을 체험하고, 매뉴얼을 통한 법정진행 순서나 법정의
취지 및 목적에 대한 교육을 받게 하였다.

사전 교육은 법정에 대한 이해와 법정 진행순서를 숙지하는 것과 더불어 자치법정
의 목적을 충분히 이해하고 역할수행에 반영할 수 있도록 하는데 중요한 과정이다.

의정부광동고에서는 학생자치법정이 시행되기 전 여름방학에 자체연수를 실시하
였는데 실제 법정을 탐방하여 재판이 이루어지는 과정에 대해 이해하는 시간을 갖
고 한국법교육센터에 방문하여 각 맡은 역할에 대한 강의를 들었다. 또한 모의재
판으로 시연을 해보고 평가를 가져보는 교육시간을 가졌다.

가. 판 사

의정부광동고에서는 선발된 판사에게 법정진행순서를 충분히 숙지할 수 있도록
하는 사전교육을 실시하였다. 제천고에서는 판사에게 재판 시나리오와 타 시범학
교 자치법정 영상을 시청하여 법정을 간접적으로 체험하게 하고 판사를 맡기 전
법정에서 참관인으로 참여하여 재판 진행절차를 알게 하였다. 그리고 법정준비절
차에 모두 참여하여 법정에서 다루어질 논쟁점이 무엇인지 파악하게 하였다. 행신
고는 법정이 열리기 전에 3차의 면담을 거쳤다. 1차면담에서는 재판 회부 대상자
현황 및 상황에 대해서 이해하고, 2차면담에서 자치법정 관련 자료를 활용하여 재
판 진행 요령 및 유의사항을 숙지하게 된다. 3차면담에서는 전 재판의 모니터링

자료를 검토하여 다음 재판에 반영하도록 유의하고, 재판 진행 시나리오 작성하는 시간을 갖는다.

나. 검 사

의정부광동고의 검사는 자치법정의 의미, 법정진행 순서를 숙지하고 법정 용어의 이해, 시나리오 작성, 모의법정 형식에 맞추어 실전 연습을 실시하였다. 검사는 과벌점자의 위반항목에 대해 경각심을 심어주는 것에 주안점을 두고 심문 할 수 있도록 교육하였다. 제천고는 검사단에게 재판 시나리오와 다른 시범학교 자치법정 동영상을 시청하여 간접적으로 법정을 체험하는 시간을 갖는다. 또 과벌점자의 이의제기가 있을 경우 학생부장 선생님과 함께 증인선정과 논리구성을 논의하도록 한다. 그리고 재판준비과정에 참여하여 법정에서 다루는 논쟁점이 무엇인지 파악하게 된다. 행신고의 검사는 법정에 참여하기전에 3번의 면담을 거치게 된다. 1차 면담에서 재판 회부 대상자에 대한 누적 벌점 현황 및 대략적인 상황 설명을 듣고, 2차면담에서는 자치법정 관련 자료를 활용하여 재판 진행에서 검사의 역할에 대해 숙지하게 된다. 3차면담에서는 전 법정에 대한 법무부의 모니터링 자료를 검토하여 법정에 참여할 때의 유의사항을 전달하였다.

다. 변호사

의정부광동고에서는 학생자치법정의 의미에 대한 교육, 법정진행 순서 숙지 및 법정 용어 이해, 재판 시나리오 작성, 모의법정 형식에 맞춘 실전연습을 하는 것으로 변호사에 대한 교육을 실시하였다. 변호사는 과벌점자의 상황에 맞는 긍정적 처벌 방법을 모색하고 변론할 내용을 준비하는데 중점을 두었다. 제천고의 변호사는 재판시나리오와 다른 학교 자치법정 동영상을 시청하는 것으로 교육을 받고 과벌점자의 이의제기가 있을 경우 학생부장 선생님과 함께 증인선정과 논리구성을 논의하였다. 그리고 전체 재판준비과정에 참여하여 법정에서 다루는 논쟁점이 무엇인지 파악하였다.

행신고의 변호사는 다른 행신고 판사, 검사와 마찬가지로 3차의 면담을 거치게 된다. 1차면담에서는 재판 회부 대상자에 대한 누적 벌점 현황 및 대략적인 상황에 대한 설명을 듣고 2차면담에서 이전 법정의 법무부모니터링 자료를 검토하여 재판 진행시에 유의사항을 전달받고 질의 응답하는 시간을 가졌다.

라. 배심원

우리나라에서는 배심원제도를 시행하지 않고 있기 때문에 이에 대한 이해가 부족할 수 있어서 배심원의 역할이 무엇인지 정확히 주지시킬 필요가 있었다. 실제로 배심원을 맡은 학생들이 자신의 역할과 권한에 대한 오해를 갖거나 법정 중에 검사나 변호사보다 핵심구성원이라는 것을 인식하지 못하는 경우도 있었다. 의정부광동고에서는 배심원에게 배심원제의 의의를 충분히 설명하고 배심원 판결문 작성에 대한 숙지 및 기록지 작성방법을 교육하였다.

제천고에서는 배심원에게 재판진행절차 및 주의사항과 배심원의 역할에 대해 교육하였다.

행신고에서는 행신고의 다른 판, 검사단과 같이 3차로 면담이 이루어졌다. 1차면담에서는 재판 회부 대상자에 대한 누적 벌점 현황 및 재판 일정을 공지 받고 2차면담에서는 배심원 대표 선출과 배심원 역할을 숙지하였다. 3차면담에서는 전 법정의 법무부 모니터링 자료를 검토하고 재판 진행시에 유의사항을 전달받은 후 학생자치법정에 관해 질의하는 시간을 가졌다.

3) 법정 장소 선정 및 법정 배치

① 법정 장소 선정

학생자치법정 각 시범학교 중 학생자치법정을 위한 장소가 따로 마련된 학교가 있었고, 장소를 확보하지 못한 학교에서는 매 자치법정이 열릴 때 마다 학생자치법정 참여자들이나 지원팀에서 직접 자리배치를 준비하고 철수시키는 과정이 필요하였다.

제천고에서는 학교운영위원회 회의실을 학생자치법정 교실로 제공하였고, 행신고의 경우 한 교실 크기의 '교과학습실'이란 곳을 학생자치법정을 위한 고정된 장소로 사용하였다. 이와 같은 학생자치법정실에는 법정 형태를 상시로 배치해 놓았고 필요한 서적과 물품을 비치해 두었다. 고정된 장소가 있어서 법정이 열리지 않을 때 학생자치법정실을 교육장소로 사용하거나 재판 참여자모임을 갖는 등 여러 이점이 있었다.

 각 학교의 학생자치법정실의 크기는 대부분 일반 학교의 한 교실 크기였으며 이 크기의 교실은 더 많은 참관학생들을 확보하지 못하는 단점도 있었으나 한 교실 안에 법정이 배치되어 있어 재판에 참여하는 모든 학생들이 집중하게 하는데 도움이 되었다.

② 재판정 배치

 학생자치법정 시범학교의 법정 배치는 대체로 일반법정과 비슷한 형태를 취하였다. 법정 배치는 기본적으로 가운데 판사단이 있고, 판사단 앞에 변호인단과 검사단이 위치하였다. 과벌점자, 배심원, 서기 기타 참여자들의 자리에는 학교마다 약간의 변화가 있었다.

가. 의정부광동고

〈그림 274 광동고 1회 법정배치도〉

 → 판사단이 가운데에 위치해 있고 검사와 변호사가 마주보고 앉아 있으며 당일 법정에 회부된 과벌점자들이 가운데에 앉는 형태이다. 이 형태는 배심원단이 뒤에 배치해 있어 검사와 변호사가 심문과 변론을 할 때 배심원단에게 잘 전달할 수 없었으며 배심원단이 과벌점자의 뒷모습을 보는 상태였다. 배심원단은 검사의 구형과 변호사의 선고요청을 듣고 판결을 내리는 매우 중요한 역할인데 그에 반해 배치된 좌석은 적절하지 않았다.

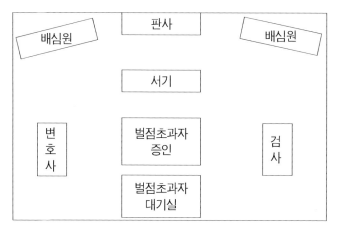

〈그림 275 광동고 2회~4회 법정 배치도〉

→ 1회 법정 때와 다르게 배심원이 판사단 양 옆에 배치되어 배심원들이 검사와 변호사의 발언을 잘 들을 수 있었으며 방관자 입장이 아닌 직접 판결을 결정하는 역할을 더욱 원활하게 수행하는데 적절한 배치였다. 마이크를 모든 참여자가 사용하여 모든 참여자의 발언이 잘 들렸으나 상대적으로 과벌점자의 소리는 잘 들리지 않는 단점이 있었다.

나. 제천고

〈그림 276 제천고 법정 배치도〉

→ 제천고에서는 과벌점자와 변호사가 같이 앉고 선도부와 함께 판사를 바라보
는 방식이다. 배심원은 변호인석 옆으로 배치되었다. 타 학교와 다른 점은
변호인단과 검사단이 서로 마주보고 있는 것이 아니라 판사단을 바라보며 앉
는 형태를 사용하였다. 5회 때부터 마이크를 설치하여 서로의 목소리가 잘
들리지 않는 점을 개선시켰다.

다. 행신고

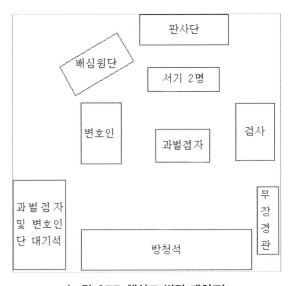

〈그림 277 행신고 법정 배치도〉

→ 판사단이 가운데에 있고 검사, 변호사가 마주보는 방식으로 기본적인 형태를
취하고 있었다. 대기석은 과벌점자와 과벌점자가 선정한 변호사와 함께 있다가
차례가 되면 각 자리에 앉는 방식인데 이는 질서정연한 재판을 진행하는데 도
움이 되었다. 그리고 과벌점자 자리에만 마이크를 설치하여 과벌점자의 목소리
가 뚜렷하게 들려 긴장한 과벌점자의 경우 목소리가 잘 들리지 않을 수 있는
점을 보완할 수 있고, 의견을 경청하려는 법정의 의도에도 부합되었다.

③ 학생자치법정의 공개여부

각 학교 마다 학생자치법정 공개여부에 차이가 있었다. 두 방법 모두 장단점을 가지고 있는데 공개를 하면 많은 학생들에게 학생자치법정에 대한 홍보를 할 수 있고, 교육적 효과를 높일 수 있는 좋은 기회이나 재판참여자들의 프라이버시를 보호해 주지 못한다는 단점이 있다.

제천고는 원칙적으로 비공개로 진행하였고, 의정부광동고는 2회 자치법정 때에 법정외부의 2개 반에서 자치법정의 진행상황을 중계하였다. 2개 교실 중 한 교실에는 법정에 서지 않았지만 법정에 회부될 정도의 벌점을 받은 과벌점자들이 모여 있었고, 다른 한 교실에는 방청을 원하는 일반학생들이 모여 있었다. 행신고에서는 참관을 허락하나 제한적으로 공개하여 진행하였기 때문에 재판참여자의 친구들과 관심 있는 선생님께서 참관하였다.

재판에 참여하지 않은 학생들이나, 교사의 경우 학생자치법정에 대한 선입견 즉, 학생이 처벌한다는 생각과 처벌이나 징계는 교사만 할 수 있다는 생각을 가지기 쉬웠다. 이런 문제를 학생자치법정을 공개함으로써 최소화 시킬 수 있었다. 실제로 비참여 교사는 법정의 공개를 요구하기도 하였다.

④ 재판개최시간 및 진행 시간

각 학교의 학생자치법정 개최 시간은 수업시간에 제한받지 않는 시간으로 대부분 저녁 6시 30분에 이루어지는 경우가 많았다. 의정부광동고의 4회 법정에서는 오후 3시 30분부터 시작하였다. 각 학교의 재판운영시간은 2시간에서 3시간 정도 진행 되었는데 자치법정의 운영시간은 2시간 정도가 적당하였다. 그 이상 넘어가면 재판이 지루해 지거나 저녁시간에 시작한 법정이 너무 늦은 시간에 끝나서 학생들의 귀가에 지장이 있었다. 행신고는 6시 30분쯤 시작하여 2시간 정도 진행하였는데 재판을 진행하기 위해 판사의 과벌점자에 대한 인정심문과 검사의 기소요지 진술을 간략하게 하도록 하고, 배심원 합의시간은 30분 이내로 하였다. 각 학교마다 의도적으로 재판진행과정 시간을 줄이기 위한 노력을 하지 않으면 재판이 길어지는 상황이 벌어졌다. 제천고에서는 재판이 끝나고 배심원 합의에 들어가기 전에 판사가 검사의 공소사실과 과벌점자, 변호사의 주요 진술에 대해 다시 한 번 정리해 주는 시간이 있었는데 이는 배심원에게 다시 내용을 환기시켜 주어 좋은 방법일 수 있으나 시간이 많이 길어지는 단점이 있어 조절할 필요가 있었다.

✲ 실행과정 ✲

1) 재판준비절차

학생자치법정의 재판부가 구성되고 자치법정 개최일이 예정되면 본격적인 재판 준비를 위한 과정이 진행되었는데 법정에 회부대상자인 과벌점자를 확인하는 과정과 각 역할을 맡은 참여자들은 과벌점자에 대한 사전조사를 하고, 관련 교육을 받았다.

① 의정부광동고

- 법정회부 대상자를 선정하고 재판참여자들의 회의가 실시된다.
- 법정회부대상자와 회부대상자의 담임교사에게 학생자치법정 통보문을 발송한다.
- 검사 및 변호사들이 벌점초과자에 대한 사전 조사를 벌인다.
- 검사 및 변호사들이 법정에서 리허설 및 오리엔테이션을 실시한다.
- 배심원과 벌점초과자에게 학생자치법정의 취지 및 기본내용을 교육한다.
- 법정이 개최되기 하루 전에 재판정을 설치한다.

② 제천고

가. 재판예비 1단계
- 자치법정에 회부된 학생을 소환하여 부과된 벌점 내역을 확인한다.
- 부과된 벌점 중 벌점자가 제기하는 이의사항을 확인하고 이의사항이 있다

면 재판예비 2단계에 검사, 변호사가 학생부장 선생님과 함께 논의하게
된다.

- 벌점 학생에게 변호사 선정을 지시하고 재판 예비2단계 날짜를 선정한다.

나. 재판예비 2단7계

- 선도부, 변호사, 벌점자, 벌점자 담임교사, 학생부장에게 공소장을 배포한다.
  → 과벌점자에게 재판에 앞서 공소장을 주어서 자신이 왜 학생자치법정에 소
    환 되었는지를 알고 준비할 수 있게 하였다.
- 벌점자와 변호사 출석, 선도부 출석하여 과벌점자가 제기한 이의 부분을
  확인한다.
- 변호사와 선도부에게 과벌점자가 제기한 이의 부분에 대한 증인 및 증거
  에 대해 확인하여 제출할 것을 지시한다.

다. 재판예비 3단계

- 과벌점자와 변호사 출석, 선도부 출석하여 과벌점자가 제기한 이의 부분에
  대한 선도부측 증거 및 증인과 과벌점자 측 변호사의 증거 및 증인을 확
  인 한다.
- 재판 시나리오를 재판 참여자에게 배부한다.

라. 배심원 선정 및 자치법정 내부결재

- 배심원 선정 및 자치법정 개최에 대해 학교 측에 내부결재를 받는다.
- 자치법정 개최 내부결재를 받으면 학교에 재판 날짜를 통보한다.

③ 행 신 고

- 벌점 제도에 의한 벌점을 부과하고 점수를 누적하여 집계한다.
- 벌점이 25점 이상이 되는 학생을 법정 회부 대상자(과벌점자)로 선정한다.
- 과벌점자에게 자치법정 출석 통보를 하고 과벌점자의 이의신청을 받는다.
- 과벌점자의 학년부장 및 담임교사에게 학생자치법정 회부 사실을 통보한다.
- 재판 참여자(판사, 검사, 배심원, 변호사, 서기, 무장경찰)를 대상으로 예비

교육을 실시한다.
- 학생자치법정 계획을 학교장 결재를 받고 재판개최를 공시한다.
- 재판이 실시되기 전에 법정 실무 지원팀과 함께 법정 배치를 하고 제반 준비를 완료한다.

2) 재판절차

학생자치법정의 재판 절차는 각 시범학교들이 매뉴얼을 기본으로 비슷한 형식을 가지고 진행되었다. 일반법정과 학생자치법정이 다른 점은 모든 재판 절차가 끝나고 지도교사나 판사를 맡으신 선생님께서 예시를 들어 훈화를 해 주시거나 금번 자치법정에 대해 의견을 나누어 보는 시간을 가졌던 것이다. 이 시간은 학생자치법정의 교육적 의미를 되살리고 다음 자치법정이 잘 운영될 수 있도록 하는데 도움이 되었다. 특히 과벌점자들은 자신의 의견이 충분히 반영되지 않았다고 느끼거나 권리를 보장받지 못했다고 느낄 수 있는데 이 시간에 선생님의 훈화나 금번의 자치법정을 되돌아보는 시간을 가지면 과벌점자의 오해도 해소시킬 수 있는 기회가 되었다. 또한 과벌점자와 다른 학생들에게도 과벌점자를 학교생활태도가 올바르지 못한 학생으로 선입견을 가질 수 있는데 모든 절차를 자치법정의 취지에 맞게 잘 살려나가면 일반학생들이 과벌점자에 대한 편견도 변화될 수 있었다.

의정부광동고는 판사를 맡으신 선생님께서 직접 예시를 들어 훈화를 해 주셨으며 행신고에서는 재판이 끝난 다음 각 역할을 맡은 한 사람씩 금번 재판에 대해 소감이나 평가를 발표하게 하고, 선생님의 의견을 들어보는 시간을 가졌다. 또 그 후에는 과벌점자를 따로 모아서 학생자치법정과 긍정적 처벌에 대해 다시 설명하고 이해를 구하였고 긍정적 처벌을 잘 수행할 수 있도록 부탁하는 자리를 가졌다.

각 학교에서 이루어진 재판 절차는 다음과 같다.

〈표 4 의정부광동고 재판절차〉

의 정 부 광 동 고 재 판 절 차
1. 국민의례 및 출석확인
2. 교육
→ 판사가 변호사, 검사, 배심원단의 역할과 가져야 할 태도에 대해 고지해 주었다.
3. 과벌점자 선서
4. 검사 모두 진술
5. 변호사 변론
6. 검사 심문 및 구형
7. 변호사 최후 변론
8. 벌점 초과자 최종진술
9. 휴정 및 배심원 회의
10. 재개정
11. 배심원의 합의문 낭독
12. 합의문 제출
13. 판결 선고
14. 판사 선생님의 학생자치법정 평가 발언
15. 폐정

〈표 5 제천고 재판절차〉

제 천 고 재 판 절 차
1. 국민의례 및 출석확인
2. 배심원 입장 및 배심원 선서
3. 재판장의 재판절차와 배심원의 주의사항 설명
4. 벌점자 출석 확인
5. 모두진술절차
6. 증거조사 절차
→ 증거조사는 증인이 법정에 출두하였을 시 검사단의 논고가 있기 전 증인이 법정에 출석하였는지 확인하는 절차이다. 재판 전에 선도부(검사) 와 과벌점자가 증거물과 증인에 대한 합의를 한 후 재판에 증거물이 제시 되거나 증인이 참석하게 되었다.
7. 증인신문
5. 선도부의 논고 및 구형
6. 변호사의 최후 변론
7. 벌점자의 혐의인정 여부 및 양형에 대한 토론
8. 평결결과 및 양형의견서 제출
9. 재판장의 판결 선고

〈표 6 행신고 재판절차〉

행 신 고 재 판 절 차
1. 학생자치 법정의 취지 및 교육적 의의설명(지도교사)
2. 지난 학생자치법정에 대한 평가회 및 개선점 설명(지도교사)
3. 재판부 입정(무장경찰)
4. 개정 선언(판사)
5. 학생자치법정 구성원 역할 및 진행 요령 안내(판사)
- 학생 자치법정 구성원 역할 소개
- 학생 자치법정 진행 요령
6. 인정 심문 및 검사의 기소 요지 진술(판사, 검사)
- 과벌점자 인정 심문(판사)
- 검사의 기소 요지 진술(검사)
7. 과벌점자 심문 및 변호사 반대 심문(재심문)(판사, 검사, 변호사)
- 판사의 진술 거부권 고지(판사)
- 검사측의 과벌점자 심문(재심문)(검사)
- 변호인측의 반대 심문(재심문)(변호사)
8. 증인 심문 및 변호인의 반대 심문(재심문)(서기, 검사, 변호사)
- 증인 선서(서기)
- 검사(변호사측)의 증인 심문(재심문)(검사)
- 변호인(검사측)의 반대심문(재심문)(변호사)
9. 최종 변론(검사, 변호사, 과벌점자)
- 검사측 최종 의견 진술 및 구형(구형)(검사)
- 변호사측 최종 의견 진술(변호사)
- 과벌점자 최종 의견 진술(과벌점자)
10. 배심원 합의 및 합의문 제출(배심원대표)
11. 배심원 평결 결과 발표(배심원단)
12. 최종 판결 및 폐정 선언(판사)
13. 금번 자치법정에 대한 평가와 차후 재판 예고(지도교사)
- 역할 소감 발표
- 금번 자치법정에 대한 전반적 평가
- 차후 재판 예고

3) 법정회부사유 및 긍정적 처벌

법정회부사유는 벌점제도의 벌점부과 대상행위를 하고 기준 이상의 벌점을 초과하였을 경우가 된다. 여러 교칙위반사항이 있지만 학생들이 판사, 검사, 변호사 역할을 하고 구형을 결정한다는 점에서 대체적으로 일상적이고 비교적 사소하지만 교내질서 유지와 관련된 사항들을 기본으로 하였고 법정 때 주로 회부되는 사안은 학생들의 위반비율이 가장 높은 것들, 지각, 복장과 관련한 사안이 많았다. 한편 제천고에서는 흡연으로 벌점 5점을 받은 과벌점자가 회부되기도 하였고, 배심원단에서 흡연 행위를 벌점 5점에 해당하는 행위로 볼 것인가 아니면 흡연 행위의 문제성과 심각성을 들어 일반적 벌점 행위와는 다른 행위로 볼 것인가에 대한 논란이 있었다.

각 학교에서는 매뉴얼에서 안내한 긍정적 처벌을 사용하고 더불어 각 학교상황이나 과벌점 사안에 맞는 긍정적처벌이 제기되기도 하였으나 때로는 "교칙을 손으로 베껴 쓰기"와 같이 긍정적처벌로 볼 수 없고 단순한 징계의 의미가 있는 처벌이 부여되기도 하였다.

① 의정부광동고

〈표 7 의정부광동고 재판 개정내역〉

연번	성명	학년	법정회부 사유	긍정적처벌 내용
◎ 1차 학생자치법정(일시: '06. 9. 7.(목), 장소: 잉글리시 존)				
1	A	1	1.용의 및 복장(두발)	1.교내봉사(2일) 아침, 저녁 30분씩 1시간
2	B	1	1.생활태도(양심불량, 태도불성실) 2.출결상태(무단결과)	1.사과순례(선생님 다섯 분) 2.담임선생님께 1주일간 핸드폰내기
3	C	2	1.용의 및 복장(두발)	1.사과순례(선생님 다섯 분) 2.반성문 1장
4	D	2	1.용의 및 복장(두발)	1.사과순례(선생님 다섯 분) 2.반성문 1장
5	E	2	1.출결상태(무단결석)	1.사과순례(선생님 다섯 분) 2.반성문 1장
6	F	2	1.생활태도(지시불이행, 태도불성실)	1.사과순례(선생님 다섯 분) 2.배심원 1회
◎ 2차 학생자치법정(일시: '06. 9. 29.(금), 장소 :잉글리시 존)				
1	A	1	1.용의 및 복장상태 불량	1.배심원 1회 2.교장선생님과 면담 후 싸인 받기
2	B	2	1.용의 및 복장(두발)	1.배심원 1회 2.지정사과순례(선생님 다섯 분)
3	C	2	1.용의 및 복장(두발)	1.배심원 1회 2.법사님 감화교육

연번	성명	학년	법정회부 사유	긍정적처벌 내용
◎ 3차 학생자치법정(일시: '06. 11. 3.(금), 장소 :잉글리시 존)				
1	A	1	1.용의 및 복장(두발, 명찰미부착) 2.출결상태(무단지각)	1.배심원 1회 2.반성문 작성 후 담임선생님과 학생과 선생님 싸인 받기
2	B	1	1.생활태도(고의적 지시 불응) 2.학습태도(수업태도 불량)	1.배심원 1회 2.담임선생님과 상담
3	C	2	1.학습태도(수업태도 불량, 학습 과제 불이행)	1.배심원 1회 2.지정 사과순례(선생님 다섯 분)
◎ 4차 학생자치법정(일시: '06. 11. 23.(목), 장소: 잉글리시 존)				
1	A	1	1.용의 및 복장 2.학습태도(수업태도 불량)	1.배심원 1회 2.선도부와 교문지도 3회
2	B	1	1.학습태도 2.출결상태(무단지각)	1.배심원 1회 2.아침예불 활동 5회
3	C	2	1.용의 및 복장 2.학습태도 3.생활태도	1.사과순례(선생님 다섯 분) 2.반성문 1장
4	D	2	1.용의 및 복장 2.생활태도(고의적 지시불응)	1.배심원 1회 2.교장선생님과 면담 후 싸인 받기

② 제천고

〈표 8 제천고 재판 개정내역〉

연번	성명	학년	법정회부 사유	긍정적처벌 내용
◎1차 학생자치법정(일시: '06. 9. 29.(목), 장소: 제천고 자치법정)				
1	A	1	1. 무단외출 2. 슬리퍼 착용 위반	1. 모두 유죄 판결 2. 학교봉사 5시간
2	B	1	1. 무단외출 2. 슬리퍼 착용 위반	1. 모두 유죄 판결 2. 학교봉사 5시간
3	C	1	1. 무단외출 2. 슬리퍼 착용 위반	1. 모두 유죄 판결 2. 학교봉사 5시간
4	D	1	1. 무단외출 2. 슬리퍼 착용 위반 3. 두발 불량	1. 1, 3번에 대해 유죄 판결 2. 2번에 대해 무죄 판결 3. 학교봉사 5시간
5	E	1	1. 무단외출 2. 슬리퍼 착용 위반 3. 두발 불량	1. 1, 3번에 대해 유죄 판결 2. 2번에 대해 무죄 판결 3. 학교봉사 5시간

연번	성명	학년	법정회부 사유	긍정적처벌 내용
◎ 2차 학생자치법정(일시: '06. 10. 19.(목), 장소: 제천고 자치법정)				
1	A	1	1. 무단외출 2. 수업준비 불량	1. 모두 유죄 판결 2. 한자 300자 쓰기, 봉사활동 3시간 부여
2	B	1	1. 무단외출 2. 수업준비 불량	1. 모두 유죄 판결 2. 한자 300자 쓰기, 봉사활동 3시간 부여
3	C	1	1. 두발불량 2. 슬리퍼 착용 위반 3. 무단외출 4. 교복미착용	1. 1번~3번 사유 모두 유죄 판결 2. 4번 사유 일부 유죄 판결 3. 시외우기 5편, 교장실 머물러있기 3시간
4	D	1	1. 기초질서 위반 2. 무단 외출 3. 수업준비 태도 불량	1. 모두 유죄 판결 2. 한자 200자 쓰기, 봉사활동 3시간
5	E	1	1. 교복미착용 2. 컴퓨터 오락 구경	1. 1번 사유 유죄 판결 2. 2번 사유 무죄 판결 3. 봉사활동 3시간
6	F	1	1. 교복 미착용 2. 슬리퍼 미소지 등교	1. 1번 사유 유죄 판결 2. 2번 사유 무죄 판결 3. 한자 200자 쓰기 및 봉사활동 3시간 부여
◎ 3차 학생자치법정(일시: '06. 10. 26.(목), 장소: 제천고 자치법정)				
1	A	1	1. 두발불량 2. 혁대미착용 3. 무단외출	1. 모두 유죄 판결 2. 한자 300자쓰기, 시외우기 3편
2	B	1	1. 두발정리 지도 불응 2. 교복미착용 3. 복장위반에 대한 거짓말	1. 모두 유죄 판결 2. 휴업토요일 천자문쓰기 1회, 교장실 에 머물러 있기 3시간, 시외우기 3편
3	C	1	1. 교복 미착용 2. 슬리퍼 착용 위반	1. 모두 유죄 판결 2. 한자쓰기 400자, 시외우기 3편
4	D	1	1. 수업시간 지각 2. 슬리퍼 착용 위반 3. 보행 중 음식물 취식	1. 모두 유죄 판결 2. 한자 500자 쓰기, 감상문 3편
5	E	1	1. 명찰·배지 미착용 2. 교복미착용 3. 교과서준비 미흡 2. 두발불량 경고장의 효력	1. 1번~3번 사유 유죄 판결 2. 4번 사유 무죄 판결 3. 한자쓰기 400자, 감상문쓰기 2편

연번	성명	학년	법정회부 사유	긍정적처벌 내용
◎ 4차 학생자치법정(일시: '06. 11. 2.(목), 장소: 제천고 자치법정)				
1	A	1	1. 명찰 미착용 2. 수업시간 떠듬 3. 슬리퍼 착용 위반 4. 수업태도 불량	1. 모두 유죄 판결 2. 한자 400자쓰기, 시외우기 3편, 독후감 쓰기 1편
2	B	1	1. 보행중 음식물 취식 2. 슬리퍼 착용 위반 3. 교실에서 컴퓨터 오락 4. 수업태도 불량	1. 모두 유죄 판결 2. 한자쓰기 500자, 독후감쓰기 2편, 시외우기 2편
3	C	1	1. 두발불량 2. 교복미착용 3. 교실에서 컴퓨터 게임 4. 교실컴퓨터 사용위반	1. 모두 유죄 판결 2. 휴업토요일 천자문 쓰기 1회, 교장실에 머물러 있기 3시간, 독후감쓰기 4편, 봉사활동 3시간
◎ 5차 학생자치법정(일시: '06. 11. 23.(목), 장소: 제천고 자치법정)				
1	A	1	1. 두발정리 지도불응 2. 무단외출 3. 흡연	1. 1번 사유 무죄 판결 2. 2번, 3번 사유 유죄 판결 3. 휴업 토요일 천자문 쓰기 1회, 한자 쓰기 500자, 독후감쓰기 3편, 교장실 머물러 있기 3시간
2	B	1	1. 두발정리 지도 불응 2. 교복미착용 3. 복장위반에 대한 거짓말 4. 흡연	1. 모두 유죄 판결 2. 휴업토요일 천자문쓰기 1회, 독후감 쓰기 3편, 한자쓰기 500자, 교장실에 머물러 있기 3시간, 담임선생님과의 상담 2시간
3	C	1	1. 지도 불응 2. 수업시간 지도 불응 3. 복도에서 장난 4. 수업시간 떠듬 5. 수돗물 장난 6. 수업시간 태도불량	1. 모두 유죄 판결 2. 휴업 토요일 천자문 쓰기 1회, 한자 쓰기 500자, 독후감쓰기 1편
4	D	1	1. 컴퓨터사용 위반 2. 교복미착용 3. 기자재 사용 위반 4. 교실에서 장난	1. 모두 유죄 판결 2. 한자 500자 쓰기, 독후감쓰기 4편
◎ 6차 학생자치법정(일시: '06. 12. 19.(화), 장소: 제천고 자치법정)				
1	A	2	1. 두발규정 위반 2. 지각 3. 교복미착용	1. 1번 사유 일부 유죄 판결 2. 2번, 3번 사유 유죄 판결 3. 한자쓰기 700자
2	B	2	1. 두발규정 위반 2. 교복미착용 3. 명찰미착용 4. 담배 소지	1. 모두 유죄 판결 2. 휴업토요일 천자문쓰기 1회, 독후감 쓰기 3편, 교장선생님과의 상담 1시간, 담임선생님과의 상담 2시간
3	C	2	1. 수행평가 미제출 2. 흡연	1. 모두 유죄 판결 2. 한자쓰기 400자, 독후감쓰기 2편

→ 2차 법정에서 C학생과 E학생은 법정 회부사유 중 '교복미착용'이 있었지만 이 두 학생에 대한 배심원의 판결은 각기 다르게 나왔다. 그 내용을 보면 두 학생은 모두 같은 세탁소에 수선을 맡겼다가 세탁소가 문을 열지 않아서 교복을 찾지 못했고, 이로 인해 벌점을 받았다.

이 상황은 두 학생 모두 같지만 배심원은 세탁소에 수선을 맡기게 된 계기에 주목 하였다. C학생은 교복이 작아서 수선을 맡겼고, E학생은 교복이 찢어져서 수선을 맡겼는데, 배심원들은 교복이 찢어진 것은 미리 대처할 수 없는 어쩔 수 없는 상황이었으므로 처벌을 경감해 줄 이유가 되지만 교복이 작은 것은 미리 확인하고 수선을 맡겨 준비할 수 있는 상황이었으므로 처벌을 경감해 줄 이유가 없다고 보고 C학생에게 일부유죄판결, E학생에게는 유죄 판결을 내렸다.

③ 행신고

〈표 9 행신고 재판 개정내역〉

연번	성명	학년	법정회부 사유	긍정적처벌 내용
◎ 1차 학생자치법정(일시: '06. 9. 29.(금), 장소: 행신 자치 법정)				
1	A	1	1. 지각 2회, 무단지각 1회 2. 두발 1회, 귀걸이 2회 3. 복장불량 2회, 지도 불이행 2회	1. 다음 법정에 방청객 참여 2. 담임 교사와 교환 일기 쓰기(2주) 3. 나의 다짐쓰기(A4 3매)
2	B	1	1. 지각 11회 2. 두발 1회 3. 명찰 1회	1. 다음 법정에 방청객 참여 2. 매일 아침 7시 40분까지 등교하여 선생님 10분께 확인 사인받기(1주일) 3. 매일 아침 등교하여 푸른교실 실시
3	C	1	1. 지각 11회, 무단지각 3회 2. 명찰 4회	1. 다음 법정에 배심원 참여 2. 매일 아침 7시 40분까지 등교하여 선도부와 함께 지각생 단속(1주일) 3. 프랭카드 들고 교내 캠페인 참여
4	D	1	1. 지각 5회, 무단지각 2회 2. 두발 5회 3. 복장불량 1회, 명찰 1회	1. 다음 법정에 방청객 참여 2. 선생님 업무 도와드리기(1주일) 3. 나의 다짐쓰기(A4 3매)
5	F	2	1. 지각 9회, 무단외출 1회 2. 두발 3회, 복장불량 1회 3. 교사지도 불이행 1회, 명찰 1회	1. 다음 법정에 배심원 참여 2. 매일 아침 7시 40분까지 등교하여 선생님 10분께 확인 사인받기(1주일) 3. 나의 다짐쓰기(A4 3매)

◎ 2차 학생자치법정(일시: '06. 11. 9(목), 장소: 행신 자치 법정)

1	A	1	1. 지각 23회 2. 명찰 2회	1. 매일 석식시간에 교내 청소하고 선생님께 확인받기(1주일) 2. 매일 아침 7시 40분까지 등교하여 캠페인활동 참여(1주일) 3. 나의 다짐쓰기(A4 2매)
2	B	1	1. 지각 14회 2. 두발 5회 3. 복장불량 1회, 명찰 2회	1. 다음 법정에 배심원 참여 2. 매일 아침 7시 40분까지 등교하여 선생님 10분께 확인 사인 받기(1주일) 3. 매일 아침 등교하여 푸른교실 실시
3	C	1	1. 지각 8회, 무단지각 2회 2. 두발 1회, 명찰 2회	1. 다음 법정에 방청객 참여 2. 매일 점심시간에 쓰레기 줍고 선생님께 확인받기(1주일) 3. 나의 다짐쓰기(A4 2매)
4	D	1	1. 지각 22회, 무단지각 2회 2. 두발 2회 3. 복장불량 1회, 명찰 1회	1. 매일 아침 7시에 담임선생님께 모닝콜 해 드리기(1주일) 2. 매일 아침 7시 40분까지 등교하여 정문 캠페인 활동하기(1주일) 3. 나의 다짐쓰기(A4 2매)
5	E	2	1. 지각 6회, 무단지각 1회 2. 두발 11회 3. 명찰 6회	1. 매일 아침 7시 40분까지 등교하여 선도부와 함께 정문 지도하기(1주일) 2. 상담부장과 1일 1회 이상 상담하기 3. 나의 다짐쓰기(A4 2매)
6	F	2	1. 지각 10회, 무단지각 3회 2. 명찰 1회, 복장(리본) 1회	1. 다음 법정에 배심원 참여 2. 매일 7시 40분까지 등교하여 학생부 교사에게 확인받고 교내 청소 3. 나의 다짐쓰기(A4 2매)

◎ 3차 학생자치법정(일시: '06. 12. 7.(목), 장소: 행신 자치 법정)

1	A	1	1. 지각 1회, 무단지각 1회 2. 두발 8회 3. 명찰 3회, 휴대폰 소지 1회	1. 매일 점심(석식)시간에 교내 쓰레기 청소(1주일) 2. 나의 다짐쓰기(A4 1매)
2	B	1	1. 지각 23회, 무단지각 5회 2. 두발 2회, 복장불량 3회 3. 명찰 7회, 실내화혼용 1회	1. 다음 법정에 배심원 참여 2. 매일 아침 8시까지 등교하여 정문에서 프랭카드 홍보 캠페인 활동하기(2주일) 3. 나의 다짐쓰기(A4 2매)
3	C	1	1. 지각 5회, 무단지각 2회 2. 두발 8회, 명찰 2회	1. 다음 법정에 배심원 참여 2. 매일 점심(석식)시간에 교내 쓰레기 청소(1주일)
4	D	1	1. 지각 13회, 무단지각 1회 2. 복장불량 5회, 명찰 3회	1. 매일 아침 7시 40분까지 등교하여 정문 캠페인 활동하기(1주일)

5	E	2	1. 지각 7회, 무단지각 1회 2. 두발 6회, 복장불량 2회 3. 명찰 3회	1. 매일 아침 7시 40분까지 등교하여 선생님 10분께 확인 사인받기(1주일) 2. 나의 다짐쓰기(A4 1매)
6	F	2	1. 지각 29회 2. 두발 5회, 명찰 3회	1. 매일 아침 7시에 담임선생님께 모닝콜 해 드리기(1주일) 2. 매일 아침 7시 40분까지 등교하여 정문에서 캠페인 활동하기(1주일)
7	G	2	1. 지각 14회 2. 두발 6회 3. 복장불량 2회, 명찰 5회	1. 매일 아침 7시 40분까지 등교하여 교무부장 선생님께 확인을 받고 청소 및 업무 도와드리기(1주일) 2. 나의 다짐쓰기(A4 1매)

→ 과벌점자로 학생자치법정에 회부되어 '아침 일찍 등교하여 일주일동안 선생님 10분께 사인 받기'라는 긍정적 처벌을 받은 학생의 소감에서「일찍 등교하는 것이 목적이라면 선생님 10분이 아니더라도 선생님 1분이나 5분 정도여도 괜찮을 텐데 교무실 마다 찾아다니면서 선생님 10분한테 사인 받는건 비효율적인 것 같다. 1분 선생님께 확인받거나 차라리 일찍 와서 사인 받은 시간에 청소를 하는 게 나을 것 같다. 일찍 오는 선생님들도 거의 정해져 있는데, 매일 그분들께 가서 확인 사인을 받자니 귀찮아하시는 것도 엿볼 수 있었다.」라고 밝혔다. 과벌점자가 긍정적 처벌을 이행하는데 있어 다른 교사들의 참여를 이끌어 낼 수 있어야 하고 긍정적 처벌에 대한 효율성, 효과성연구가 필요한 대목 이었다.

④ 그 외 긍정적 처벌

검사가 구형하거나 변호사가 요청한 긍정적 처벌과 학교 내에서 제시된 긍정적 처벌이다. 실제 재판에서는 판결되지 않았다.

가. 의정부광동고
   - 지역사회 단체, 기관과 연계하는 프로그램 개발(법원, 경찰, 시청 등)
   - 캠페인 참가, 시낭송하기(국어담당교사 확인)
   - 도서관에서 책 2권 골라 읽고 국어선생님께 감상문 제출

- 시 2편을 외워와 담임선생님께 확인받기
- 각오를 그림으로 표현하고 특정 선생님 앞에서 발표하기
- 선생님과 등산하기

나. 제천고

- 휴업토요일 천자문 쓰기
- 독후감 쓰기
- 시외우기
- 교장실에 머물러있기
- 교장 선생님 또는 담임선생님과의 상담
- 봉사활동

다. 행신고

- 일찍 등교하여 교장(교감)실 청소 및 교장(교감)선생님 업무 도와드리기
  (매일아침 7시30분, 1주일간)
- 역할극 참여(담임선생님과 역할 교환)
- 청소시간에 쓰레기 분리수거 참여하기(총7회 참가)
- 교내 쓰레기 줍기 및 쓰레기통 청소하기(매일 아침 등교시간, 점심(석식)
  시간, 1 주일간)
- 교육용 다큐멘터리 감상하고 감상문 쓰기(1편 감상, 분량 A4지 3매)
- 학교 게시판에 공개 사과문 부착하기(1주일 간, 분량 전지 한 장)
- 애국 조회 때 전교생에게 공식 사과와 나의 다짐 발표하기
- 교외 봉사활동 참여(장소와 시간을 미리 정해 줌, 5시간 이상 부과)
- 담임교사 또는 상담 선생님과 개인상담(5시간 이상 부과)
- 교육용 포스터와 표어 제작하기(포스터 4절지, 표어 8절지 반장)
- 문제 상황 관련 보고서 작성하기(교칙 위반 내용 관련, 분량 A4 5매 이상)
- 교내 취약지 청소(벌칙 이행 후 담당 선생님께 필수적으로 검사받기)

4) 재판 사후관리

　재판이 끝난 후 긍정적 처벌을 이행하거나 학생자치법정제도를 유지하는데 있어 학교의 구성원들의 이해와 적극적인 참여가 필요하였다.

① 긍정적 처벌 이행의 확인

가. 의정부광동고

학생부 담당 교사 중 한 분이 역할을 맡아서 긍정적 처벌 이행여부를 확인하는 일을 맡았다.

나. 제천고

판결문을 작성하여 학생부, 과벌점자 담임교사에게 판결문을 배포하였고, 담임교사의 지도 아래 과벌점자가 긍정적 처벌을 이행하도록 하였다. 이행 완료시 학생부에 결과를 통보하고 이행이 확인되면 벌점을 삭제 해 주었다.

다. 행신고

재판이 끝난 후 지도교사가 과벌점자를 소집하여 각자의 긍정적 처벌 내용을 확인하고 설명해 주었다. 학생부 교사는 과벌점자가 긍정적 처벌 이행을 관리 및 감독하는 일을 맡았으며 이행하지 않았을 경우 학교 선도위원회에 회부 조치되게 하였다. 과벌점자가 긍정적 처벌 이행을 완료하면 결과물을 학생부에 제출하였다. 결과물 제출 결과 확인과 동시에 벌점 25점을 삭제 해 주었다. 재판 사후에 담당교사의 경우 과벌점자가 처벌 이행을 철저하게 관리하였지만 다른 업무와의 중복으로 인해 진행하기가 힘겨운 점이 있었다.

② 재판참여자에 대한 보상

　학생자치법정에 참여하는 구성원들은 법정을 체험해 보고 학교교칙에 대해 주장을 할 기회를 얻는 것 등 학생자치법정에서 배울 점이 많지만 학생들의 적극적인 참여를 필요로 한다는 점에서 각 학교의 재량으로 과벌점자를 제외한 학생자치법정 참여자들에게 그 활동에 대한 봉사시간을 부여하거나 학교생활기록부에 기록해 줌으로써 보상을 제공하였다.

각 학교별로 보면 의정부광동고에서는 학생자치법정 집행부 구성원들에게 활동에 대한 봉사시간을 부여하며, 학교생활기록부에 기록(체험활동, 종합의견 등)하였다. 제천고에서는 재판참여자학생들에게 상점을 부과해주고, 법무부에서 지급한 예산에서 소정의 금액을 일부학생들에게 장학금으로 지급하였다. 또한 우수학생에게는 학교장 표창장으로 모범상을 수여하였다. 행신고에서는 판사, 검사, 변호사, 배심원, 서기, 무장경찰에게 학교장 임명장을 수여하였고, 학교 생활기록부에 활동내용 세밀하게 기록하였다. 또한, 학교 봉사활동 시간 인정해 주고 적극적으로 참여한 학생에게 학교 봉사상을 받을 수 있도록 추천하였다.

☀ 학생자치법정에 대한 지원 ☀

1) 법무부의 지원

법무부에서는 학생자치법정 시범학교 운영예산 일부를 지원하였고, 학생자치법정 절차나 운영상의 모니터링을 통해 학생자치법정의 취지와 목적에 맞는 진행을 할 수 있도록 하였다.

2) 학교 측의 지원

① 의정부광동고

- 상·벌점 처리 전산화 프로그램을 구입하였다.
- 담당 지도교사에게 초과근무 수당을 지급하였다.

- 학생자치법정에 대한 안내와 홍보를 위해 학교 내에서 방송을 실시하고, 현수막 게시 및 전체 학생에게 문자메세지를 보냈다.
- 교육청 학교평가 시 평가단에게 학생자치법정에 대해 홍보하고 참관할 수 있도록 하였다.

② 제천고

- 학교운영위원회 회의실을 학생자치법정실로 사용하도록 제공해 주었다.
- 학생자치법정을 위한 회의비품 등을 지원하였다.
- 학생부에서 학생자치법정과 연계되는 상벌점제를 운영하였다.
- 담임교사가 벌점자의 긍정적 처벌을 이행할 수 있도록 지도하였다.

③ 행신고

- 교장, 교감 선생님의 전폭적인 지원과 지지가 있었다.
- 학교 내 1개 교실을 확보하여 자치법정실로 제공하였다.
- 학생자치법정을 학생생활지도부 전담업무로 배정하고 학생생활 지도부 전 교사의 적극적인 참여와 지원이 있었다.
- 1, 2학년 학년부장 및 담임교사들이 학생들에게 적극적으로 홍보하고 학생들의 참여를 유도하였다.

4　학생자치법정 시범 운영학교의 의견

✳ 운영결과에 관한 의견 ✳

1) 의정부광동고

- 학생과 교사들에게 법에 대한 긍정적 인식을 마련해 주었다.
- 벌점초과자가 자신의 행동을 되돌아봄으로써 생활태도가 개선되었다.(인성 교육 및 자아 성취감 향상)
- 학생들의 논리력, 발표력 향상 및 자신감 신장에 도움이 되었다.
- 법 교육 효과가 증대되었다.
- 학생들에 대한 인권보호의식이 향상되었다.

2) 제천고

　제천고에서는 교사 45명을 대상으로 자체 설문조사를 실시하였다. 설문은 5점 척도에 의해 얻어진 결과이며 효과에 대한 답변은 "보통이다"라고 답한 교사비율까지 포함 하였다.

① 교육적 효과

- 동료효과: 동료에 의해 이루어지는 재판을 받도록 함으로써 교칙위반 예방에 더욱 효과적이었다.
- 청소년의 사회성 발달: 동료들과 함께 문제를 해결하는 방식을 배움으로써 청소년들의 사회성을 키우는데 효과적이었다.

- 비행청소년의 책임감 향상: 청소년들이 자신의 문제 행동에 대해 책임감을 가질 수 있도록 하였다.
- 상벌점제 운영이 학생 생활지도나 학습지도, 학급경영에 도움이 된다고 응답한 비율이 평균 72%로 나왔다.

② 체벌 대안으로서의 상벌점제

- 상벌점제 실시 이후 체벌이 줄어들었다고 응답한 비율이 67%에 해당되어 상벌점제 실시가 체벌에 대한 대안으로서 효과가 있다는 응답을 얻었다.

③ 학생 자치역량 강화

- 학생자치법정의 운영과 판결을 학생이 주도적으로 하게 함으로써 자치역량이 강화 되었다.

3) 행신고

- 멀고 어렵게만 느껴졌던 법에 대해 학생들의 관심이 증대되었다.
- 과벌점자가 스스로의 이야기를 하도록 함으로써 자신의 행동에 대해 반성 할 수 있는 기회가 되었다.
- 상벌점제의 효과적인 운영 체계에 대한 반성과 개선하고자 하는 의지가 생겨났다.
- 학생들의 자치 능력을 펼쳐 보일 수 있는 충분한 기회가 되었다.
- 법교육에 대한 학생들의 관심과 참여가 증대되었다.('법과 사회'과목 수강생, 생활법 경시대회, 모의재판 경연대회, 학생자치법정 참여 증가)
- 법적 소양 및 재판 진행 요령에 대해 직접체험 할 수 있는 교육적 효과가 있었다.
- 학교 교칙 준수의 필요성뿐만 아니라 개정 의지 노력도 보였다.
- 학생 자치 법정의 활성화로 학생 중심의 생활 지도 문화가 정착되었다.

✳ 문제점 및 해결방안에 관한 의견 ✳

각 학교에서 학생자치법정을 운영하면서 발생한 문제점과 그것을 해결하기 위한 실행했던 방법이나 해결책을 제안하였다.

1) 의정부광동고

〈표 10 의정부광동고 문제점 및 해결방법〉

문 제 점	해 결 방 법
학생자치법정에 대한 학교 구성원들의 이해 부족	법무부에서 공문 등 여러 가지 방법으로 일선 학교에 지속적 홍보 및 체계적인 사전연수 필요
학생자치법정의 장소 부족	특별실 공간 마련의 필요
벌점이 부관된 사안이 다양하지 못했으며, 선생님들이 상점부여에 인색하여 학생들에게 동기부여 부족	전교사가 참여하는 상, 벌점제의 활성화
법정 개최 시 모니터링이 다소 부담스러움	모니터링 횟수 축소
과벌점자임에도 법정에 회부되지 않은 학생들의 처리와 법정 판결 후 긍정적 처벌을 시행하지 않은 학생의 처리문제	
재판 사후 담당교사의 경우 다른 업무와의 중복으로 인해 진행하기가 힘겨운 점	재판 사후관리 철저(판결 즉시 처벌내용 이행토록 지도)
검사학생들의 자치법정 체감도가 낮아서 지금 하고 있는 것이 맞는 것인가라는 자문 속에 불안한 마음으로 진행할 수밖에 없었음	체험활동(법정 견학, 검사와의 간담회, 관련 영화감상 등)을 통한 사전 교육 필요
짧은 시간에 많은 벌점대상자를 다루다 보니 충분히 준비할 시간이 부족했고 이것으로 인해 학생 개개인의 시간을 많이 빼앗는 결과를 가져옴(법정 개최 횟수가 많음)	

2) 제천고

〈표 11 제천고 문제점 및 해결방법〉

문 제 점	해 결 방 법
상벌점제 운영의 어려움	
상벌점 적용의 형평성 및 상점 부과의 공정성 논란	
벌점 부과와 함께 병행되는 훈계의 적정성 논란	
벌점 부과 받은 학생에 대한 담임교사의 훈계에 대한 논란	
상벌점제에 대한 반감 및 자치법정에 대한 이해 부족	
상벌점제 대한 반감 및 이해부족	
벌점 남발에 대한 학생들의 반감	

→ 제천고에서는 자치법정을 운영함에 있어 위와 같은 문제점이 드러났고, 2006년도 재판 참여자와 2007년도에 활동할 재판참여자가 함께 자체적으로 자치법정 워크숍을 이틀간 열어 아래와 같은 학생자치법정과 상벌점제에 대한 문제점을 다시 짚어보고 개선방안을 논의해 보는 시간을 가졌다

〈표 12 제천고 학생자치법정의 문제점 및 개선방안〉

학생자치법정의 문제점	개 선 안
법정경위의 재판 중 역할이 적음 – 법정에서 별다른 역할 없이 배치된 경위의 역할을 재고해야 함. – 현재 제천고 법정에는 2명의 법정경위가 배치되어 있는데 이들의 역할을 각각 분리해야 함.	– 법정 경위제를 폐지하고 운영위원 제로 변경 – 법정 진행요원과 법정 코디네이터로 역할구분 　* 법정 진행요원: 사회 및 법정 안내 　* 법정 코디네이터: 법정 꾸미기, 설문지 배포
자신의 벌점 부과를 모두 인정하는 벌점자들의 재판 선택에 관한 방안 – 자신의 벌점 부과를 모두 인정하는 벌점자들에 대해서는 재판을 선택하게 하는 것에 대한 논의가 필요함.	– 자치법정의 목적은 벌을 효율적으로 주는 것이 아님을 주지해 줄 것. – 자신의 벌점부과를 인정하는 벌점자들에 대해서는 재판을 신속히 진행하도록 현재 시나리오를 재구성 함

학생자치법정의 문제점	개 선 안
배심원 소임에 대한 문제 - 배심원으로 선정된 학생이 배심원 출석 을 기피하는 사례가 빈번한 것에 대한 문제 제기 - 배심원으로 선정된 것에 자긍심을 갖게 하고, 인센티브를 부여하는 방 안을 마련해야 함.	- 배심원 역할과 중요성에 대한 홍보 확대 - 캠페인활동, 배심원으로 선정된 것 을 방송으로 공고하고, 배심원 판결 문을 게재
재판부의 수가 재판개최 횟수에 비해 적음. - 재판이 일주일에 한 번씩 열리는 경 우가 많고 재판 전단계에 참여하는 것까지 고려하면 수업과 자율학습에 미치는 영향이 너무 큼.	- 재판부를 2개부로 구성
변호사의 역할 수행 능력 부족. - 현재 변호사는 벌점자의 부탁을 통 해 구성하고 있음 - 제대로 된 변호가 되지 못하는 경 우가 많음	- 변호사를 선발하여 전문 변호인단 구성 - 전문 변호인단을 통한 변호를 원칙 으로 하고 벌점자의 희망에 따라 친 구를 통한 변호를 하게 함
배심원 교육의 부족 - 배심원 교육을 강화할 필요가 있음. - 배심원들이 자신의 역할에 대해 제 대로 이해하지 못하고 재판에 참여하 는 경우가 많음.	- 재판 전 단계에 배심원 교육 시간 을 확보해야 함(30분 정도)

→ 기타의견으로는 현재 법정이 재판과 판결을 같이 진행하고 있는데 배심원이 판결에 대해 상의를 하는 동안 재판정에 검사, 벌점자, 변호인, 참관자 등은 무작정 대기하고 있어 시간의 낭비가 나타난다. 따라서 재판과 판결을 분리해서 진행하는데 재판을 진행한 다음날 판사, 검사, 벌점자, 변호인이 모여 판결을 내리는 방안을 제시하였다.

〈표 13 제천고 상벌점제의 문제점 및 개선방안〉

상 벌 점 제 의 문 제 점	개 선 안
벌점 규정에 대한 학생들의 동의가 없어 학생들이 규정에 대한 이해부족과 반감이 존재함	벌점제 규정에 대한 개선안을 신임 학생회가 마련하고 신학기가 구성되면 대의원회를 통해 동의와 지지를 확보함
벌점 규정에서 지나치게 벌점이 높거나 낮은 경우가 있고 우리 현실과 맞지 않은 부분이 있음	
상점이 특정 학년이나 특정 교사에 의해 남발되거나 오히려 발부가 되지 않은 사례가 있음	- 상벌점제 통계와 확인이 가능한 웹 프로그램을 도입하여 운영 - 선생님 사이에 홍보 및 토의 확대

3) 행신고

〈표 14 행신고 문제점 및 해결방법〉

문 제 점	해 결 방 법
과벌점자 학생의 사생활 침해 문제제기	사전 자치법정의 교육적 의미에 대해 철저히 교육하고, 재판 후 역할 소감문 발표 및 다음재판에 배심원으로 참여토록 함으로써 과벌점자 학생에게 자치법정이 자신의 입장을 밝히는 장이라는 점을 부각시킴으로써 과벌점자가 느끼는 사생활 침해 문제를 완화시킴.
전교사의 적극적인 관심 미흡	학년부(담임교사)와 학생부 간 또는 학생부와 상담부 간의 유기적인 연계 속에서 자치법정 운영 전략 모색하여 교사의 관심 참여를 유도함. 교육부(교육청) 시범학교 운영에 따른 가산점 유인책 등을 통해 자치법정에 직접 참여할 수 있는 분위기 조성필요, 다양한 홍보와 참여 전략을 모색하여 지속적으로 추진 필요
법정 구성원에 대한 사전 교육 자료 미흡	다양한 교육 자료를 통해 사전 철저한 교육과 지도를 받고 자치법정에 참여토록 함. 지도교사의 일방적인 지도보다는 팀별로 자발적인 참여 의지 속에서 실질적인 학습이 이루어질 수 있도록 지도방향 모색
과벌점자의 변호사에 대한 사전 교육의 한계	다양한 교육 자료를 통해 사전 철저한 교육실시, 방과 후 학교에서 생활법 관련 강좌를 개설하여 자치 법정 및 재판 진행 요령 등에 대한 상세한 교육을 병행 실시하여 사전 교육을 강화함.
검사 측과 과벌점자(변호사)측 간의 치열한 상호 논박 과정 미흡	방과 후 학교에서 생활법 관련 강좌를 개설하여 자치 법정 및 재판 진행 요령 등에 대한 상세한 교육을 병행하여 실시함.
재판 사후 관리의 한계	우선 과벌점자 학생들에 대한 교육을 통해 긍정적 처벌에 다소 긴장하고 적극적으로 임할 수 있도록 하고, 관리 담당 교사를 임명하여 철저히 긍정적 처벌 과정을 관리토록 하며, 향후 학년부(담임교사)와 상담교사와 협의하여 추수지도를 병행하여 실시할 예정임.

✷ 가장 보람 있었던 점과 가장 어려웠었던 점 ✷

각 학교별로 제기된 보람 있었던 점과 힘들었던 점을 들어보았다.

1) 의정부광동고

〈표 15 의정부광동고 - 보람 있었던 점과 어려웠던 점〉

가장 보람 있었던 점	- 체벌금지가 법적으로 힘을 얻어가고 있는 학교현장 속에서 그 대안 으로써의 하나의 방법으로 제시될 수 있다는 점 - 학생들의 교칙에 대한 긍정적 인식 토대를 마련한 점 - 과벌점자 학생들의 자기 다짐을 통한 생활개선 노력 변화가 보였을 때 - 법정 후 지속적인 대화를 통해 선생님과의 유대감과 긍정적인 마음의 변화가 있음을 느꼈을 때
가장 어려웠던 점	- 법정장소 마련의 어려움(특별실 부족으로 원어민수업이 있는 교실을 재판정으로 하다 보니 학교 측의 배려는 있었으나 하루 전에 미리 법정을 준비하는 것이 다소 번거로움) - 자치법정 진행 담당 학생들의 교육 시간이 부족함(지도교사, 학생들 모두 4회의 법정 준비가 빠듯했음) - 전교사를 대상으로 법정의 취지를 설명하고 의견을 수렴할 때 교사의 인식 부족으로 인한 공감대 형성이 힘들었음 - 처음 시도하는 프로그램이라 안개 속을 헤맨다는 생각 속에 진행 했다는 점이 어려웠음.(검사 측 지도교사)

2) 제천고

〈표 16 제천고 - 보람 있었던 점과 어려웠던 점〉

가장 보람 있었던 점	- 체벌의 대안으로서의 시도 - 학생 자치 역량 강화
가장 어려웠던 점	- 교사들의 이해 부족 - 자치법정 개최의 어려움 - 상벌점제 운영의 어려움

3) 행신고

〈표 17 행신고 - 보람 있었던 점과 어려웠던 점〉

가장 보람 있었던 점	- 기대 이상의 학생들의 관심과 참여, 학생들의 재판에서 보여준 숨겨진 능력, 과벌점자 스스로 자신의 생활태도를 반성하며 변화 되는 모습, 학생 자치적 으로 법정을 운영하려는 의지와 가능성을 동시에 확인했을 때
가장 어려 웠던 점	- 과벌점자 학생들의 사생활 보호 문제, 주변 교사들의 관심과 참여 부족, 변호 인들의 사전 교육 미흡으로 재판 진행에 차질발생, 재판 사후 관리 시 과벌 점자가 긍정적 처벌에 소극적으로 임해도 마땅히 관리하기 어렵거나 관련 부 서(상담부, 학년부, 담임교사)와의 유기적인 연계와 협조가 되지 못했을 때

✳ 학생자치법정 시범학교 구성원의 반응 ✳

1) 의정부광동고

〈표 18 의정부광동고 - 학생자치법정에 대한 반응〉

	교 사	학 생
참 여	학생자치법정은 학생지도에 상당한 효 과가 있으며, 학생부 소속의 학생자치법 정계로 제도화하여 학생 생활 선도프로 그램으로서 자리매김하고 지속적인 역 할을 해 주길 바라고 있음.	학생자치법정에 참여한 학생들은 학생 자치법정에 대해 긍정적이며 참여하려는 의지가 강함. 학생들은 자신들의 얘기에 귀기울여주 길 바라며 생활지도에 반영해 주길 원함.
비참여	이벤트성의 형식적인 것으로 보는 시 각이 있음. 그러나 학생생활지도에 긍정 적인 면이 많아 대체로 긍정적 인식을 가지는 것으로 판단됨.	학생자치법정에 대해 긍정적인 시각을 갖고 있지만 법정에 대한 이미지를 경 외시하고 있음. 학생자치법정에 대한 홍보가 미흡하여 인식이 부족함.

2) 제천고

〈표 19 제천고-학생자치법정에 대한 반응〉

	교 사	학 생
참 여	- 체벌에 대한 새로운 대안으로 서 의미를 갖는다고 봄. - 새로운 시도였지만 여러 가지 개선할 점이 많음. - 자치법정에 대한 정당성 획득 에 더 많은 노력을 기울여야 함.	▶ 벌점자 - 처음엔 걱정이 섰으나 재판 을 받으면서 '재미있다'는 생 각이 들었음. - 벌이 조금 무의미 하다는 느낌 도 받았음. ▶ 배심원 - 배심원 역할에 대해 잘 몰랐으나, 재판과정을 통해 이해하게됨. - 재판이 쉽지 않다는 것을 간접적 이나마 체험할 수 있었음. - 벌점에 따른 형량 기준을 마련해야 함. ▶ 변호사 - 자치법정은 재미있었으며 학생들의 적극적 참여가 있다면 더욱 발전할 수 있을 것임. ▶ 서 기 - 증인이 자신의 진술을 바꾸는 바람에 기록의 중요성을 알게 됨. - 자치법정에 참여한 건 좋은 경험 이었음. ▶ 선도부 - 학생들이 기본적으로 갖춰야 할 태도를 바로잡는데 상벌점 제와 자치법정이 일조 했다고 봄. ▶ 판 사 - 상·벌점 규정에 관하여 학생들의 의견이 충분히 반영되어야 한다고 생각하며 자치법정이 많은 발전을 가져오리라 기대함.
비참여	- 학생자치법정을 공개할 필요가 있음. - 상벌점제가 비교육적이라 생각 됨. - 자치법정과 상벌점제에 대한연구회 성립이 필요함.	- 상벌점제에 대한 개선 보완이 필요함. - 자치법정 구성에 우수학생을 선발하여 배치할 필요가 있음. - 상·벌점 항목을 대의원회에서 조정하여 대의원회를 사실상 입법기관화 하는 것을 추진하여야 함.

3) 행신고

〈표 20 행신고 - 학생자치법정에 대한 반응〉

		교 사	학 생
참 여		– 준비에 비해 기대 이상의 결과를 얻었고, 학생들의 관심과 참여가 많은 만큼 향후 새로운 학생생활지도 문화로서 정착 될 수 있다는 가능성을 갖고 있음. – 전교사 참여 문제와 지도교사 전보 시 공백 우려의 보완 책이 필요함.	– 법정 구성원으로서 참여하게 되어 기쁘고 많은 것을 보고 느꼈다고 생각하며, 고교 시절의 소중한 경험으로 간직하고 있음. – 법적 소양과 재판 진행 과정에 대해 많은 것을 알게 되었음. – 과벌점자 스스로는 자신의 소명 기회가 제공되었다는 점과 자신의 잘못을 스스로 깨닫게 되었다는 점에서 의미가 있다고 봄. – 서로 다른 사람의 입장과 역할을 이해할 수 있었던 소중한 기회 였으며 학생 자치 능력을 신장 시킬 수 있는 소중한 기회였음
비참여		학생생활 지도부만의 학생자치법정이라는 인식을 갖고 있었고, 새롭게 시도된다는 점은 알았으나 구체적으로 어떻게 진행되고 어떤 교육적 효과가 있는지에 대해선 잘 알지 못하고 있음.	– 새롭고 재미있다는 이야기는 많이 들었으나 실제 참관해 보지 못해 학생자치법정에 대해 잘 알고 있지는 못하고 있으며, 기회가 되면 법정 구성원으로 참여하고 싶다는 의지를 많이 표명하기도 하였음. – 학생 자치 법정을 공개적으로 진행하는 방안과 다양한 학생들이 참여할 있는 방안을 요구함.

Ⅲ. 학생자치법정의 교육적 효과

시범실시 단계에서 학생자치법정이 실제로 거둔 성과에 대해 통계적 연구를 실시한 결과이다. 실시 전후에 걸쳐 다양한 역할의 학생들에 대해 폭넓게 실시한 효과연구에서 대부분의 학생들이 학생자치법정 경험을 통해 법의식과 교칙에 대한 태도가 긍정적으로 변화하였고 참여의식도 높아졌으며 사회적 결속력도 높아져 비행의 가능성도 낮아진 것으로 보고되었다. 이러한 연구결과는 학생자치법정 시행의 타당성에 대한 강력한 근거가 될 수 있을 것으로 보인다.

III

학생자치법정의 교육적 효과

1 연구개괄

✳ 연구 대상 및 연구 방법 ✳

본 연구는 학생자치법정을 시범 실시한 학교를 대상으로 학생자치법정의 효과를 분석하는 것을 목표로 하였다. 이는 학생자치법정을 통해 얻을 수 있는 긍정적 효과를 확인하고 향후 학생자치법정을 학교현장에 확대, 적용하는데 있어서 문제가 될 수 있는 점이 있다면 이를 발견하여 학생자치법정의 과정을 보완하기 위함이다. 이를 위해 연구는 크게 두 가지로 나뉘어 실시되었는데 하나는 학생자치법정의 효과연구이며 다른 하나는 학생자치법정에 참여한 학생들의 반응을 조사한 것이다.

첫 번째 연구는 학생자치법정의 효과를 검증하기 위한 연구이다. 학생자치법정이란 교칙을 위반하여 벌점이 누적된 학생에 대하여 학교의 동료 학생들이 직접 참여하여 재판을 운영하고 정해진 징계범위 내에서 봉사활동 등 기타 징계처분을 내리는 제도이다. 학생들이 공동체의 분쟁상황에 직접 참여하여 교칙이라는 공동의 규범에 대해 고민하고 적용해보는 경험을 가지게 된다는 것이 학생자치법정의 가장 큰 의의이다. 학교라는 공동체의 규범인 교칙을 살펴보고 이를 사실관계에 적용해보는 과정을 통해 학생들은 교칙에 대해 긍정적 태도의 증진과 교칙에 대한 준수의식 및 신뢰감, 참여의식과 학교에 대한 결속력이 증대 될 것이라 예상되는 바 실제로 이러한 효과가 나타나는 지를 살펴보고자 하였다.특히 청소년 비행의 원인에 관한 가장 설득력 있는 이론으로 받아들여지고 있는 허쉬의 사회통제이론에 따르면 참여의식과 학교에 대한 결속력은 사회적 유대의식을 강화시켜 비행의 예방과 치료에 큰 효과를 지니는 것으로 보고되고 있어 만약 학생자치법정을 통해 이러한 요소들이 강화되었다면 장기적으로 청소년 비행 감소에도 효과가 있을 것으로 기대된다.

이를 위해 의정부광동고등학교와 행신고등학교 학생차지법정에 참여한 모든 학생들, 즉 판사, 검사, 변호사, 배심원, 과벌점자, 서기 등을 대상으로 하여 학생자치법정에 참여 하기 전과 후의 의식비교를 실시하였다. 조사대상 학교를 학생자치법정의 시범학교로 운영되고 있는 학교 중 의정부시 광동고등학교와 고양 행신고등학교로 한정한 이유는 광동고와 행신고 이외의 학교들은 자치법정의 운영형태가 다소 상이하여 연구에 포함시키기에 한계가 있었기 때문이다.

예를 들면 이우고등학교는 판례를 축적하는 형태로 학생자치법정을 운영하였고 대안학교라는 학교특성상 학교의 기본 운영형태가 상이하였다. 전주 상산고등학교와 제천 고등학교 또한 자치법정의 운영형태가 학교별로 상이하였고 각기의 특색이 있는 바 조사대상으로 하는데 어려움이 있었다. 의정부광동고등학교와 행신고등학교는 모두 상벌점제에 근거한 학생자치법정을 운영하고 있는 경우이며 자치법정의 운영도 내실 있게 이루어져 연구의 대상으로 채택하였다.

의정부광동고등학교와 행신고등학교는 경기도 소재의 인문계 고등학교로 두 학교 모두 남녀 공학이다. 행신고등학교와 의정부광동고등학교의 자치법정에 참여하는 학생 모두를 연구 대상으로 하였다. 사전검사는 개별학생을 대상으로 학생자치법정에 처음으로 참여하기 직전에 실시하였고 사후검사는 학생자치법정이 모두 종료된 후에 자치법정 참여 학생을 대상으로 일괄 실시하였다. 사전검사의 경우 의정부광동고등학교에서 41명, 행신고등학교서 45명의 학생이 응하였고, 사후검사의 경우 의정부광동고등학교 29명, 행신고등학교 43명이 응하였다. 사후검사에서 자치법정에 참여했던 학생이 일부 불응하여 조사대상의 멸실이 있었다.

조사 연구 대상의 학교별, 역할별 인원은 다음과 같다.

〈표 21 조사 대상 학생들의 분포〉

역 할	사전검사		사후검사	
	광동고등학교	행신고등학교	광동고등학교	행신고등학교
검 사	8명	4명	4명	4명
변 호 사	5명	10명	2명	11명
판 사	0명	2명	1명	2명
배 심 원	8명	8명	8명	8명
과벌점자	18명	20명	14명	17명
기 타	2명	1명	0명	1명
합 계	41명	45명	29명	43명

두 번째 연구는 학생자치법정을 실제로 참여한 학생들의 반응을 확인하는 것이다. 학생자치법정에 실제로 참여한 학생들의 반응은 매우 중요하다. 학생자치법정의 긍정적 효과가 아무리 크더라도 이를 받아들이는 학생들이 학생자치법정에 대해 거부감을 느끼거나 참여하는데 어려움을 느낀다면 학생자치법정의 학교현장에 정착시키고 확대하는데 문제가 발생하기 때문이다. 학생자치법정을 연구하고 계획하여 한국적 상황에 맞는 형태로 정착시키고자 하는 본 연구의 목적을 극대화하기 위해서는 학생자치법정에 참여한 학생들의 반응에 귀기울여야한다. 뿐만 아니라 이번 학생자치법정이 시범단계로 처음 실시되었던 만큼 학생들의 반응을 살피고 이를 피드백하여 학생자치법정의 발전과 내실화에 적극 활용하여야 할 것이다.

학생들의 반응을 확인하는 방법으로 양적 방법과 질적 방법을 모두 채택하였다.

양적 분석 방법으로는 학생자치법정에 회부된 과벌점자 학생들이 자치법정을 어떻게 생각하는 지를 알아보기 위해 설문지를 제작하여 반응을 알아보았다. 행신고등학교의 경우 18명의 과벌점자 학생들이, 의정부광동고등학교의 경우 16명의 과벌점자 학생들이 응답하였다. 행신고등학교와 의정부광동고등학교의 과벌점자만을 대상으로 한 이유는 의정부광동고와 행신고 이외의 학교들은 자치법정의 운영형태가 다소 상이하여 연구에 포함시키기에 한계가 있었기 때문이며 연구의 수행과정에서 연구자가 의정부광동고등학교와 행신고등학교를 중심으로 자치법정을 실제 참관하고 모니터링 하였기 때문이다. 자치법정에 대한 학생들의 생각, 느낌이 시간이 지남에 따라 희미해질 것을 염려하여 설문은 각 학교에서 자치법정이 끝난 직후에 이루어졌다. 질적 분석 방법으로는 학생자치법정 참여 학생들의 소감문 분석을 실시하였다. 학생자치법정에 참여한 학생들에게 법정이 마무리되는 시점에 자치법정을 하면서 느낀 점과 아쉬웠던 점들을 자유롭게 작성하도록 하였다. 소감문을 통해 학생들이 자치법정을 어떻게 바라보고 있는지를 면밀히 살펴볼 수 있었다. 질적 자료의 분석은 연구대상이 가지는 가치, 감정, 의미들을 세세히 알아 볼 수 있고 양적 연구 결과를 보완한다는 데도 의의가 있다.

학생자치법정에 대한 과벌점자 학생들의 반응을 큰 범주별로 분석을 하였으며 범주별로 소감문 분석결과를 덧붙이는 방식으로 분석을 꾀하였다. 소감문에 대한 이해는 자치법정에 대한 설문에서 왜 그러한 결과가 나타났는지를 설명해줄 수 있는 통로가 될 것이다.

✴ 조사 도구의 개발 ✴

첫 번째 연구는 학생자치법정의 효과를 검증하기 위한 연구이다. 학생자치법정의 경험을 통해 학생들의 근대적 법의식이 증진되며, 규범에 대한 긍정적 태도, 규범 준수의지 및 교칙에 대한 신뢰감이 증대될 것이라는 가설 하에 설문문항을 개발하였다. 설문문항은 한국법교육센터 연구원 2인의 검토를 거쳐 연구자가 직접 제작하였다. 설문문항으로 경기도의 ㅌ고등학교의 학생들을 대상으로 예비조사를 실시하여 설문문항을 수정하여 설문지를 확정하였다. 사전검사도구와 사후검사도구의 설문문항은 동일하며 실제 설문시에는 설문문항의 번호를 무작위로 섞어 배열하였다.

‘근대적 법의식’은 박성혁(1992)의 연구에서 제시된 개념으로 법의식의 수준이 전근대적 단계와 근대적 단계로 구분된다는 것이다. 즉, 전근대적 단계에서 법은 지배자에 의해서 주어지는 강제적 성격이 강하고 자신의 의지와 무관할 뿐 아니라 합리적 이유 없이도 반드시 지켜야하는 초월적, 복종적 대상으로 인식되고 따라서 법의 처벌적 기능을 본질적인 기능으로 여기게 된다. 반면 ‘근대적 법의식’ 단계에 들어서게 되면 법은 개개인의 권리와 안전을 보장하기 위한 보호적 기능을 가지는 것이며 이를 위해 자신을 포함한 사람들의 동의를 통해 만들어진 계약적 성격을 지니며 따라서 경우에 따라 법에 비판을 가하거나 개폐하는 것이 가능하다고 생각하게 된다. 박성혁의 연구에 의하면 우리나라는 유교문화의 영향으로 청소년들이 전근대적 법의식 단계에 머물러 있는 경우가 많다고 한다. 따라서 학생자치법정을 통해 이러한 법의식에 어떤 변화가 있을지 확인하고자 한다. 근대적 법의식 수준을 측정하는 문항은 다음과 같이 구성되었다.

〈표 22 근대적 법의식 수준 관련 설문 문항〉

설 문 문 항	매우 그렇다	그렇다	보통 이다	아니다	매우 아니다
1. 교칙을 제정하는 것은 학생들의 안전을 보호하고 학생들의 권리를 보장하기 위함이다.	5점	4점	3점	2점	1점
2. 교칙을 제정하는 것은 학교가 학생들을 통제하고 잘못을 저지른 학생을 벌하기 위함이다.	1점	2점	3점	4점	5점
3. 우리가 정한 약속을 우리 스스로가 지켜야한다는 생각에서 교칙을 지킨다.	5점	4점	3점	2점	1점
4. 교칙은 학교 공동체의 필요에 의해 만든 약속이다.	5점	4점	3점	2점	1점

교칙에 대한 우호적 태도와 교칙 적용에 대한 신뢰도는 법의식의 정서적 차원을 구성하는 요소이다. 정서적 차원이란 대상에 대해 호/불호의 감정적 평가를 내리는 것을 말한다. 즉, 교칙에 대해 학생들이 얼마나 긍정적인 평가를 내리고 있는지 학생자치법정 시행 전후에 일어난 변화를 보려는 것이다. 이러한 정서적 차원의 법의식은 법지식보다 더 강하게 법의 준수에 영향을 주는 것으로 보고 되고 있다. 따라서 학생자치법정을 통해 학생들의 이러한 법에 대한 정서가 긍정적으로 변화했다면 교칙이 안정적인 질서로서 학교 내에서 작용하게 될 가능성도 높아진다고 볼 수 있다.

정서적 차원의 법의식을 측정하는 문항은 다음과 같이 구성되었다.

〈표 23 교칙에 대한 정서적 차원 관련 설문문항〉

설 문 문 항	매우 그렇다	그렇다	보통 이다	아니다	매우 아니다
<교칙에 대한 우호적 태도>					
9. 교칙을 지키는 것은 불편하고 피곤하다.	1점	2점	3점	4점	5점
10. 교칙은 딱딱하고 어렵다.	1점	2점	3점	4점	5점
11. 교칙을 지키는 것은 가치 있는 행위이다.	5점	4점	3점	2점	1점
12. 학교에서 교칙보다는 권력과 힘이 더 우선시 되는 것 같다.	1점	2점	3점	4점	5점
<교칙 적용에 대한 신뢰도>					
13. 교칙이 모든 학생들에게 공평하게 적용된다.	5점	4점	3점	2점	1점
14. 교칙에 의해 벌을 받게 된 학생들은 유독 운이 나빴기 때문이다.	1점	2점	3점	4점	5점
15. 교칙에 의해 벌을 받게 된 학생들은 그에 상응하는 잘못을 했기 때문이다.	5점	4점	3점	2점	1점
16. 모범생들은 교칙을 어겨도 처벌되지 않는 것 같다.	1점	2점	3점	4점	5점

교칙준수의지와 참여의식은 법의식의 행동적 차원에 해당하는 요소들이다. 법의식의 행동적 차원은 실제로 그렇게 행동이 바뀌었다는 의미가 아니라 그런 행동을 하려는 의지를 갖게 되었다는 것을 의미한다. 특히 법의식의 인지적, 정서적 차원이 종합되어 나타나는 행동적 차원은 쉽게 바뀌지 않으며 일단 바뀌었을 경우 행동의 변화로 이어질 가능성도 높다는 점에서 학생자치법정의 효과를 최종적으로 판단해볼 수 있는 요소라고 할 수 있다.

교칙준수의지와 참여의식에 관한 설문지는 다음과 같은 문항으로 구성되었다.

〈표 24 교칙에 대한 행동적 차원 관련 설문문항〉

설 문 문 항	매우 그렇다	그렇다	보통 이다	아니다	매우 아니다
<교칙준수의지>					
5. 재미를 위해 교칙을 어겨서 벌을 받아도 괜찮다.	1점	2점	3점	4점	5점
6. 학교 구성원으로서 교칙을 지켜야 한다고 생각한다.	5점	4점	3점	2점	1점
7. 나는 교칙을 어기는 큰 말썽을 피우지 않을 것 이다.	5점	4점	3점	2점	1점
8. 학창시절에 교칙을 어기는 것쯤은 별일이 아니다.	1점	2점	3점	4점	5점

설 문 문 항	매우 그렇다	그렇다	보통 이다	아니다	매우 아니다
<참여의식>					
17. 학교에는 내가 참여할 수 있는 일들이 많다.	5점	4점	3점	2점	1점
18. 나는 학급 및 학교운영에서 중요한 일을 할 수 있다.	5점	4점	3점	2점	1점
19. 학교에 내가 참여할 일이 있다면 나는 흔쾌히 그것에 임할 것이다.	5점	4점	3점	2점	1점
20. 나는 학교에서 하는 행사활동에 적극적으로 임 하는 편이다.	5점	4점	3점	2점	1점

마지막으로 '사회적 결속력'은 청소년 비행의 원인론에서 가장 영향력 있는 이론 중 하나인 허쉬의 '사회통제이론'과 관련된 요소이다. 허쉬는 청소년들이 비행을 저지르는 이유를 비행을 저지르지 못하도록 막는 통제요소가 결여되었기 때문으로 보았다. 그는 청소년들이 가정, 학교, 사회 등 기존의 제도나 사회구성요소들에 단단하게 결속(bond)되어 있다면 비행을 억제할 수 있으나 이러한 결속이 느슨하거나 허약하기 때문에 행위를 통제하지 못하고 비행이 발생하는 것으로 보았다. 학생자치법정은 학교의 운영에 학생들이 직접 참여하는 과정이기 때문에 학교 및 보다 큰 사회제도에의 결속력이 강화될 가능성이 있다. 만약 학생자치법정이 그러한 효과를 가지고 있다면 장기적으로 청소년 비행을 감소, 완화시키는 데도 일조할 수 있을 것으로 기대된다.

사회적 결속력과 관련된 문항을 다음과 같이 구성되었다.

〈표 25 사회적 결속력 관련 문항〉

설 문 문 항	매우 그렇다	그렇다	보통 이다	아니다	매우 아니다
<사회적 결속력>					
21. 나는 우리학교에 애착이 있다.	5점	4점	3점	2점	1점
22. 나는 우리학교가 자랑스럽다.	5점	4점	3점	2점	1점
23. 학교 선생님들은 나를 사랑하고 아껴주신다.	5점	4점	3점	2점	1점
24. 나는 학교 친구들과의 관계를 아주 중요하게 생 각한다.	5점	4점	3점	2점	1점

두 번째 연구는 학생자치법정을 실제로 참여한 학생들의 반응을 확인하는 것으

로 이는 두 가지 방식의 연구를 통해 수행되었다. 하나는 법정에 회부된 과벌점자에 대한 설문조사이고 둘째는 법정 참여 학생 모두를 대상으로 이들이 작성한 소감문 분석이다.

　과벌점자에 대한 설문조사를 위해 설문문항을 개발하였는데 이는 한국법교육 센터 연구원 2인의 검토를 거쳐 연구자가 직접 제작하였다. 학생자치법정에 회부된 과벌점자 학생을 대상으로 개발된 설문문항이라 유사한 집단을 대상으로 예비조사를 실시하는 것이 불가능하였다. 하지만 설문대상학생들의 연령 및 기타 특성이 유사하다고 판단되는 경기도의 ㅌ고등학교의 학생들을 대상으로 하여 설문문항에 대한 이해도를 확인하는 절차를 거쳐 설문지를 확정하였다.

　설문문항은 다음과 같다.

〈표 26 과벌점자 대상 설문문항〉

설 문 문 항	매우 그렇다	그렇다	보통 이다	아니다	매우 아니다
1. 학생자치법정에서 나는 나의 권리가 충분히 보장 받고 있다고 생각하였다.	①	②	③	④	⑤
2. 학생자치법정에서 나는 공정한 대우를 받았다.	①	②	③	④	⑤
3. 학생자치법정에서 사람들은 나의 말에 귀 기울여 줬다.	①	②	③	④	⑤
4. 학생자치법정에서 나의 의견을 말할 기회가 충분히 주어졌다.	①	②	③	④	⑤
5. 학생자치법정에서 학교 친구들이 활동하는 것에 대해 문제가 없다고 생각한다.	①	②	③	④	⑤
6. 학생자치법정에서 활동하는 친구들이 나를 비웃었다.	①	②	③	④	⑤
7. 친구들한테 재판을 받아서 창피하고 기분이 나빴다.	①	②	③	④	⑤
8. 학생자치법정보다 그냥 학교징계위원회에서 처벌받는 편이 낫다	①	②	③	④	⑤
9. 학생자치법정이 진지하게 진행되었다.	①	②	③	④	⑤
10. 학생자치법정을 진행하는 것은 어렵지 않다.	①	②	③	④	⑤
11. 학생자치법정은 시간낭비이다.	①	②	③	④	⑤
12. 학생자치법정이 생각보다 흥미로웠다.	①	②	③	④	⑤
13. 학생자치법정을 처음 하는 것이라 낯설었다.	①	②	③	④	⑤

설 문 문 항	매우 그렇다	그렇다	보통 이다	아니다	매우 아니다
14. 학생자치법정을 통해 나의 잘못에 대해 진지하 게 생각하게 되었다.	①	②	③	④	⑤
15. 학생자치법정의 경험을 통해 나는 더 좋은 사람 이될 것 같다	①	②	③	④	⑤
16. 학생자치법정이 청소년들에게 좋은 경험이 된다 고 생각한다.	①	②	③	④	⑤
17. 학생자치법정이 정착된다면 교칙을 어긴 학생에 대한 징계방식으로 효과가 있을 것이다.	①	②	③	④	⑤
18. 학생자치법정을 통해 규칙과 법에 대해 친근하 게 느끼게 되었다.	①	②	③	④	⑤
19. 학생자치법정에 참여한 뒤 학교 교칙을 더욱 잘 지켜야겠다고 생각하게 되었다.	①	②	③	④	⑤
20. 학생자치법정에 참여하고 나서 학교 교칙을 더 욱 신뢰하게 되었다.	①	②	③	④	⑤

2　학생자치법정의 교육적 효과

　　본 연구는 실험처치에 따른 동일집단에 대한 사전, 사후 검사 결과의 비교이다. 학생자치법정에의 참여라는 처치를 통해 교칙에 대한 인식이 어떻게 변화하였으며 참여의식 및 사회적 결속력이 증가하였는가를 알아보기 위해 대응 표본 T검정을 실시하였다. 대응 표본 T검정(paired T-test)은 일명 짝짓기 검정이라고 불리는 것으로 종속표본인 두 집단 간의 평균의 차이를 분석하고자 하는 경우에 이용되는 방법이다. 즉, 동일 집단을 반복 검사하여 두 점수간의 차이를 분석하는 것이다. 본 연구에서는 자치법정에서의 수행한 역할별로 군을 나누어 군별 평균점수를 산출하여 군별로 사전검사결과와 사후검사결과를 대응하여 T검정을 실시하였다. 자치법정의 역할군은 판사, 변호사, 검사, 과벌점자, 배심원으로 나누어 분석을 실시하였다. 설문은 총 24문항으로 문항에서 측정하고자 하는 바에 따라 6개의 군으로 나뉘며 1개의 군은 각각

4문항으로 구성된다. 통계분석은 자치법정에서 수행한 역할군의 해당 설문문항의 평균값을 각각 대응하여 T검증을 실시하였다. 이상의 통계처리는 SPSS(version 12.0 한글판)을 사용하였으며 대응 T-검정의 결과는 다음과 같다.

✳ 교칙에 대한 긍정적 인식의 향상 ✳

법의식의 유형은 크게 나누어 전근대적 법의식과 근대적 법의식으로 구분하여 볼 수 있다. 전근대적 법의식은 법을 신, 하늘 등의 절대적인 존재가 부여한 인간이 반드시 지켜야 하는 절대적인 것으로 이해하며 이를 어길 경우에는 징벌과 형벌이 부과되는 것으로 이해한다. 그래서 전근대적 법의식을 신적, 초월적 법률관, 징벌적, 형벌적 법률관이라 일컬어진다. 이와는 달리 근대적 법의식은 법을 인간에 의해 만들어진 일종의 계약으로서 수정 가능한 것으로 파악한다. 법을 일종의 사회계약으로 인식하며 공동체에서 분쟁이 발생하는 경우에 법을 통해 이를 적절히 해결함으로써 사회를 구성하는 개인들의 행복을 증진하고 사회전체의 이익을 증대할 수 있다고 보는 것이다.

법이란 인간의 행복의 증진, 사회적 분쟁의 해결 등을 위해 인간이 만든 것으로 이해한다는 측면에서 근대적 법의식은 도구주의적 법률관의 특징을 가진다.

학생자치법정에의 참여는 학생들에게 교칙이라는 규범을 수동적으로 적용받는 경험이라기보다는 사실관계를 확인하고 관련 규범으로서 교칙을 확인하고 이를 적용하는 적극적인 경험이다. 이러한 경험은 학생들이 전근대적 법의식보다는 근대적 법의식을 형성하는데 영향을 미칠 것이라는 가설아래 연구를 진행하였다. 교칙에 대한 전근대적 법의식이란 교칙을 학생에게 주어진 절대적인 규범으로서 학생이기 때문에 반드시 지켜야 한다는 인식으로서 교칙을 준수하는 이유도 규범을 어길 경우에 뒤따르는 징벌, 형벌이 무서워서 지키는 수동적인 태도를 수반하는 경우를 말한다. 이에 비해 교칙에 대한 근대적 법의식이란 교칙이란 학교라는 공동체의 유지를 위해 공동체의 구성원들이 만든 도구적인 것이며 이는 사회적 필요에 의해 수정될 수 있다는 태도를 기반으로 한다. 또한 법을 두려운 것으로 이해하기

보다는 우리의 삶을 도우주고 분쟁을 해결해주는 것으로 긍정적으로 인식하는 태도를 보인다. 이 연구에서는 이러한 근대적 법의식을 교칙에 대한 긍정적 인식으로 보아 그 변화를 측정하고자 했다.

학생자치법정에의 참여경험이 학생들에게 교칙이라는 규범에 대해 근대적인 법의식을 갖는데 도움이 될 것이라는 연구가설에 근거하여 설문문항을 구성하였다. 이를 대응 T검정을 통해 사전검사와 사후검사의 결과의 평균을 비교한 결과는 다음과 같다.

<표 27 교칙에 대한 긍정적 인식 수준의 변화>

항 목	평 균(표준편차)		t	유의확률
	사 전	사 후		
근대적 법의식	3.09(0.71)	3.44(0.80)	-2.729	..013[*]

*: p < .05, **: p < .01, ***: p < .001 (N =실험: 20, 통제: 20)

대응 표본 통계량을 보면 교칙에 대한 긍정적 인식정도를 점수화한 결과 사전검사와 사후검사의 평균이 0.346 증가한 것으로 나타났다. 95%의 신뢰구간에서 원가설을 기각하고 연구가설을 채택하기 위해서는 유의확률이 0.05이하여야 한다. 대응 T-검증을 실시한 결과 95%신뢰구간에서 유의확률이 0.013이므로 원가설을 기각하고 '교칙에 대한 긍정적 인식에 관한 사전검사와 사후검사결과의 평균에 통계적 차이가 있다'는 연구가설을 채택하게 된다. 따라서 학생자치법정에 참여한 학생들이 참여이전에 비해 교칙에 대해 보다 긍정적 인식을 갖게 되는 것으로 나타났다.

✴ 교 칙 준 수 의 식 의 향 상 ✴

학생자치법정의 경험을 통해 과연 학생들의 교칙 준수의지가 얼마만큼 증대될 것인가는 연구를 통해 확인하고자 하는 주요한 효과중의 하나이다. 학생자치법정의 경험이 이러한 긍정적 효과를 가진다면 학생자치법정의 교육적 가치가 증대되고 이를 확대 실시하는데 영향을 미칠 수 있기 때문이다.

학생자치법정에 참여하는 경험을 통해 학생들의 교칙 준수 의식이 향상될 것이라는 가설아래 설문문항을 개발하였다. 이를 대응 T검정을 통해 사전검사와 사후검사의 결과의 평균을 비교한 결과는 다음과 같다.

〈표 28 교칙 준수 의식의 변화〉

항 목	평 균(표준편차)		t	유의확률
	사 전	사 후		
교칙 준수 의식	3.91(0.44)	4.05(0.44)	−1.546	..139

*: p〈.05, **: p〈.01, ***: p〈.001 (N =실험: 20, 통제: 20)

대응 표본 통계량을 보면 교칙에 대한 근대적 인식정도를 점수화한 결과 사후검사의 평균이 사전검사에 비해 0.1345 증가한 것으로 나타났다.

95%의 신뢰구간에서 원가설을 기각하고 연구가설을 채택하기 위해서는 유의확률이 0.05이하여야 한다. 대응 T−검증을 실시한 결과 95%신뢰구간에서 유의확률이 0.139이므로 원가설을 긍정하게 된다. 즉, '교칙준수의지에 관한 사전검사와 사후검사결과의 평균에 통계적 차이가 있다'는 연구가설은 기각되는 것이다. 사후검사의 평균이 사전검사에 비해 0.1345 증가하였으나 95%의 신뢰구간에서 이를 통계적으로 유의미한 증가로 보기는 어렵다.

교칙에 대한 준수의지에서 통계적인 유의미한 증가가 나타나지 않은 이유를 생각해보면, 교칙 준수의지는 행동적 차원과 관련된 법의식의 부분으로 인지적, 정서적 차원의 것에 비해 그 변화속도 가 느리고 변화의 폭이 작기 때문일 것이다. 인지적 차원에서 교칙에 대해 잘 알게 되고 정서적으로 교칙에 대해 긍정적으로 생각하게 되더라도 이를 행동적 차원으로 실현하려는 준수의지 및 법적 효능감의 증대는 상대적으로 더디게 변화되는 것으로 이해할 수 있다.

또한 연구의 기술적인 측면에서 설문응답이 5척도로 구성되고 이를 1점에서부터 5점으로 점수를 부여한 바 사전검사와 사후검사의 응답치 간에서 큰 차이를 보이기가 어려웠을 수 있다. 만약 연구에서 척도를 더 세분화하여 7척도, 9척도를 사용하여 응답자가 반응할 수 있는 구간을 더욱 세분하였다면 응답치 간의 변화가 더욱 크게 나타날 수 있었을 것이다.

✳ 교칙에 대한 우호적 태도의 증진 ✳

학생자치법정의 경험은 학생들이 정서적인 차원에서 교칙에 대해 긍정적으로 생각하고 우호적인 태도를 형성할 수 있도록 도움을 줄 것이라는 가설아래 설문을 개발하였다. 이를 대응 T검정을 통해 사전검사와 사후검사의 결과의 평균을 비교한 결과는 다음과 같다.

〈표 29 교칙에 대한 우호적 태도의 변화〉

항 목	평 균(표준편차)		t	유의확률
	사 전	사 후		
교칙에 대한 우호적 태도	3.03(0.53)	3.31(0.50)	-2.617	..017*

*: p〈.05, **: p〈.01, ***: p〈.001 (N =실험: 20, 통제: 20)

대응 표본 통계량을 보면 교칙에 대한 교칙에 대한 우호적 태도를 점수화한 결과 사후검사의 평균이 사전검사에 비해 0.2785 증가한 것으로 나타났다.

95%의 신뢰구간에서 원가설을 기각하고 연구가설을 채택하기 위해서는 유의확률이 0.05이하여야 한다. 대응 T - 검증을 실시한 결과 95%신뢰구간에서 유의확률이 0.017이므로 원가설을 기각하고 '교칙에 대한 우호적 태도에 관한 사전검사와 사후검사결과의 평균에 통계적 차이가 있다'는 연구가설을 채택하게 된다. 연구결과, 학생자치법정에 참여한 학생들이 참여이전에 비해 교칙에 대해 우호적인 태도를 갖게 되는 것으로 확인되었다.

정서적 차원에서의 교칙에 대한 긍정적, 우호적 태도는 법의식을 형성하는데 중요한 항목이다. 교칙에 대해 정서적으로 긍정적 태도를 형성할 때 행동적 차원에서의 법적 효능감 및 준법 의식 등이 안정적으로 유지될 수 있기 때문이다. 교칙에 대해 부정적으로 생각하면서도 교칙을 준수할 수 는 있지만 이 경우 법의식은 상대적으로 불안정한 측면을 보일 수 있다. 교칙에 대해 우호적인 태도를 가질 경우에는 교칙준수에서도 자발적인 모습을 보이므로 행동의 일관성이 증대될 수 있기 때문이다. 규범에 대해 긍정적인 정서보다는 부정적인 정서를 가지고 있을 경우 외적 강제나 교칙준수를 통해 얻게 되는 이점이 사라질 경우 규범을 지킬 가능성이 줄어들 것이라 예상 할 수 있다.

✻ 교칙 적용에 대한 신뢰도의 증진 ✻

학생자치법정은 일정한 기준에 충족할 경우 법정에 회부되는 방식으로 교사에 의한 직권 상정이 아니기 때문에 학생들의 예측이 가능하며 보다 객관적인 방식으로 처벌 및 징계를 할 수 있다는 장점이 있다. 학생자치법정에서 교칙의 적용이 임의적이지 않고 학생들이 위반한 사안에 따라 일정한 수준의 처벌이 일관되게 이루어진다면 학생들은 교칙의 적용과 이에 따른 징계가 공정하다는 생각을 가지게 될 것이며 이는 교칙에 대한 신뢰도 증대로 이어질 것이다. 학생자치법정의 경험을 통해 처벌이 임의적으로 내려지지 않고 처벌의 수준에 대해서도 배심원들이 심사숙고하여 합리적인 수준에서 결정하며 이러한 것들이 모두 교칙에 따른 것이라는 것을 배우게 된다.

학생자치법정의 경험이 학생들의 교칙에 대한 신뢰도에 긍정적인 영향을 미칠 것이라는 가설 아래 설문문항을 개발하였다. 이를 대응 T검정을 통해 사전검사와 사후검사의 결과의 평균을 비교한 결과는 다음과 같다.

〈표 30 교칙 적용에 대한 신뢰도의 변화〉

항 목	평 균(표준편차)		t	유의확률
	사 전	사 후		
교칙 적용에 대한 신뢰도	3.33(0.55)	3.63(0.46)	−2.827	..011*

*: p < .05, **: p < .01, ***: p < .001 (N =실험: 20, 통제: 20)

대응 표본 통계량을 보면 교칙에 대한 근대적 인식정도를 점수화한 결과 사후검사의 평균이 사전검사에 비해 0.303 증가한 것으로 나타났다.

95%의 신뢰구간에서 원가설을 기각하고 연구가설을 채택하기 위해서는 유의확

률이 0.05이하여야 한다. 대응 T-검증을 실시한 결과 95%신뢰구간에서 유의확률이 0.011이므로 원가설을 기각하고 '교칙적용에 대한 신뢰도에 관한 사전검사와 사후검사결과의 평균에 통계적 차이가 있다'는 연구가설을 채택하게 된다. 연구결과, 학생자치법정에 참여한 학생들이 참여이전에 비해 교칙 적용에 대한 신뢰도가 증대되는 것으로 확인되었다.

✷ 참여의식의 증대 ✷

학생자치법정은 학교 공동체를 구성하는 학생들이 공동체의 일에 직접 참여하는 참여의 기회를 증대시킨다는 장점을 가진다. 자신이 맡은 역할을 학생자치법정 내에서 직접 수행하면서 동료와의 상호작용이 증대되고 내가 속한 공동체에서 자신이 의미 있는 역할을 수행할 수 있다는 자신감을 가지게 되며 이는 향후 공동체에서의 참여를 증대시킬 것이다. 참여의 의의와 가치에 대한 많은 논의들이 있다. 참여는 원자화되고 고립된 개인이 아니라 공동체 속에서 유대를 꾀하는 사회적 개인으로 변화하는데 중요한 끈이 된다.

학생자치법정의 경험이 학생들의 참여의식을 증대시킬 것이라는 가설 아래 설문 문항을 개발하였다. 학교에서의 참여의 정도 및 향후 참여의지를 측정하였으며 이를 대응 T검정을 통해 사전검사와 사후검사의 결과의 평균을 비교한 결과는 다음과 같다.

〈표 31 참여의식의 변화〉

항 목	평 균(표준편차)		t	유의확률
	사 전	사 후		
참여 의식	3.56(0.42)	3.82(0.63)	-2.071	..052

*: p〈.05, **: p〈.01, ***: p〈.001 (N =실험: 20, 통제: 20)

대응 표본 통계량을 보면 교칙에 대한 근대적 인식정도를 점수화한 결과 사후검사의 평균이 사전검사에 비해 0.303 증가한 것으로 나타났다.

95%의 신뢰구간에서 원가설을 기각하고 연구가설을 채택하기 위해서는 유의확률이 0.05이하여야 한다. 대응 T-검증을 실시한 결과 95%신뢰구간에서 유의확률이 0.052이므로 원가설을 긍정하게 된다. 즉, '참여의식에 관한 사전검사와 사후검사결과의 평균에 통계적 차이가 있다'는 연구가설은 기각되는 것이다. 사후검사의 평균이 사전검사에 비해 0.303 증가하였으나 95%의 신뢰구간에서 이를 통계적으로 유의미한 증가로 보기는 어렵다는 것이 연구의 결과이다.

본 연구에서 유의확률이 0.052로 조사되었는데 95%신뢰수준에서는 연구가설을 기각하여야 하지만 90%의 신뢰수준에서는 연구가설을 채택할 수 있다. 90%의 신뢰구간에서 참여의식에 관한 사전검사와 사후검사결과의 평균에 통계적으로 유의미한 차이가 있음으로 확인되었다. 학생차지법정에의 참여가 학생들의 참여의식에 어느 정도 긍정적인 영향을 미침을 확인할 수 있다.

✳ 사회적 결속력의 강화 ✳

학교현장에서 습관적으로 교칙을 어기고 일탈행위를 하는 학생들의 많은 경우 학교와 선생님에 대한 애착이 없고 긍정적인 유대가 결여되어 있는 것을 보게 된다. 사회적 결속력이 약화될 경우 일탈이 많이 발생할 수 있으며 이러한 경우의 일탈이 반복적인 유형으로 형성되는 경우가 많다. 학생자치법정의 경험은 학생들에게 학교에 대한 결속을 강화시킬 수 있다. 학생자치법정 내에서 동료들 간의 상호작용이 활발하게 이루어지므로 또래친구에 대한 결속이 강화될 수 있으며 자치법정을 준비하는 과정에서 교사들이 도움을 주고 참여하게 되는데 이 과정에서 교사에 대한 유대감도 강화될 수 있다. 학생자치법정에 회부된 과벌점 학생의 경우 법정에서 자신의 사정에 대해 말할 수 있는 발언기회가 부여되고 이를 친구들과 선생님이 귀 기울여 들어주는 과정에서 사회적 결속력이 증대될 수 있다.

학생자치법정에 경험은 학교에 대한 결속력을 증대할 것이며 이는 규칙에 대한 준수에도 긍정적인 영향을 미칠 것이라는 가설아래 설문을 구성하였다. 학교, 교사, 또래친구들에 대한 결속정도를 측정하였으며 이를 대응 T검정을 통해 사전검사와 사후검사의 결과의 평균을 비교한 결과는 다음과 같다.

〈표 32 사회적 결속력의 변화〉

항 목	평 균(표준편차)		t	유의확률
	사 전	사 후		
사회적 결속력	3.78(0.56)	4.07(0.61)	−2.147	..045[*]

*: p〈.05, **: p〈.01, ***: p〈.001 (N =실험: 20, 통제: 20)

대응 표본 통계량을 보면 교칙에 대한 근대적 인식정도를 점수화한 결과 사후검사의 평균이 사전검사에 비해 0.292 증가한 것으로 나타났다.

95%의 신뢰구간에서 원가설을 기각하고 연구가설을 채택하기 위해서는 유의확률이 0.05이하여야 한다. 대응 T-검증을 실시한 결과 95%신뢰구간에서 유의확률이 0.045이므로 원가설을 기각하고 '사회적 결속력에 관한 사전검사와 사후검사결과의 평균에 통계적 차이가 있다'는 연구가설을 채택하게 된다.

연구결과, 학생자치법정에 참여한 학생들이 참여이전에 비해 사회적 결속력이 통계적으로 유의미한 수준에서 증대되는 것으로 확인되었다.

3 학생자치법정에 대한 학생들의 반응

✷ 학생자치법정에 회부된 과벌점자의 권리보호에 대한 의견 ✷

학생자치법정은 공동의 규칙을 위반한 학생에 대해 제재를 가하여 규칙을 준수하도록 유도하려는 목적이 있다. 하지만 학생자치법정이 기존의 학교징계절차와 다른 가장 큰 측면은 학생들이 직접 참여하여 교칙이라는 공동의 규범에 대해 고민하고 적용해보는 경험을 가진다는 것이다. 뿐 만 아니라 법정에 회부되는 학생의 경우, 수동적, 피동적으로 교칙에 적용을 받기보다는 법정에 출두하여 자신의 상황에 대해 소명하고 사실관계를 밝힐 기회를 부여받는 장점이 있다. 그러나 학생자치법정을 준비하면서 우려되었던 점이 있었다. 학생자치법정에 회부된 과벌점자 학생들이 재판과정에서 너무 큰 수치심을 느끼거나 학생으로서의 인권이 침해되어서는 안 되기 때문이었다.

이러한 학생자치법정의 의의를 살리기 위하여 시범학교에서 학생자치법정을 시행하는 과정에서 법정에 회부된 학생의 권리보호를 꾀하도록 하였다. 학생자치법정 매뉴얼을 개발하고 이를 시범학교에 보급하는 과정에 각급 학교의 교사와 학생들에게 학생자치법정의 취지를 올바르게 설명하기 위해 노력하였다. 행신고의 경우에는 학생자치법정을 시작하기 전에 판사의 역할을 맡은 교사가 학생자치법정의 의의를 학생들에게 주지시켜 학생자치법정에 대한 오해가 없도록 충분한 설명을 하였다. 그리고 법정에 회부된 벌점부과 학생들이 발언권을 행사하도록 독려하였다. 뿐만 아니라 묵비권의 행사 등 헌법에 명시되어 있는 피고인의 권리를 일부 발췌하여 자치법정 시작 전 교사판사가 낭독하였다. 이러한 장치들을 통해 학생자치법정에서 과벌점자 학생의 권리보호를 꾀하고자 하였다.

자치법정에 참여한 학생들을 과벌점자의 권리보호와 관련하여 어떠한 반응을 보였는지 살펴보자.

1) 과벌점자를 대상으로 한 설문 결과

학생자치법정에 회부된 과벌점자 학생들이 법정에서 자신들의 권리가 얼마나 보호되었는지에 대한 설문문항에 다음과 같이 응답하였다.

① 자치법정에서 나는 나의 권리가 충분히 보장받고 있다고 생각하였다.

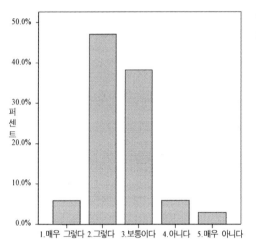

〈그림 7
자치법정에서의 권리보장〉

자신의 권리가 제대로 보장받지 못하였다고 부정적으로 응답한 비율은 8.8%에 불과한 것으로 나타났다. 학생들의 권리보장을 더욱 꾀하기 위해서는 법정 회부학생들에게 법정에서 가지는 자신들의 권리를 사전에 충분히 고지하여야 한다. 그리고 학생들이 자신의 권리를 행사할 수 있도록 학생자치법정이 지나치게 위압적인 분위기로 운영되어서는 안 될 것이다.

② 자치법정에서 나의 의견을 말할 기회가 충분히 주어졌다

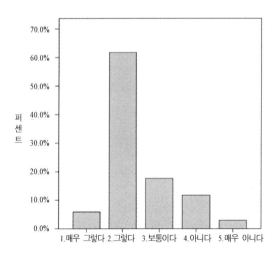

〈그림 8
자치법정에서의 발언기회
보장〉

　발언 기회가 부족하였다는 응답은 14.7%로 나타났다. '발언기회가 충분하였다'는 물음에 '보통이다'라고 응답한 비율(17.8%)까지 고려할 때 발언권을 확대하기 위한 노력이 필요하다. 학생자치법정 매뉴얼도 이를 고려하여 법정에 회부된 학생의 발언 기회를 확대하여 수정할 필요가 있다.

③ 자치법정에서 사람들은 나의 말에 귀기울여줬다.

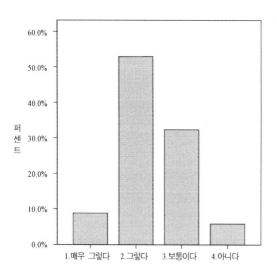

〈그림 9
의견 존중의 수준〉

　긍정적 응답이 과반수이상(61.7%)이다. 학생자치법정에서 피고학생의 발언기회를 확대하고 이를 귀 기울여 들어줄 때 학생들은 자치법정을 형식적인 것으로 생각하지 않고 사실관계를 해명하거나 자신의 억울함을 호소할 것이다. 이러한 심리적 진정성이 있을 때만이 자신의 잘못을 인정하고 반성하는 등의 자치법정의 교육적 효과가 증진될 것임을 기억해야 한다. ('매우 아니다'라는 응답이 한 명도 없었으므로 그래프에선 표시되지 않았음)

④ 자치법정에서 나는 공정한 대우를 받았다.

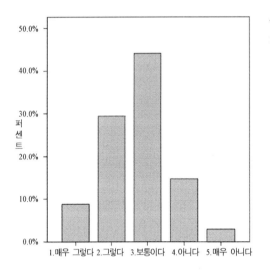

〈그림 10
처우의 공정성 인식〉

'학생자치법정에서 공정한 대우를 받았다'는 질문에 '매우 그렇다'와 '그렇다'의 합계비율이 38.2%로 집계되었다. 같은 범주의 질문에 해당하는 발언권 및 권리보장여부에 대한 질문에 비해 긍정적 응답률이 상대적으로 낮다. 이는 해당학교에서 시범학교로 선정되어 학생자치법정을 시범적으로 운영하는 과정에서 발생한 결과일 것이다. 의정부광동고의 경우 과벌점자 대상자 모두가 학생자치법정에 선 것이 아니라 일부 학생이 선별되어 학생자치법정에 섰다. 학생자치법정에 참관을 하던 중 법정에 회부된 학생이 '과벌점 대상자 중에 일부만이 법정에 서는 것이 공정하지 못하다'고 한 경우가 있었다. 학생자치법정이 일관성을 가지고 지속적으로 시행될 때 자치법정의 공정성에 대한 신뢰도 높아질 것이라 생각된다.

2) 법정 참여 학생 소감문 분석

검사의 유도심문이 너무 날카로워서 과벌점자가 인신공격을 당하는 듯한 느낌이 있었던 것 같다. 아무리 과벌점자가 많은 잘못을 했어도 인신공격은 줄었으면 한다.

-의정부광동고 홍OO(배심원) -

처음에 법정에 출두해야 한다는 통보소식을 접한 후 기분이 나쁘고 불쾌했습니다. 매일 저를 찾아오는 변호사 학생도 귀찮았고 일주일에 시간을 낭비해야 하는 것에 대해서도 기분이 좋지 않았습니다. <중 략> 검사는 저에게 기분 나쁜 말로 심문을 하였습니다. 그때 당시에는 굉장히 기분이 나빴지만, 지금 돌이켜 생각해보면 저의 잘못을 낱낱이 말한 것뿐이었던 것 같습니다. <중 략> ,저는 정성스레 작성한 최종발언을 발표했습니다. '두발규정을 좀 적당히 완화시켜달라고……' 하지만 제 발언은 그냥 묻히게 되었습니다. 그러면서 도대체 왜 최종발언을 하라고 하는지 모르겠습니다. <중 략> 학교 측에서는 최종발언에 좀 더 귀를 기울여 건의사항이 있으면 좀 반영해주고 그랬으면 좋겠습니다. 비록 부족한 점이 보였지만 좀 더 보완하고 수정하면 피고측도 잘못을 뉘우치고 변화하는 법정이 될 것 같습니다.

- 의정부광동고 정○○(과벌점자) -

법정에 회부된 과벌점자에게 자신의 권리에 대해 설명하고 고지하는 등의 과정을 통해 과벌점자의 발언을 독려하고 권리의식을 증진시키려는 노력을 하였음에도 불구하고 법정이 진행되는 과정에서 과벌점자들은 심리적 위축을 어느 정도 경험하게 된다. 이를 완전히 제거할 수는 없지만 자치법정의 경험을 긍정적인 경험으로 인식하고 자기발전의 계기로 삼기 위해서는 법정을 진행하는 과정에서 좀 더 과벌점자에 대한 배려와 이해가 필요할 것으로 생각된다.

소감문에서 발췌한 글을 통해 이번 법정에서 과벌점자의 권리보호와 관련하여 부족한 점들을 이해할 수 있었다. 이러한 문제를 해결하기 위해서는 법정에서 검사의 심문과정에서 과벌점자에 대한 인식공격이나 지나치게 사생활을 들추는 이야기가 나왔을 경우에 판사가 이에 대해 주의를 주거나 변호사측에서 즉시 이의신청을 할 수 있도록 하는 방안을 고안할 수 있다. 두 번째 소감문에서는 자신이 발언을 할 기회는 있었으나 이것이 법정에서 충분히 반영되지 않아 아쉬웠다는 의견이 있었다. 이 학생의 경우에는 자치법정을 규칙자체에 대해 논의하고 개정할 수 있는 것으로 이해한 것으로 생각된다. 자치법정의 의미에 대한 충분한 사전설명을 하였다면 이러한 오해는 줄일 수 있다. 여기서 우리가 주목할 것이 있다. 공동체의 규칙을 이해하고 적용하는 자치법정의 경험과 더불어서 규칙자체에 대해 고민하고 문제가 있을 시에는 공동체 구성원의 의견이 개진되고 반영될 수 있는 방안을 마련할 때에 학생들이 규칙에 대한 태도 및 법의식을 증진되는 효과를 크게 얻을 수 있다는 것이다. 법의 제정과 적용 및 시행은 어느 하나로 떼어서 설명할 수 없이 깊이 연관된 것들이다. 법의식의 증진이라는 법교육의 목표를 생각해 볼 때 학교 공동체에서 학생들이 공동체의 규칙에 대해 논의할 수 있는 장을 마련하는 것이 필요하다. 이것이 학생들의 자치능력의 신장 및 민주 시민을 기르려는 우리 교육의 목표에도 합당하다고 생각한다.

✳ 학생자치법정에 또래 친구의 참여에 대한 의견 ✳

　학생자치법정의 가장 큰 특징은 교칙위반 사항에 대해 교사 혹은 학교 관계자들이 처벌을 결정하는 것이 아니라 학생들이 참여하여 해당 사실관계를 확인하고 교칙을 적용하는 과정에 있다. 미국의 청소년 법정(youth court)과 관련한 연구에서 청소년 법정이 범죄억제의 효과가 있는 이유 중의 하나로 동료효과(peer effect)를 들고 있다. 또래 친구들이 재판에 참여하기 때문에 오히려 더 억제효과가 있다는 것이다. 청소년들의 심리적 특성상 또래 친구들에게 심리적 애착이 강하기 때문이라 생각해 볼 수 있다. 그러나 이는 반대로 다른 문제를 야기할 우려가 있다. 또래에 애착이 강한 청소년 시기에 또래 친구들에게 재판을 받는 것에 대해 거부감을 갖거나 심리적으로 위축될 수 있기 때문이다. 이와 관련하여 자치법정에 회부된 학생들에게 또래 친구들의 법정 참여에 대한 의견을 조사하였다.

1) 과벌점자를 대상으로 한 설문 결과

① 자치법정에서 학교 친구들이 활동하는 것에 대해 문제가 없다고 생각한다.

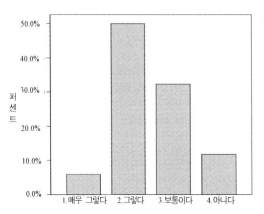

〈그림 11
학생참여재판에 대한
거부감〉

응답자 중 11.8%가 학생자치법정에서 학교 친구들이 활동하는 것에 대해 문제를 제기하였다. 친구들이 재판에 참여하는 데 대한 거부감이 심하지는 않았다. 실제로 학생자치법정에서 재판을 받게 되는 사항이 중한 범죄에 해당하지 않고 학교에서 발생하는 크고 작은 교칙위반 사항이라는 것을 고려해 볼 때 또래 집단에 의한 낙인문제 및 재판을 받는 학생의 심리적 위축문제는 크게 염려할 것은 아니라고 생각된다. ('매우 아니다'라는 응답이 한명도 없었으므로 그래프에 표시되지 않았음)

② 친구들한테 재판을 받아서 창피하고 기분이 나빴다.

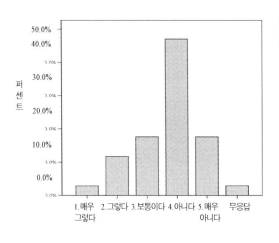

〈그림 12
재판받는 학생의 수치심〉

기분이 나쁘지 않았다는 응답이 64.7%로 과반수이상이었다. 학생자치법정의 실제 적용에 있어서 가장 문제가 되는 부분이 재판 받는 학생들의 수치심과 이로 인한 학생들 사이의 거리감이 생길 우려라는 점을 고려해보면 우려와 달리 세심하게 운영되는 학생자치법정은 학생들의 인권을 침해하거나 수치심을 주지 않고 오히려 자신의 주장을 펼칠 기회를 제공할 수 있다는 가능성을 보여주는 결과이다. 다만 재판 과정 자체가 지나치게 재미위주로 흐르거나 학생들이 재판자체를 가볍게 생각하지 않도록 분위기를 유지하는데 신경을 써야할 것이다.

③ 자치법정에서 활동하는 친구들이 나를 비웃었다.

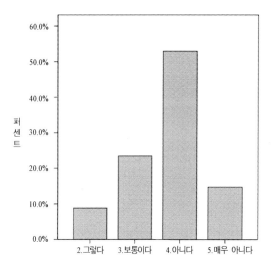

〈그림 13
재판 운영학생들과의 심리
적 관계〉

'법정에서 친구들이 나를 비웃었다'는 질문에 '아니다'와 '매우 아니다'의 비율의 합계가 67.6%로 과반수이상으로 나타났다. 이와 관련하여 우리가 유의해야 할 점이 있다. 학생자치법정은 자칫 판사, 검사, 변호사, 배심원으로 참여하는 학생들이 자치법정에 대해 잘못 이해하여 우월의식을 지닌다든지 법정회부학생을 자신들이 단죄한다는 식의 인식을 가질 경우 문제가 발생할 수 있다. 이를 예방하기 위해서는 법정에 참여하는 모든 학생들을 대상으로 사전 연수를 통해 학생자치법정의 의미를 제대로 이해할 수 있도록 사전에 많은 교육이 선행되어야 할 것이다. 다행히 시범실시 학교에서는 대부분의 학생들이 그런 문제점을 겪지 않은 것으로 나타나

학생자치법정의 의의에 대한 인식이 잘 자리 잡은 것으로 볼 수 있다.('매우 그렇
다'는 대답이 한 명도 없었으므로 그래프에 표시되지 않았음)

2) 법정 참여 학생 소감문 분석

법정 운영 초기 나 자신과 선생님들 그리고 법정에 참여하는 사람들이 우려했던
바는 같은 학생 신분 안에서 재판 받는 이와 재판 하는 이로 구분되어지고, 그것
이 계속해서 반복적으로 순환되고 악화되는 것은 아닐까 하는 것이었다. 그래서
처음에는 판사석에 앉아서도 과벌점자들을 대하기가 조금 껄끄러웠던 것도 사실이
고, 얼마 전까지도 그랬다.

> 하지만 최근 자치법정에서 재판을 거듭하면서 재판을 관전했던 청중이나 과벌
> 점자, 그리고 배심원으로 활동한 여러 명의 이야기가 알려져서 인지, 학생들 사이
> 에서도 법정을 인지하고 있는 정도나 존재감이 더욱 커지고 있다. 또한 앞에서 말
> 한 우려 역시 과벌점자로 재판에 왔던 학생이나 주변에 벌점이 많은 동급생들이
> 법정을 자기가 권리를 찾기 위한 곳으로 인식하면서 우려가 다소나마 해소되었다.
>
> - 행신고 2학년 안○○ (판사) -

> 같은 학생임에도 불구하고 저는 과벌점자라 하면 무조건 학교생활태도가 바
> 르지 못한 학생으로만 인식하고 있었습니다. 저는 오히려 지금까지 그들을 삐
> 뚤게만 바라본 제 자신이 부끄러웠습니다. 그리고 잘못을 크게 저지른 학생에
> 게는 큰 벌을, 작게 저지른 학생에게는 작은 벌을 줌으로써 법은 역시 공평하
> 다는 것도 다시 한번 느낄 수 있었습니다.
>
> - 행신고 2학년 이○○ (배심원) -

> 가끔 친한 친구를 조사해야 할 땐 많이 곤란하기도 했습니다. 또 가끔 조사
> 에 비협조적인 친구를 만나면 굉장히 난감하고 힘들었습니다. 재판이 진행되는

내내 과벌점자 친구에게 미안한 마음이 들어 재판이 끝나고 나면 과벌점 친구들에게 미안하다 말을 꼭 하곤 했습니다.

<중 략> 그리고 법정이 끝난 뒤에도 과벌점자 친구들의 행동에 주의를 갖게 되는 제 모습을 보면서 내가 검사라는 걸 항상 생각하고 있구나라는 생각을 했습니다.

-광동고 2학년 임OO(검사) -

또래 친구들에게 재판을 받는 과벌점자 학생들 뿐 아니라 판사, 검사, 배심원 등의 학생들도 자치법정을 처음 참여하는 과정에서 또래 친구를 재판한다는 데에 어느 정도 심리적인 어려움을 겪었던 것으로 이해된다. 하지만 이러한 심리적인 어려움은 자치법정을 실시하고 그 의미를 올바르게 이해하게 되면서 일부 해소되는 것으로 보인다.

첫 번째 소감문에서 보듯이 과벌점자가 학생자치법정을 자신의 권리를 찾기 위한 공간으로 이해하기 시작하면서 우려가 해소되었다고 한다. 더 나아가 두 번째 소감문에서처럼 자치법정을 통해 오히려 과벌점자들이 자신과 똑같은 동급학생이라고 이해하는 등 규칙위반학생에 대한 학생들의 포용이 증대되기도 하였다. 검사, 판사, 변호사, 배심원들 모두 공동체의 구성원으로서 때로는 규칙에 위반이 되는 경우가 발생할 수 있다는 것을 이해하게 되고 과벌점자 학생에게 열린 마음을 가질 수 있다. 세 번째 소감문에서 자치법정에 참여한 학생이 과벌점학생이 이후에 학교에서 규칙을 잘 지키고 있는지 신경을 쓰게 된다는 글을 발견할 수 있다. 이를 통해 또래 친구들이 법정에 참여하게 됨으로써 규칙위반에 대한 억제력이 증가된다는 동료효과(peer effect)가 어떤 기제를 통해 나타나는지를 엿볼 수 있다.

✸ 학생자치법정의 진행 관련 의견 ✸

이번 학생자치법정 프로젝트는 미국의 청소년 법정(youth court)을 모티브로 삼아 한국의 교육 현실에 적합한 형태로 고안하여 시범학교를 중심으로 법정을 운영한 것이다. 한국법교육센터의 연구원들에 의해 학생자치법정 매뉴얼이 개발되었고 시범학교 신청을 받아 각급 학교에서 자치법정이 처음으로 실시되었다. 매뉴얼을 개발하여 현실에 적용하는 과정에서 진행에 미흡한 점은 없었는지, 학생들이 자치법정을 진행하는 것을 어려워하는지 흥미로워 하는지 등을 중심으로 학생들의 반응을 살펴보았다.

1) 과벌점자를 대상으로 한 설문 결과

① 자치법정이 진지하게 진행되었다.

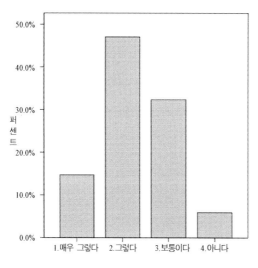

〈그림 14
진행과정의 진지성〉

학생자치법정이 진지하지 않게 진행되었다는 응답은 전체의 5.9%에 불과하였다. 학생자치법정이 일회성 행사로 진지하지 않게 인식될 경우에는 자치법정의 효과가 반감될 수 있기에 이에 유의해야 한다. ('매우 아니다'라는 답변이 한 명도 없었기 때문에 그래프에 표시되지 않았음)

② 자치법정 법정을 처음 하는 것이라 낯설었다.

예상대로 학생자치법정을 처음 접하는 학생들이 이를 많이 낯설어하는 것으로 나타났다. 이는 자치법정을 도입하는 과정에서 제도에 대한 낯설음에 기인한 것만 이 아니라 학생들이 전반적으로 사법시스템에 대한 선행지식이 부족하기 때문이 더욱 가중되었던 것이다. 기본적인 사법시스템과 판사, 검사, 변호사의 역할 등에 대한 사전지식이 부족하여 해당학교 교사들이 학생들에게 자치법정을 준비하고 지 도하는데에도 어려움이 많았다. 이를 해소하기 위해 2006년 여름 방학 중 광동고 등학교에서 자치법정을 꾸릴 학생들을 대상으로 한국법교육센터에서 학생연수를 실시하였다. 일정의 한계로 당일 연수에 그쳤었는데 학생들이 자치법정을 이해하 기에는 짧은 시간이었다. 향후 학생자치법정을 실시할 경우에는 학생들을 대상으 로 한 내실 있는 학생자치법정 연수가 개발되어 학생들에게 길잡이가 되어야 할 것이다.

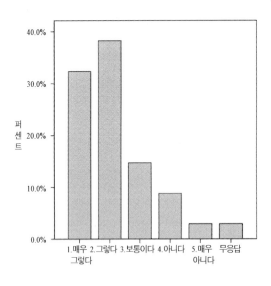

〈그림 15
법정 자체에 대한 낯설음〉

③ 자치법정을 진행하는 것은 어렵지 않다.

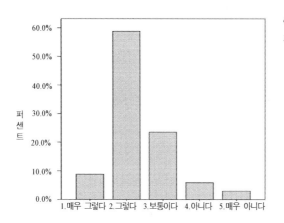

〈그림 16
진행의 용이성〉

　　많은 학생들이 자치법정을 낯설어함에도 자치법정을 진행하는 것은 크게 어렵지 않았다고 응답하였다. 자치법정을 진행하는 것이 어렵다고 응답한 비율은 전체의 8.8%에 불과하였다. 학생들의 눈높이에 맞는 다양한 자료와 서식, 운영 방법 등을 자세히 담은 학생자치법정 매뉴얼을 잘 활용한다면 자치법정을 어려워하는 학생들에게 많은 도움이 될 수 있을 것이다. 더 나아가 학생들의 연령별 수준에 맞는 초등용, 중등용, 고등용 자치법정 매뉴얼을 세분화하여 개발된다면 각급의 학생들이 어려움 없이 자치법정을 운영할 수 있을 것이다.

④ 자치법정이 생각보다 흥미로웠다.

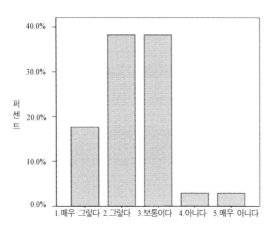

〈그림 17
법정에 대한 흥미도〉

자치법정이 흥미롭지 않았다고 응답한 비율은 전체의 5.8%에 불과하였다. 앞의 응답들을 종합해 볼 때 대개의 학생들이 자치법정을 하는 것이 낯설고 약간의 어려움은 있으나 흥미롭게 생각하는 것을 알 수 있다.

2) 법정 참여 학생 소감문 분석

자치 법정을 하면서 아쉬웠던 점은 아직 많은 학생들이 법정에 대해 잘 모르고 있었다는 점이었습니다. 자치 법정 관계자 선생님께서 하신 말씀처럼 자치 법정은 과벌점자들을 위한 자리이고 또한 학생들이 주체가 되어 가는 매우 의미있는 과정이며 좋은 제도라는 것을 새삼 느낄 수 있었습니다.

- 행신고 2학년 강OO(검사) -

기존의 학생 생활에서 학교의 규칙을 학생이 어겼을 경우 규칙에 명시된 바에 따라 벌점을 부과하는 형식이 일반적이었다. 학생들이 규칙을 자유에 대한 제제로 인식하고 있을 뿐 자신들을 보호한다는 것을 정확하게 이해하거나 인지하기 어렵다. 따라서 자치법정은 학생에게 학교 규칙에 대한 올바른 인식과 인지, 그리고 규칙 적용에 있어서의 그 형평성과 공정성, 과벌점자의 충분한 의견 개진이라는 성과를 이루어야 한다. 법정 첫 개정부터 지금까지의 자치법정을 되돌아볼 때, 초기에는 단순히 위반 조항의 확인과 변호인의 선처를 구함과 같은 단순한 구조였으나, 최근 몇 번의 판결에서는 검사의 적극적 사실 확인과 과벌점자의 자신의 의견 피력이나 변호인의 변론에 의하여 규칙 적용에 타당한 변화가 생기는 등 긍정적인 측면이 여럿 보이고 있다.

재판 전 과정(재판 전 소집)에서 형식적인 법정 과정의 안내와 더불어 단기간이긴 하지만 과벌점자와 변호인이 법정에서 각각 자신의 권리를 찾고, 역할을 잘 해낼 수 있도록 실질적인 법적 소양에 대한 지도가 병행되어야 한다.

- 행신고 한OO(판사) -

학생들도 자치법정을 진행하는데 있어서 법적 소양 지도 및 사전 연수의 중요성을 느끼고 있었다. 초기에 자치법정에 대해서 잘 몰라서 어려움도 있었으나 몇 차례의 경험을 통해 정상 궤도에 이를 수 있었다는 의견이 많았다. 향후 학생자치법정을 하는데 있어서 학생들에 대한 사전 연수와 함께 이번에 실시되었던 자치법정의 동영상을 CD로 제작하여 배포하여 참여 학생들이 자치법정에 대한 올바른 이해를 꾀한다면 더욱 순조롭게 자치법정이 진행될 수 있을 것이다.

✳ 학생자치법정 선호도에 대한 의견 ✳

학생자치법정에 대해 학생들이 감정적으로 어떻게 느끼고 있는지 학생자치법정에 대한 학생들의 선호도를 확인한 결과는 다음과 같다.

1) 과벌점자를 대상으로 한 설문 결과

① 자치법정보다 그냥 학교선도위원회에서 처벌받는 편이 낫다.

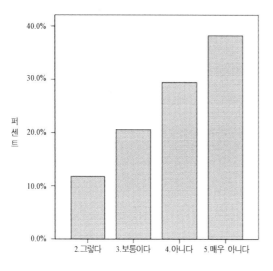

〈그림 18
자치법정에 대한 선호도〉

'자치법정보다 학교징계위원회에서 처벌받는 편이 낫다'는 설문에서 '아니다'와 '매우 아니다'의 응답이 67.6%로 나타나 자치법정에 대해 긍정적인 생각을 가지고 있는 학생이 다수 인 것으로 나타났다.('매우 그렇다'는 응답이 한 명도 없었으므로 그래프에 표시되지 않았음)

② 학생자치법정은 시간낭비이다.

해당 설문 결과 과반수이상의 학생들(70.6%)이 자치법정에 대해 긍정적인 생각을 가진 것으로 나타났다. 실제로 학생자치법정이 학생들이 매우 꺼려하는 방과 후에 약 2, 3시간에 걸쳐 진행되므로 지겹다거나 불필요하다는 인식을 가지는 학생들이 많을 것으로 예상되었으나 대다수의 학생들이 매우 긍정적인 답변을 한 것은 그만큼 학생자치법정이 학생들 자신에게 의미 있는 시간이었기 때문으로 해석된다.

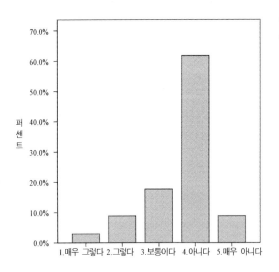

〈그림 19
학생자치법정의 의의 인식〉

③ 자치법정이 청소년들에게 좋은 경험이 된다고 생각한다.

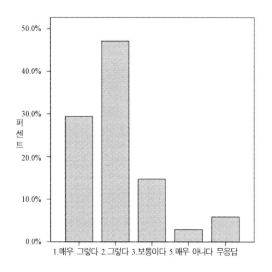

〈그림 20
학생자치법정의 교육적
가치〉

자치법정이 청소년에게 좋은 경험이 된다고 생각하는 비율이 과반수이상이다. 법정에 회부된 과벌점 학생들에서도 자치법정에 대해 긍정적인 생각을 가진 비율이 높게 나타났다.

2) 법정 참여 학생 소감문 분석

아이들에게 더 좋은 학교생활을 위하여 체벌 없는 학교를 만들어 나가는 일이 내 손에 의해 이루어지게 되니 너무 기분이 좋고 다음 기회가 되면 다시 해 보고 싶다.

-광동고 1학년 박〇〇(변호사) -

계속해서 이런 좋은 모습으로 학생자치법정이 발전해나가 우리학교 학생들뿐만 아니라 대외적으로도 좋은 영향을 주었으면 좋겠습니다.

-광동고 3학년 임〇〇(배심원) -

내가 2학년이 되어도 내 후배가 내 친구가 이 자치법정을 다시 할 것을 생
각하니 뿌듯하고 보람 있는 시간이었다고 생각된다.

-광동고 1학년 라○○(검사) -

설문 결과 뿐 아니라 소감문 분석을 통해서 많은 학생들이 학생자치법정에 긍정
적인 시각을 가지고 있음을 확인할 수 있었다. 학생자치법정이 학교 현장의 특성을
고려해서 더욱 잘 다듬어져서 시행된다면 학생들의 자치법정에 대한 선호도는 더욱
증대될 수 있을 것이다.

✳ 학생자치법정의 자기반성 및 징계의 효과에 대한 의견 ✳

학생자치법정을 통해 얻고자 하는 효과 중 가장 기본적인 것이 자치법정을 통해
교칙을 위반 학생들이 실질적인 자기반성의 기회를 부여하는 것이다.
법정에 서는 경험을 통해 자신이 잘못한 일에 대해 객관적으로 살펴보는 기회를
가지게 됨으로써 자기반성 및 자아발전의 기회가 될 수 있다. 학생자치법정이 자
기반성 및 징계 효과를 가지는지 여부에 대한 학생들의 의견은 다음과 같다.

1) 과벌점자를 대상으로 한 설문 결과

① 자치법정을 통해 나의 잘못에 대해 진지하게 생각하게 되었다.

자치법정을 통해 잘못을 진지하게 생각하게 되었다'는 질문에 '그렇다'와 '매우
그렇다'의 응답이 전체의 67.6%로 높게 나타났다. '아니다'는 부정적인 응답은 5.9%
에 불과하였다. 자치법정이 학생들에게 자기성찰 및 반성의 기회를 부여하는 것으

로 볼 수 있다.('매우 아니다'라는 대답이 한 명도 없었으므로 그래프에 표시되지
않았음)

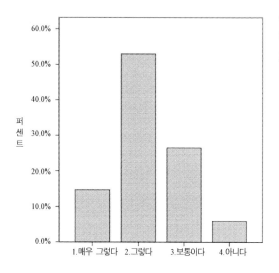

〈그림 21
반성의 계기로서의
자치법정〉

② 학생자치법정의 경험을 통해 나는 더 좋은 사람이 될 것 같다.

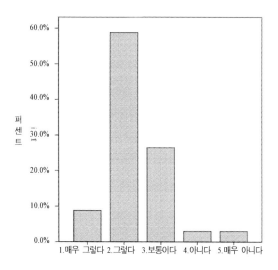

〈그림 22
법정 경험의 의의〉

자치법정을 통한 자아발전의 가능성에 대한 응답의 경우 '그렇다'와 '매우 그렇

다'가 67.6%로 나타났다. 자치법정을 통해 자기 성찰을 꾀할 수 있고 이는 자신의 발전에도 긍정적 기여를 할 것이라는 학생들의 평가라 볼 수 있다.

③ 자치법정이 정착된다면 교칙을 어긴 학생에 대한 징계방식으로 효과가 있을 것이다.

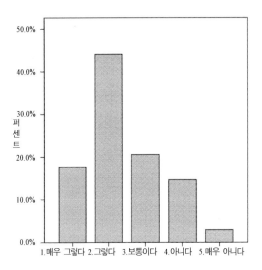

〈그림 23
징계방식으로서의 가능성〉

자치법정이 향후 학교 징계 방식으로 효과가 있을 것이라고 긍정적으로 응답한 학생이 과반수이상(61.8%)으로 높게 나타났다. 법정에 회부된 학생들이 자치법정이 징계방식으로 효과가 있을 것이라고 응답한 것은 매우 의미 있는 결과이다. 자치법정을 고안, 개발하고 시행하는 연구자 및 교사들의 입장에서 자치법정의 징계방식으로서 효과를 논의하고 예상하는 것도 중요하겠지만, 가장 중요한 것은 학생들이 학교현장에서 자치법정을 어떻게 받아들이느냐는 것이다.

근래 학교에서의 체벌문제가 사회적으로 이슈화되고 그 대안에 대한 논의가 활발하다. 체벌에 대한 대안으로서 교내 벌점제를 실시하고자 하는 학교들이 많다. 하지만 교내 벌점제의 경우 벌점이 남발되고 학생들이 벌점에 부과 받는 것에 대해 개의치 않아함으로써 징계방식으로서의 한계가 나타나기도 한다. 이러한 경우에 벌점제도와 함께 자치법정이 실시된다면 학생들에게 자기성찰 및 반성의 기회를 부여함으로써 자아발전의 기회가 될 수 있을 것이며 효과적인 학교 징계방식으로 자리 잡을 수 있을 것이다.

2) 법정 참여 학생 소감문 분석

자치법정을 가기 전에는 내가 그렇게 큰 잘못을 했다고 느끼지 못했다. 자치법정에 간다고 해서 나에게 별로 도움이 될 것 같지도 않았고, 그냥 무덤덤했다. <중략> 무엇보다 내 벌점에 대해 잘못을 느끼지 못했다.

법정에 들어서서는 아무생각이 나지 않아 그냥 빨리 끝내고 싶은 마음 뿐 이였다. 하지만 다들 법정에 임하는 태도가 진지해서 나도 진지하게 참여하게 되었다. 자치법정이 끝이나니 너무 마음이 편해졌고, 나의 행동에 대해서 다시 한 번 생각해보게 되었다. 지금은 앞으로의 내 생활 습관을 고치리라 다짐을 하게 되었고 자치법정에는 다시 서지 말아야겠다고 생각했다. 법정 전에는 내 벌점에 대해서 잘못을 느끼지 못했지만 이제는 벌점1점을 받기보다는 학교 교칙을 준수해서 상점을 받는 내가 되기 위해 노력중이다.

-광동고 2학년 엄OO(과벌점자) -

학생을 하나의 인격으로 존중하여 폭력적인 체벌이 아닌 자기의 잘못을 느낄 수 있게 하는 학생 자체적인 징계라서 마음에 들었다.

-광동고 2학년 강OO(변호사) -

첫 번째 소감문에서는 자치법정이 규칙 위반과 벌점부과에 대해 무뎌진 학생에게 어떤 긍정적 경험이 될 수 있는 가를 잘 보여준다. 자치법정을 통해 자신의 행동에 대해 되돌아볼 수 있었다는 것이 자치법정의 작지만 가장 큰 효과인 것이다.

✱ 학생자치법정의 규범 친화적 태도를 증진여부에 대한 의견 ✱

　자치법정의 경험은 학교 교칙을 자신들과는 동떨어진 외부의 것으로 인식하기하기 보다는 학교생활에서 발생하는 문제를 살펴보고 교칙을 이에 적용하는 경험을 통해 학교 교칙을 삶의 밀접한 것으로 이해하게 한다. 자치법정의 경험을 통해 규범에 친화적인 태도를 증진시키는 가에 대한 학생들의 반응은 다음과 같다.

1) 과벌점자를 대상으로 한 설문 결과

　① 자치법정을 통해 규칙과 법에 대해 친근하게 느끼게 되었다.

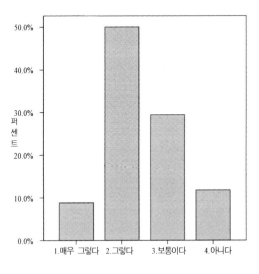

〈그림 24
규칙에 대한 태도 변화〉

　'자치법정을 통해 규칙과 법에 대해 친구하게 느끼게 되었다'는 질문에 '그렇다' 와 '매우 그렇다'의 응답이 58.8%로 높게 나타났다. '보통이다'라고 응답한 비율도 29.4%에 달했는데 법정에 회부된 학생들이 자치법정에 1회 내지 2회 참여한 것을 생각해 보면 지속적으로 자치법정을 실시할 경우에 그 효과는 더욱 크게 나타날 것이라 예상해 볼 수 있다. ('매우 아니다'라는 대답이 한 명도 없었으므로 그래프

에 표시되지 않았음)

② 자치법정에 참여한 뒤 학교 교칙을 더욱 잘 지켜야겠다고 생각하게 되었다.

　자치법정에 참여한 뒤의 교칙 준수 의지와 관련한 질문에서는 교칙을 준수하겠다는 응답이 '그렇다'와 '매우 그렇다'를 합해 76.6%에 달했다. 교칙을 준수하겠다는 의지가 바로 행동으로 이어지지는 않더라도 행동을 예측하는 중요한 변수인 것은 분명하다. 자치법정의 경험을 통해 교칙에 대해 친근하게 느끼고 교칙을 준수해야겠다는 의지가 증진되는 것은 법교육이 추구하고자 하는 목표에 합당하다. 실제로 자치법정에 참여한 학생들이 교칙을 얼마나 더 잘 준수하는 지는 추후 연구를 통해 검증이 필요할 것이라 생각된다.

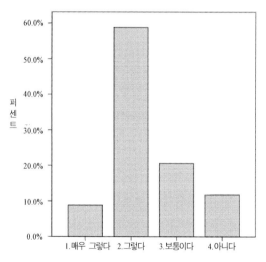

〈그림 25
교칙 준수 태도 변화〉

③ 자치법정에 참여하고 나서 학교 교칙을 더욱 신뢰하게 되었다.

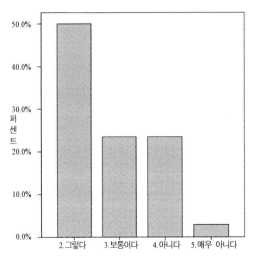

〈그림 26
교칙에 대한 신뢰도 변화〉

자치법정 참여 후 교칙에 대한 신뢰도에 대한 설문을 실시한 결과 그렇다고 응답한 비율이 50%로 높게 나타났다. 이에 비해 '아니다'와 '매우 아니다'라 응답한 경우는 26.5% 정도였다.

앞의 연구결과 중에서 학생자치법정 전후의 교칙적용에 대한 신뢰도가 95%의 신뢰수준에서 통계적으로 유의미한 증가가 있음을 확인하였다. 학생자치법정의 경험을 통해 교칙적용에 대한 신뢰도가 증대된 것으로 나타났다.

교칙에 대한 친화적 태도뿐 아니라 교칙 자체에 대한 신뢰도가 증진되기 위해서는 교칙을 적용하는데 학생들이 참여하는 것뿐 아니라 교칙을 제정, 개정하는데 학생들이 실질적으로 참여할 수 있도록 해야 할 것이다. 자신들이 교칙을 제정, 개정하는데 직접적으로 참여할 수 있고 자신들의 의견이 반영될 결과물로서 교칙을 인식하게 된다면 교칙을 더욱 신뢰할 수 있으며 교칙의 위반사례는 더욱 줄어들 것이다.

2) 법정 참여 학생 소감문 분석

동시에 배운 것도 참 많았는데, 함께 배심원으로 뽑힌 친구들과 함께 긍정적 처벌을 만들면서 학교 교칙에 대해서도 정확히 알 수 있었습니다. 행신고를 다 닌지 2년이 다 되어가지만 그때까지 한 번도 제대로 알지 못했던 학교 규율을 제대로 알게 된 것입니다.

행신자치법정이 보다 활성화되어 모든 학생들이 저와 같은 좋은 경험을 할 수 있었으면 하고, 지금과 같이 법을 멀리하는 일이 사라지게 될 것입니다.

- 행신고 2학년 이○○ (배심원) -

법과 더불어 사회에서 우리가 지켜야 할 것으로 기대되는 여러 가지 규범에 대해서 다시금 생각하는 시간도 가짐으로써 여러 가지로 유익한 시간이었다.

- 행신고등학교 한○○ (판사) -

자치법정에서 내리는 형벌은 기존의 것들과 달리 학교라는 작은 사회의 구성 원으로서 기본적 가치와 권리를 존중 받을 수 있는 합리적인 것이 대부분이다. 이를 통해 형을 선고받은 청소년들은 '징계는 우리를 억압하고 문제 있는 애 들이 받는 것이다.' 와 같은 부정적인 인식을 버리게 되고 학칙이 청소년의 권 리를 보호하기 위해 존재하는 것이라는 점을 배우게 될 것이다.

- 광동고 3학년 김○○ (배심원) -

과벌점자 학생들을 대상으로 한 설문에서 학생자치법정의 경험을 통해 규범 및 법에 대해 친근하게 느끼고 교칙의 준수 의지가 높아지는 것으로 나타났다. 과벌 점자학생들 뿐 아니라 배심원, 판사, 검사, 변호사 등의 학생들도 이러한 반응을 나타냈다. 첫 번째 학생은 소감문에서 학교를 2년 동안 다니면서 지금껏 학교 교 칙을 제대로 알고 있지 못했었다고 하였다. 자치법정을 하고 나서 교칙에 대해서 도 잘 알게 되었고 더 나아가 사회에서도 법을 멀리하는 일이 줄어들 것이라는 학 생의 글을 통해 자치법정이 참여 학생들의 규범 친화적 태도의 증진에 효과가 있 는 것을 알 수 있다. 세 번째 학생의 경우 자치법정의 경험이 학칙이 학생을 징계 하고 억압하기 위한 것이 아니라 청소년의 권리를 보호하기 위해 존재하는 것임을 알게 해줄 것이라고 하였다.

✳ 기타 의견 및 제언 ✳

소감문을 통해 학생자치법정에 대한 학생들의 다양한 반응을 확인할 수 있었다.

1) 학생들의 기타의견

무엇보다 참여하는 모든 학생들에게 법의 적용 과정을 면밀히 보여줄 수 있었던 점이 가장 긍정적이었던 것 같다. 백문이 불여일견이라고, 책에서만 혹은 매체를 통해서만 보던 법의 적용 과정을 학생들이 직접 참여해, 직접 체험해 볼 수 있었다는 점은, 비단 미래의 법학도 뿐 만아니라 법에 관심이 없던 학생들에게까지 많은 긍정적인 영향을 미쳤다고 생각한다.

- 상산고 2학년 김OO(과벌점자) -

재판에 참여한 청소년들은 법에 대한 올바른 인식을 바탕으로, 민주시민으로서 기본적 소양과 책임감을 가지고 합리적인 문제 해결력을 키워나가야 할 것이다.

- 광동고 3학년 김OO(배심원) -

학생자치법정을 통해 학생들이 법에 대해 올바른 인식을 가질 수 있으며 민주시민으로서의 기본적 소양의 증대 및 책임의식, 합리적 문제 해결력이 증진되는 효과를 얻을 수 있다. 또한 자치법정에서 자신의 의견을 이야기하고 타인의 의견을 경청하는 경험을 통해 논리적 사고력 및 의사소통 능력이 증진될 수 있다. 이와 관련된 학생자치법정의 효과는 추후 연구를 통해 실증적으로 검증되어야 할 것이다.

2) 학생들의 제안 의견

앞으로 자치법정에 대해 더 관심을 가져 다른 친구들에게도 많이 도움이 되었으면 좋겠고, 재판이 끝난 뒤에도 과벌점자들이 똑같은 실수를 하지 않게 그 뒤에도 많은 관심을 가졌으면 하는 생각이 듭니다.

- 광동고 2학년 임○○ (검사) -

저는 좋은 변오인 덕분에 벌점을 깎았고 그 덕분에 높지 않은 벌을 부과 받았습니다. 하지만 벌을 수행하면서 조금은 '무익무의하지 않나?' 하는 생각이 들었습니다. 다른 것은 모르겠으나 벌의 이행, 부과에 있어 좀 합당하고 의미 있는 벌을 부과하여 정말 도움이 되는 벌이 되었으면 합니다.

- 제천고 이○○ (과벌점자) -

활발한 홍보를 통하여 학생들의 자치 법정에 대한 인식을 바꾸는 것 또한 중요하다. 홍보의 부족으로 학생 스스로 자치법정 회부가 곧 큰 잘못이라도 한 것처럼 생각하게 하여 자치법정을 꺼리는 결과를 낳았다. 하루 빨리 학생 중심의 자치법정이 이루어져서 법은 우리 생활과 가까이 있는 것이라고 생각하는 것이 중요하다. 그것이 학교에서 할 수 있는 최선의 법 교육이라고 생각한다.

- 상산고 이○○ -

기타 유의할 만한 것들로는 자치법정 이후에도 과벌점자 학생들이 교칙을 위반하지 않고 학교생활을 잘 할 수 있도록 이들에 대한 관심이 필요하다는 학생의 애정 어린 제언이 있었다. 교칙을 위반하는 학생을 규범 일탈자로 치부하기보다는 이 학생들이 학교에 잘 적응하고 공동체의 구성원으로서 건강히 생활할 수 있도록 다양한 프로그램들이 마련되었으면 하는 바람이다. 두 번째, 학생자치법정에서는 긍정적 처벌을 개발하여 이를 적극적으로 활용하고자 하였다. 그러나 긍정적 처벌이 너무 처벌로서의 효과가 미비할 경우 학생자치법정의 의미마저 퇴색될 수 있다. 학생들에게 처벌로서 의미 있는 다양한 긍정적 처벌을 고안하고 긍정적 처벌만으로 한계가 있을 경우에는 기존의 처벌과 병행해서 활용하는 것도 좋을 것이다. 마지막으로 학생자치법정에 대한 적극적 홍보를 통해 자치법정의 취지와 의미, 특징 등을 알려야 할 것이라는 학생의 제언도 적극적으로 수용해야 할 사안임에 틀림없다.

Ⅳ. 요약 및 제언

　본 보고서에서 다룬 미국의 청소년법정, 학생자치법정의 시범운영, 학생자치법정의 교육적 효과에 대한 내용을 요약하고 추후 학생자치법정이 더욱 발전해 나가기 위해 해결해야 할 과제들에 대해 언급한다.

IV

요약 및 제언

✷ 학생자치법정의 개념과 의의 ✷

경미한 범죄를 저지를 초범의 경우에 한해 동료 청소년들을 통해 재판을 받도록 한 미국의 청소년 법정 프로그램은 다양한 법교육 프로그램 중에서도 가장 효과가 높은 것으로 알려져 왔다. 범죄를 저지른 청소년은 자신의 입장을 충분히 밝힐 기회를 얻고 긍정적인 영향을 받을 수 있는 성인들이나 동료 청소년들과 상호작용할 기회를 갖게 되며 다음 재판에 자신이 배심원이나 검사, 변호사로 참여하는 과정을 통해 법의 원칙과 적용에 대해 깊이 있게 이해할 수 있게 되었다. 또한 자원봉사자로서 법정에 참여한 일반 청소년들 역시 사법제도를 경험하고 스스로 이를 운영하는 과정에서 참여의식과 주인의식을 높일 수 있어 시민 교육적 효과가 높은 것으로 나타났다. 특히 청소년법정이 아닌 일반 법정에서 재판을 받은 경우보다 재범률이 절반 이하로 낮아져 비행예방 및 재범 방지에 매우 효과적인 프로그램으로 평가받고 있다.

그러나 미국에서의 청소년 법정은 정규 형사절차의 우회프로그램으로서 활용된 데 반해 국내에서는 청소년들에 의한 법정이 정규 형사절차의 일부를 구성하는 것에 대해 정서적, 제도적으로 거부감이 적지 않다. 따라서 법무부와 한국법교육센터에서는 이러한 청소년 법정을 학교 현장에 적용할 수 있는 방안을 모색한 끝에 '학생자치법정'을 개발하게 되었다. 현재 우리나라의 학교 현장에서는 학생지도의 측면에서 여러 가지 문제점이 나타나고 있다. 교칙의 일방적 적용에 대한 거부감, 교사의 체벌문제, 자치 경험 결여와 주인의식 부족 등의 문제를 완화하는데 학생자치법정이 도움이 될 것으로 기대된다. 따라서 학교 현장에서 실제로 적용 가능한 학생자치법정의 세부 매뉴얼을 개발하여 2006년 하반기에 전국 5개 학교를 선정하여 시범 실시한 결과 괄목할만한 성과를 거두게 되었다. 본 보고서는 이러한 시범 실시 학교의 경험과 성과를 모은 것이다. 각 학교들이 시행과정에서 얻게 된 경험과 아이디어는 이후 학생자치법정을 실시하려는 학교들에게 많은 도움을 줄 수 있을 것이다.

✳ 학생자치법정의 시범운영 ✳

법무부에서는 학생자치법정 모델을 적용할 학생자치법정 시범학교 5개 고등학교를 선발하고, 2006년 9월부터 본격적으로 시행하였다. 실제로 학생자치법정이 진행된 것은 2학기부터 시작되었으나 각 학교에서는 사전 계획을 세워 재판참여자를 모집하고, 사전 교육을 갖는 등 여름방학부터 분주히 준비하였다.

학생자치법정참여자들 중 판사, 검사, 서기 등은 선도부와 학생부에서 선발되었고, 의정부광동고는 선도부와 학생부 중에서 학생자치법정 집행부를 따로 모집하였다. 더욱 많은 학생들을 참여시키기 위해 변호사나 배심원은 일반학생에서 선발하는 경우도 많았다. 학생자치법정 시범학교에서는 매뉴얼을 토대로 운영해 갔으며 각 학교의 사정에 따라 변화가 있기도 하였다. 매뉴얼에 따른 학생자치법정은 상벌점제와 연계되어 운영되며 일정기준 이상의 벌점이 쌓인 학생들이 자치법정에 회부되었다. 회부된 사안은 비교적 경미한 사안으로 학생들이 자주 교칙을 범하는

지각, 복장이 주를 이루었다. 회부된 학생들은 과벌점자 혹은 벌점초과자, 벌점자라고 하였으며 이 보고서는 기본적으로 과벌점자라고 불렀다. 과벌점자는 가까운 친구에게 변호사를 선임할 수 있으며 학생자치법정 집행부나 진행부서의 국선 변호사를 선임할 수 있었다.

학생자치법정이 개최되기 전에 판사, 검사, 변호사, 배심원에 대한 교육과 협의를 거친 후에 재판이 시작된다. 각 시범학교에서는 약 3회의 재판을 개최하였다.

재판에 참여한 판사는 1명~3명이었으며 학생자치법정 초기에는 교사가 맡는 경우가 대부분이었고, 재판을 진행하며 학생이 담당하게 되었다. 판사는 재판 중에 전체 재판과정을 진행시키며 배심원의 판결을 승인하고 낭독하는 일을 맡았는데, 학생자치법정이 그 목적과 취지대로 잘 운영해 가기 위해 재판 중에 개입이 중요한 것으로 나타났다.

검사는 2명~4명이 재판에 참여하였으며 재판 중에는 과벌점자에 대해 심문하였는데 과벌점자를 몰아붙이거나 인신공격을 하는 등 실수가 있었지만 대부분 고정된 검사로서 활동하여 학생자치법정의 목적과 취지를 충분히 이해하게 되었고 비약적인 발전을 보였다.

변호사는 과벌점자가 직접 선정하거나 집행부에서 선임한 국선변호인으로 1명~2명 정도가 활동하였다. 재판 중에는 과벌점자를 변호하는 역할을 수행하였다. 학생자치법정을 운영한 대부분의 학교에서는 변호사를 과벌점자가 직접 선정한 경우가 많았다. 이는 다양하고 많은 학생들이 학생자치법정에 참여할 계기를 만들어 주고, 과벌점자와 친밀한 사이라 사전활동에 있어서도 긍정적인 요소가 있었지만 검사에 반해 경험이 부족하고, 변호사가 법정에 대한 충분한 이해가 없으면 변호사로서 역할수행에 어려움이 따랐다. 이를 참고로 변호사에 대한 교육이 중요하다는 것을 알 수 있었다.

배심원은 9명 정도가 참여하였으며 일반학생들이 많이 참여하였고, 전 법정의 과벌점자가 긍정적 처벌의 하나로서 참여하기도 하였다. 배심원은 검사의 심문과, 변호사의 변론, 과벌점자의 변론을 듣고 검사가 구형한 긍정적 처벌의 정도를 결정하였다. 배심원은 재판에 진지하게 참여하였고 배심원 합의할 때 과벌점자의 벌점 사안에 맞는 구형의 정도를 결정하려 노력하는 모습이 돋보였다.

학생자치법정에 회부된 과벌점자는 자신에 대해 적극적으로 변론할 수 있는 기회가 있고, 배심원이 판결한 긍정적 처벌을 부여받게 되었다. 과벌점가 자신에 대한 변론을 미처 공지 받지 못하거나 준비하지 않으면 자신에 대해 충분히 변론하지 못하고, 재판 중에 자신이 인격적으로 모독을 받았다고 느끼면 함구하는 경우가 있었다. 과벌점자에 대한 긍정적 처벌은 에세이 쓰기, 캠페인활동 등이 있었으며 광동고의 예불참여, 행신고의 교문캠페인 등 긍정적 처벌도 학교의 상황에 따라 변화를 주거나 새로이 도입하기도 하였다.

각 학교마다 재판 절차가 상이한 부분이 있었지만 매뉴얼에서 제시한 아래와 같은 재판절차를 기본으로 하였다.

〈표 33 재판절차〉

재판부 입정(개정) → 개정선언 → 출석확인 → 판사의 교육 → 과벌점자 선서 → 검사 인정 심문 및 기소 요지 진술 → 변호인 변론 → 검사 심문 및 최종 의견 진술(구형) → 변호인 최후 변론 → 과벌점자 최종 의견 진술 → 휴정 및 배심원 회의 → 재개정 → 배심원 합의문 낭독 → 판사에게 합의문 제출 → 판결 선고 → 재판부 퇴정(폐정)

재판을 진행시킴에 있어 검사의 심문, 변호사의 변론 등도 중요하지만 법정진행시간도 중요한 요인이었다. 시간이 길어지면 법정분위기가 지루해지고, 목적했던 바를 이루지 못하기 때문에 의도적으로 시간을 줄이기 위한 노력이 필요하였는데 행신고에서는 검사의 인정심문 및 기소 요지 진술을 간략하게 하고, 같은 말을 반복하지 않도록 하는데 주의를 기울였다.

학생자치법정 시행 초기에는 재판참여자들의 재판 진행이 매끄럽지 않거나 재판시간이 예상보다 길어지고, 검사의 심문이 논리적이지 못하는 등의 여러 시행착오를 겪었으나 한 회를 거듭해 갈수록 모든 구성원들이 기대보다 훨씬 발전된 모습을 보였고, 학생자치법정이 학교 내에서 안정적으로 자리 잡아 갔다. 처음 시행하는 제도임에도 의외로 정착속도가 빠른 편이었으며 다른 학교의 경우에도 최대 1년 정도의 시범실시기간을 거치면 충분히 안정화단계로 들어설 수 있을 것으로 예상되었다.

✳ 학생자치법정의 교육적 효과 ✳

학생자치법정을 시범실시하면서 실제로 이 제도가 어떤 효과를 갖는지 경험적으로 확인하기 위해 효과 연구를 병행하여 실시하였다. 연구는 양적인 방법과 질적인 방법을 동시에 사용하여 진행되었는데 먼저 학생자치법정에 참여한 학생들에 대한 설문조사를 통해 교칙과 학교에 대한 의식이 어떻게 바뀌었는지 통계적으로 확인하고 개별 학생들에 대한 면접을 통해 실제로 어떤 느낌과 변화가 있었는지 확인하였다.

규범에 대한 근대적 법의식 수준, 교칙준수의지, 교칙에 대한 우호적 태도, 교칙 적용에 대한 신뢰도, 참여의식, 사회적 결속력 등을 확인해본 양적 연구에서는 교칙 준수의지와 참여의식을 제외한 모든 요소들이 $p < .05$ 수준(유의수준 95%)에서 통계적으로 유의미하게 향상된 것으로 나타났다. 교칙준수의지와 참여의식도 통계적으로 유의미한 수준은 아니지만 보다 향상된 것으로 확인되었다. 즉, 학생자치법정에 참여한 학생들은 전반적으로 학교 및 교칙에 대한 믿음과 태도가 긍정적인 방향으로 바뀐 것이다. 교칙준수의지와 참여의식은 법의식의 인지, 정서, 행동적 요소 가운데 종합적이며 가장 변화하기 어려운 행동적 요소에 해당하는 내용들이기 때문에 6개월간의 단기적인 제도시행으로는 크게 변화하지 않은 것으로 생각된다.

학생자치법정을 실시하는 과정에서 가장 우려가 되는 부분은 학생들의 인권에 대한 침해와 자칫 학생들 사이에 분열과 다툼의 소지가 될 가능성이 있다는 점이다. 그러나 운영 전반에 관한 사항을 중심으로 설문과 면접을 실시한 결과 매뉴얼을 기반으로 적절한 주의와 노력이 기울여진 학생자치법정의 운영상황에서는 그런 문제점이 거의 없으며 오히려 자신들의 권리가 보다 신장되고 강화된 것으로 여기게 되는 것으로 나타났다. 특히 학생자치법정이 학생들이 다른 학생들을 단죄하는 자리가 아니라 교칙 위반에 대해 각기 다른 사정과 이유를 지닌 학생들의 이야기를 듣고 사정을 이해하며 서로 대화를 나누는 자리라는 점을 검사 및 과벌점자 학생들이 폭넓게 이해하고 있을 경우 학생자치법정이 교육적 수단으로서 높은 가치를 지니고 있음이 확인되었다.

2 제 언

　학생자치법정운영에 있어 학생자치법정의 사전, 사후관리 모든 과정이 중요하다. 각 학교에서 사전에는 교육, 사후에는 자치법정에서 부여받은 긍정적처벌 이행에 대한 지도를 하는데 어려움이 있다는 것을 알 수 있었다. 사전에 자치법정 참여자들이 재판을 잘 진행시키기 위해 교육은 반드시 필요한데 교육내용이 부족하거나 교육 자료가 미비하여 교육을 제대로 받지 못한 참여자들은 법정을 진행할 때 헤매는 경우가 있었다. 검사나 판사는 지속적으로 활동했던 학생들이 대부분이어서 점점 노하우가 쌓여 능숙하게 진행해 갔지만 변호사들은 과벌점자가 직접 선정하고 처음 법정에 참여하게 되는 경우가 많아 변호사에 대한 문제제기가 끊임없이 이루어졌다. 과벌점자가 변호사를 직접 선정하게 되면 과벌점자가 더 책임감을 가지고, 다양한 학생들이 법정 참여기회가 있다는 점 등 많은 장점이 있어 과벌점자가 변호사를 선정하는 체제를 유지하면서 이를 보완해 나가는 대책이 필요하다. 또한 판사, 검사, 변호사, 배심원 등 과벌점자를 제외한 재판참여자들에게 상점을 부여하거나, 생활부 기록 등 학교에서 제공 하는 보상은 학생자치법정에 더욱 적극적으로 참여하게 되고, 다양한 학생들이 참여를 유도 할 수 있다는 점에서 매우 중요한 요소이다. 재판참여자들에게 구체적이고 더 높은 수준의 보상을 제공할 수 있도록 제도적인 개선이 필요하다.

　학생자치법정이 끝난 후에는 과벌점자의 긍정적 처벌 이행의 관리에 대한 어려움이 있었다. 과벌점자는 기존의 처벌보다 수위가 낮다고 생각해 긍정적 처벌 이행에 불성실한 태도를 보이거나 선생님의 적극적인 지도가 부족한 것이 주요인이다. 자치법정에서 과벌점자들에게 긍정적 처벌의 의미를 새겨주는 것과 학생자치법정 지도교사 외의 교사 및 담임선생님의 긍정적 처벌 이행 지도의 적극적인 참여를 이끌어 낼 수 있는 것이 필요하다.

　학생자치법정 진행 중에 일관성 없는 벌점 부과 문제가 제기되고, 어떤 사항에 대해 교칙위반사항으로 볼 수 있다. 없다. 에 대한 검사와 변호사의 대립이 있어 입법부를 설치하자는 의견이 있었다. 이로 인해 학생자치법정이 징계 및 벌점시스템에 대해 재고해 볼 수 있는 기회가 되었고, 학생자치법정 운영으로 학생들의 자치능력을 더욱 함양시켜 앞으로 학생들이 직접 참여하는 학교 교칙에 대한 입법부서 설치도 고려해 볼 만 하다.

2006년의 운영사례를 토대로 보완해야 할 점을 보완하고, 장점은 강화하여 학생자치법정을 개선해 나가면 올바른 학생들의 자치문화와 규칙준수의식이 정착되어 갈 것이며 학생들의 무한한 역량과 가능성을 확인하는 장을 볼 수 있을 것이다. 2007년도에는 선생님들의 적극적인 참여를 유도하고 학생자치법정의 활성화를 위해 교육부와 MOU를 체결하여 협력할 예정이며 더욱 많은 시범학교를 선정하여 학생자치법정을 널리 보급할 계획에 있다. 학생자치법정 프로그램이 보다 확산되어 학생생활지도와 학생자치의 효과적인 수단으로 활용되길 기대한다.

부 록

교칙에 대한 인식 및 태도 조사

학생 여러분 안녕하십니까?

이 설문은 여러분이 교칙에 대해 어떻게 생각하고 어떤 태도를 가지고 있는지를 알아보기 위해 만들어졌습니다.

여러분이 답하신 내용은 앞으로 여러분과 여러분의 후배가 좀 더 나은 학교생활을 하는데 있어 중요한 밑거름이 될 것입니다. 여러분이 응답하신 내용은 다른 사람에게 일체 알려지지 않으며 순수한 학문적 목적이외 다른 용도로는 절대 사용되지 않을 것입니다.

문항 하나하나 성실하고 정직하게 응답해주시면 감사하겠습니다.

여러분에게 늘 건강과 행운이 함께 하길 바랍니다.

2006년 11월

서울대학교 사회교육과 대학원

연구자 남성희 (namsunghee@hotmail.com) 드림

◈ 교칙에 대한 다음의 진술을 잘 읽고 각각의 진술에 대해 매우 그렇다고 생각하면 ①번, 그렇다고 생각하면 ②번, 보통이라고 생각하면 ③번, 아니라고 생각하면 ④번, 매우 아니라고 생각하면 ⑤에 표시를 해주십시오.

설문 문항	매우 그렇다	그렇다	보통 이다	아니다	매우 아니다
1. 교칙을 제정하는 것은 학생들의 안전을 보호 하고 학생들의 권리를 보장하기 위함이다.	①	②	③	④	⑤
2. 교칙을 제정하는 것은 학교가 학생들을 통제하고 잘못을 저지른 학생을 벌하기 위함이다.	①	②	③	④	⑤
3. 우리가 정한 약속을 우리 스스로가 지켜야한다는 생각에서 교칙을 지킨다.	①	②	③	④	⑤
4. 교칙은 학교 공동체의 필요에 의해 만든 약속이다 .	①	②	③	④	⑤
5. 재미를 위해 교칙을 어겨서 벌을 받아도 괜찮다.	①	②	③	④	⑤
6. 학교 구성원으로서 교칙을 지켜야 한다고 생각한다.	①	②	③	④	⑤
7. 나는 교칙을 어기는 큰 말썽을 피우지 않을 것이다.	①	②	③	④	⑤
8. 학창시절에 교칙을 어기는 것쯤은 별일이 아니다.	①	②	③	④	⑤
9. 교칙을 지키는 것은 불편하고 피곤하다.	①	②	③	④	⑤
10. 교칙은 딱딱하고 어렵다.	①	②	③	④	⑤
11. 교칙을 지키는 것은 가치 있는 행위이다.	①	②	③	④	⑤
12. 학교에서 교칙보다는 권력과 힘이 더 우선시 되는 것 같다.	①	②	③	④	⑤
13. 교칙이 모든 학생들에게 공평하게 적용된다.	①	②	③	④	⑤
14. 교칙에 의해 벌을 받게 된 학생들은 유독 운이 나빴기 때문이다.	①	②	③	④	⑤
15. 교칙에 의해 벌을 받게 된 학생들은 그에 상응하는 잘못을 했기 때문이다.	①	②	③	④	⑤
16. 모범생들은 교칙을 어겨도 처벌되지 않는 것 같다.	①	②	③	④	⑤

◆ 다음의 설문은 과벌점으로 학생자치법정에 회부된 학생만 응답해주십시오.

설문문항	매우 그렇다	그렇다	보통 이다	아니다	매우 아니다
1. 학생자치법정에서 나는 나의 권리가 충분히 보장 받고 있다고 생각하였다.	①	②	③	④	⑤
2. 학생자치법정에서 나는 공정한 대우받았다.	①	②	③	④	⑤
3. 학생자치법정에서 사람들은 나의 말에 귀기울여 줬다.	①	②	③	④	⑤
4. 학생자치법정에서 나의 의견을 말할 기회가 충분히 주어졌다.	①	②	③	④	⑤
5. 학생자치법정에서 학교 친구들이 활동하는 것에 대해 문제가 없다고 생각한다.	①	②	③	④	⑤
6. 학생자치법정에서 활동하는 친구들이 나를 비웃 었다.	①	②	③	④	⑤
7. 친구들한테 재판을 받아서 창피하고 기분이 나 빴다.	①	②	③	④	⑤
8. 학생자치법정보다 그냥 학교징계위원회에서 처벌받는 편이 낫다	①	②	③	④	⑤
9. 학생자치법정이 진지하게 진행되었다.	①	②	③	④	⑤
10. 학생자치법정을 진행하는 것은 어렵지 않다.	①	②	③	④	⑤
11. 학생자치법정은 시간낭비이다.	①	②	③	④	⑤
12. 학생자치법정이 생각보다 흥미로웠다.	①	②	③	④	⑤
13. 학생자치법정을 처음 하는 것이라 낯설었다.	①	②	③	④	⑤
14. 학생자치법정을 통해 나의 잘못에 대해 진지하게 생각하게 되었다.	①	②	③	④	⑤
15. 학생자치법정의 경험을 통해 나는 더 좋은 사람이 될 것 같다	①	②	③	④	⑤
16. 학생자치법정이 청소년들에게 좋은 경험이 된다고 생각한다.	①	②	③	④	⑤
17. 학생자치법정이 정착된다면 교칙을 어긴 학생에 대한 징계방식으로 효과가 있을 것이다.	①	②	③	④	⑤
18. 학생자치법정을 통해 규칙과 법에 대해 친근하게 느끼게 되었다.	①	②	③	④	⑤
19. 학생자치법정에 참여한 뒤 학교 교칙을 더욱 잘 지켜야겠다고 생각하게 되었다.	①	②	③	④	⑤
20. 학생자치법정에 참여하고 나서 학교 교칙을 더욱 신뢰하게 되었다.	①	②	③	④	⑤

학교: 학년:

청소년법정에서의 역할: ① 판 사

② 변호사

③ 배심원

④ 피고인(벌점부과자)

⑤ 검 사

⑥ 기 타(   )

◆ 응답해주셔서 감사합니다. ◆

〈부록 2〉 의정부광동고 상·벌점 규정

상점항목	상점
제1조 【출결상태】항목	
1항 – 학기별 무결석	1
1항 – 학기별 무결석	1
(지각, 조퇴, 결과 등 2회이하 포함)	
제2조 【학습태도】항목	
1항 – 교외 학력경시대회 수상	2
2항 – 교내 학력경시대회 수상	1
3항 – 기타 교외상 시상	2
4항 – 기타 교내상 시상	1
5항 – 반별 정기고사 성적향상 우수	1
6항 – 수업시간 태도, 질문 대답 우수	1
7항 – 과제수행 우수	1
8항 – 수업분위기 및 학급활동 선도	1
9항 – 학습에 도움이 되는 정보를 제공 하는 학생	1

상점항목	상점
제3조 【책임감】항목	
1항 – 봉사활동 성실히 이행	1
2항 – 주번활동 성실히 이행	1
3항 – 지시사항 성실히 이행	1
4항 – 역할활동 성실히 이행	1
5항 – 약속을 성실히 이행	1
6항 – 어려운 처지에 놓인 학생을 성심껏 돕는 학생	1
제4조 【생활태도】항목	
1항 – 습득물 신고	1
2항 – 뚜렷한 선행	1
3항 – 실내외 청결에 솔선수범	1
4항 – 분리수거에 모범인 경우	1
5항 – 인사 예절이 뛰어난 경우	1

벌점항목	벌점
제1조 [출결상태] 항목	
1항 - 무단지각	-1
2항 - 무단조퇴 및 무단결과	-2
3항 - 무단결석	-2
제2조 [학습태도] 항목	
1항 - 수업시 늦은 입실	-1
2항 - 수업준비 불량	-1
3항 - 수업태도 불량	-1
(소란, 만화보기, 자리바꾸기, 숙제하기, 핸드폰 관련등)	-1
4항 - 학습과제 불이행	-1
제3조 [용의 및 복장상태] 항목	
1항 - 규정보다 긴 머리	-1
2항 - 교복 착용상태 불량	-1
3항 - 교복 미착용 및 착용시기 위반	-1
4항 - 최종상의에 명찰미부착	-1
5항 - 가방미소지	-1
6항 - 규정에 어긋난 가방 소지	-1
7항 - 규정에 어긋난 신발 착용	-1
8항 - 장신구 패용(귀걸이, 피어싱 등)	-1
9항 - 매니큐어 및 색조화장	-1
10항 - 염색, 탈색, 파마	-2

벌점항목	벌점
제4조 [공공시설물애호상태] 항목	
1항 - 교구 및 학교비품 방치	-1
2항 - 교실벽면, 책걸상, 화장실 낙서	-1
3항 - 고의적 학교기물 파괴 및 훼손	-1
제5조 [생활태도] 항목	
1항 - 음식물 반입	-1
2항 - 주번활동등 청소활동 태만	-1
3항 - 교실 및 복도내 고성방가	-1
4항 - 교실 및 복도내 지나친 장난	-1
5항 - 실내외화 착용 위반	-1
6항 - 쓰레기 무단투기 및 침 뱉는 행위	-1
7항 - 욕설 및 경미한 싸움	-1
8항 - 공식적인 학교행사 무단불참	-1
(운동장 조회 등)	-1
9항 - 무단외출	-1
10항 - 공문서 위조행위(학생증, 외출증, 출석부 및 기타문서)	-2
11항 - 규정에 의한 학교 및 교사 지시에 고의적 불응	-2
12항 - 교사에게 불경한 언행 및 태도	-2

* 선도범위
  ① 학생자치법정 대상: 벌점 5 - 9점
  ② 사회봉사활동 대상: 벌점 10 - 20점
  ② 특별교육이수 대상: 벌점 30점이상

* 선도내용
  ①은 학생자치법정 판결에 의해, ②와 ③은 생활지도위원회에서 정하게 된다.

* 위 상벌점 규정안에 없는 내용이라도 교사의 판단에 의거하여 부과할 수 있다.
* 위 상벌점 규정안은 2006년 9월 1일부터 적용된다.

〈부록 3〉 행신고 상·벌점 규정

제29조(운영원칙) 상·벌점제의 운영 원칙은 다음과 같다

1. 상·벌점제의 운영을 위해서는 상·벌점제용 카드를 사용한다.
2. 학생들의 준법정신, 질서 의식, 봉사정신을 함양하는데 목적을 둔다.
3. 상·벌점제를 효과적으로 운영하기 위하여 학생선도협의회를 활용한다.
4. 상·벌점은 최저 1점에서 최고 10점까지로 한다.

제30조(지도카드의 종류와 기능, 활용)

1. 전 교사는 항상 지도카드를 소지하여 교·내외 학생 생활을 평가한다.
2. 지도카드는 생활규범을 위반할 시 사용하는 벌점카드(노랑색)와 선행과 모범 등을 기록하는 상점카드(녹색)로 구분 한다.
3. 교칙위반사실을 적발할 시는 적발교사가 학생 본인에게 확인시킨 후 내용을 기재한다.
4. 학생 확인란에 본인의 서명을 받고 해당교사가 날인하여 생활지도 담당 교사에게 카드를 제출한다.

제31조 (벌점 부과 기준)

1. 명찰, 리본, 넥타이 등의 복장위반: **1점**
2. 용모 불량(손톱 손질, 턱수염, 매니큐어, 색깔안경, 서클렌즈): **2점**
3. 실내화 및 실외화 혼용: **2점**
4. 학생의 품위에 어긋나는 악세사리(귀걸이, 목걸이, 팔지, 반지 등): **2점**
5. 가방 불량(모양, 색상): **2점**
6. 사행성 노름: **3점**
7. 등교시간 지각 및 무단 횡단: **2점** (08시 20분 이후 지각: **3점**)

8. 두발 불량: 길이 위반-**3점**, 염색 및 파마-**3점**, 젤 및 무스-**3점**, 지나치게 화려한 머리핀(끈)-**3점**, 머리 모양-**3점**

9. 화장품 및 만화책(잡지), 불건전 CD 및 테이프 소지, 실내 음식물 반입: **2점**

10. 교내에서 껌, 침, 쓰레기 무단 투척 행위: **3점**

11. 청소 활동(역할 분담 활동) 태만: **2점**

12. 화장 행위 등: **3점**

13. 교복변형: **3점**

14. 휴대폰 사용: **3점**

15. 수업 및 면학 분위기(자기주도학습 포함) 저해: **3점**

16. 월담: **5점**

17. 무단 지각, 조퇴, 결과, 외출: **3점**

18. 무단 결석(가출 제외, 2일 이내): 1일당 **5점**

19. 교사에 대한 불손한 언행: **10점**(학생 선도위원회 회부 가능)

20. 지도카드 작성 시 타 학생의 학번, 이름 도용: **10점**

21 학교비품 고의적 훼손: **10점**(학생 선도위원회 회부 가능)

22. 흡연 및 음주 행위 및 관련물 소지자: **10점**(학생 선도위원회 회부 가능)

제32조(상점 적용)

1. 상점은 벌점과 별도로 누계 한다.

2. 상점이 20점 이상 누적된 경우에는 모범 학생으로 표창하고 그 공적 내용을 홍보한다.

3. 상점이 20점 이상 누적된 학생은 6월, 12월에 학교장의 결정에 따라 벌점을 상쇄시킬 수 있다.

제33조(상점 기준)

1. 환경미화 및 역할 분담제 활동, 분리수거 등 학교 환경 정화를 위한 봉사 활동에 뚜렷하게 기여한 경우: **2점**

2. 학급 및 학교 활동에 모범적으로 활동한 경우: **3점**

3. 습득한 현금이나 물품을 본인에게 돌려주거나 신고한 경우: **4점**

4. 불우한 친구를 돕거나 어려운 일에 희생정신을 발휘한 경우: **6점**

5. 교내 외 각종 행사나 교육 활동에 참가하여 그 공적이 뛰어난 경우: **8점**

6. 학교의 명예와 위상을 현저하게 드높인 경우: **10점**

7. 기타 상점 기준 이외의 것은 각 호에 준하여 상점을 부여한다.

제34조(상점의 부여) 학생에게 상점을 부여하고자 할 때는 상점카드에 상점 사유를 6하 원칙에 따라 간략히 기술하여 학생부에 제출한다.

제35조(상·벌점 관리)

1. 전교 학생들의 상·벌점은 학생부에서 관리하며, 다음 학년도에 이월되어 누계된다.

2. 벌점이 많은 학생들을 위해 동계방학 중 근무조 교사의 지도 아래 푸른 교실을 실시할 수 있다.(1일 최대 8시간 가능)

제36조 (푸른 교실의 운영)

1. 제31조에 해당되는 학생에게 반성의 기회를 제공하고 징계를 경감하기 위하여 교내·외 봉사활동으로 푸른 교실을 운영, 1시간 1점의 점수를 감점 한다.(푸른 교실에서의 봉사활동은 생활기록부의 봉사 활동과는 관계가 없다.)

2. 푸른 교실 실시로 인한 점수 감점은 푸른 교실 확인서를 학생생활지도부에 접수한 날로부터 적용한다.

제37조 (생활지도 우수 학급)

1. 생활지도 우수 학급이란 1개월 무결석, 어느 누구도 징계 처분을 받지 아니한 경우, 벌점 누계가 가장 적은 학급을 종합하여 말한다.

2. 생활지도 우수 학급은 매월 시상하며, 매월 생활지도 우수 학급에 대해서 학급 전원에게 1위 학급에는 3점, 2위 학급에는 2점, 3위 학급에는 1점의 벌점을 경감할 수 있다. 단, 벌점이 없는 학생에게는 2점의 상점을 부과 할 수 있다.

〈부록 4〉 행신고 학생생활규정안 중 학생자치법정 항목

〈제6장 학생 자치 법정〉

제1조(목적)

학생 자치 법정을 통해 학교생활의 기초 질서 확립에 자발적으로 참여하고 민주적 절차에 따라 선도 활동을 함으로써 민주시민으로서 기본 생활 습관 방식을 체득하고, 학교교육의 발전에 공동으로 노력하는 학교 풍토를 조성하고자 한다.

제2조(운영원칙)

학생 자치 법정은 제1조의 목적을 달성하기 위하여 다음 각 호의 원칙에 따라 운영한다.

1. 기존 상벌점제도를 최대한 활용하여 운영한다.
2. 학생 자치 법정은 학생들이 다룰 수 있는 경미한 사안이나 초범에 해당할 경우에만 다루도록 한다.
3. 학생 자치 법정에 회부된 학생들에게 어떤 긍정적 처벌을 내릴 것인가를 사전에 충분히 고려해야 한다.
4. 학생 자치 법정은 매월 1회 운영을 원칙으로 하되 학교 일정을 최대한 고려하여 운영한다.
5. 처벌 위주보다는 선도 위주의 징계 방식을 지향한다.

제3조(회부 대상)

1, 2학년 학생들 중에서 학생 자치 법정 지정일로부터 2주 전 벌점이 25점 이상인 학생을 회부 대상으로 선정한다. 또한 학생 선도위원회 회부사항 중 경미한 내

용에 대해서도 학생 선도위원회 자체 심의를 거쳐 자치 법정에 회부자로 선정할 수 있으며, 이러한 경우에는 구체적인 이유를 명시하여야 한다.(단, 3학년 학생들은 법정 회부 대상자에서 제외되며 벌점 30점 이상자의 경우 학교 선도위원회를 거치지 않고 학교 봉사에 처한다.)

제4조(법정 구성원 조직 및 선발)

학생 자치 법정은 판사, 검사, 변호사, 배심원, 서기, 무장경찰, 실무지원팀으로 구성되며 각 구성원 선정 과정은 각 호와 같다.

1. 판　사: 평소 학교 교칙을 잘 준수하고 모범적인 학교생활에 임하고 있는 학생 중에서 본신청을 통해서 우선 선발하고, 법적 소양 능력 평가 및 담당 교사 추천, 면접의 심층 과정을 통해 3명 이내 에서 선발할 수 있다.

2. 검　사: 선도부에서 학교 교칙 준수, 모범적인 학교 생활, 법적 소양 능력 등을 종합적으로 고려하여 5명 이내에서 선발할 수 있다.

3. 변호인: 과벌점자가 원하는 학생으로 1명을 선임할 수 있으며, 과벌점자가 변호인을 선임할 수 없을 경우를 대비하여 성실하고 모범적인 학생회 임원 중에서 2명 이내의 국선 변호인을 선임하여 운영할 수 있다.

4. 서　기: 성실하고 모범적인 학생회 임원 중에서 2명 이내를 선발할 수 있다.

5. 무장경찰: 성실하고 모범적인 선도부원 중에서 2명 이내를 선발할 수 있다.

6. 배심원: 학생 대의원회, 일반 학생, 교사 추천 학생 중에서 지원 신청을 받아 각각 4명 이내에서 선발할 수 있다. 선발시 학교 교칙 준수, 모범적인 학교 생활, 법적 소양 능력, 담임교사 추천, 심층 면접 등의 과정을 거쳐 공정하게 선발한다.

제5조(법정 구성원 역할)

행신 자치 법정의 구성원 역할은 다음 각 호와 같으며, 이들은 사전 예비교육을 실시하여 법정에 참여토록 한다.

1. 판　사: 지도교사 또는 학생이 담당하며, 전체적인 재판을 진행하고 판결을 선고한다.

2. 검　사: 선도부에서 선출된 학생이 담당하며, 과벌점자 학생의 규칙 위반 사실에 대

해 확인하고 교칙 위반에 따른 처벌의 필요성을 주장 하고 구형을 한다.
3. 변호사: 과벌점자가 원하는 학생으로 선임이 가능하며, 과벌점자의 변론을 담당한다. 학생회에서 국선변호인을 선임하여 필요한 학생들에게 변론을 담당할 수 있다.
4. 배심원: 학생회, 일반 학생, 교사 추천 학생 중에서 배심원을 9명 이내 선정할 수 있으며, 긍정적 처벌의 유형을 참고하여 처벌 수준을 결정한다. 이 경우 검사의 구형 수준을 최대한 고려해서 결정 해야 한다.
5. 서 기: 학생회에서 담당하며, 법정에서의 발언들을 기록하고 증인 선서 및 보조 업무를 수행한다.
6. 무장경찰: 선도부에서 담당하며, 법정의 안전과 질서 유지를 담당하고 재판부 입정과 퇴정을 알리는 역할을 담당한다.
7. 실무지원팀: 선도부와 방송부에서 담당하며, 학생 자치 법정 운영에 필요한 전반적인 홍보 및 지원 업무를 담당한다.

제6조(긍정적 처벌)

과벌점자 학생에 대해서는 학생 자치 법정 결과에 따라서 2개 이내의 다양한 긍정적 처벌 유형을 부과할 수 있다. 자치 법정에서 배심원에 의해 부과된 긍정적 처벌을 정상적으로 완수한 학생에게는 25점의 벌점을 모두 상쇄시켜준다. 단, 긍정적 처벌을 제대로 이행하지 않은 학생에 대해서는 학교 선도위원회에 즉시 회부할 수 있다.

제7조(자치 법정 참여 학생에 대한 보상)

학생 자치 법정에 적극적으로 참여한 학생에 대해서는 다음 각 호에 의해 다양한 보상 유인책을 강구할 수 있다.
1. 참여 구성원 역할에 따른 임명장 수여
2. 학교 생활기록부에 활동 내용 기록
3. 학교 봉사 활동 시간 인정(1회당 2시간 이내)
4. 상점 부여(1회당 3점 이내)
5. 학교 봉사상 추천
6. 관련 교외 기관장 표창 추천

〈부록 5〉의정부 광동고 검사, 변호사 선발 구술면접 질문지

공통질문: 검사(변호사)에 지원하게 된 동기는 무엇인가?

1. 우리나라 국민은 네 명 중 한 명 꼴로 '법을 반드시 지키지 않아도 된다'고 여긴다. 또한 열 명 중 아홉 명은 '법보다 권력이나 돈의 위력이 크다'고 생각한다." 당신은 우리나라 국민의 준법의식이 낮은 이유가 무엇 이라고 생각합니까?

2. 의사들이 실수하면 처벌을 받는 반면 판사들이 실수하면 처벌받지 않는 이유는 무엇인가?

3. 교실에서 '판치기'하는 것에 대해 어떻게 생각하는가?

4. 교실에 침을 뱉는 별로 친하지 않은 친구를 직접 목격하게 되었다. 어떻게 대처할 것인가?

5. 가장 친한 친구가 벌점 과다자로 당신이 검사역을 하는 자치법정에 서게 되었다. 어떻게 대처할 것인가?

6. 무단지각은 벌점 −1점이고, 무단조퇴는 벌점 −2점이다. 왜 그렇다고 생각하는가?

7. 학생 자치법정이 성공하기 위해 가장 중요한 요소는 무엇이라 생각 하는가?

8. 학생 자치법정을 도입하고자 하는 취지와 의미를 간단히 표현한다면?

9. 현재 벌점 −5점 이상이면 무조건 받아야 하는 교내봉사활동에 대한 문제점을 지적한다면?

10. 자치법정에서 검사의 역할에서 가장 중요한 점은 무엇이라 생각 하는가?

11. 자치법정에서 변호사의 역할에서 가장 중요한 점은 무엇이라 생각 하는가?

12. 횡단보도에서 빨간 정지신호에 그냥 지나가는 자동차(보행자)를 보면 어떤 생각이 드는가?

13. 상점 항목에 반드시 필요한 내용이라고 생각되는 것 한 가지만 제안 한다면?

14. 벌점 항목에 반드시 필요한 내용이라고 생각되는 것 한 가지만 제안 한다면?

15. 자치법정에서 배심원의 역할에 대하여 평가한다면?

※ 면접순서
1. 검사(변호사) 후보 입실 → 2. 착석 → 공통질문 → 답변 → 채점 → 선택질문(후보가 번호 지정하면 해당되는 면접관이 그 번호에 해당되는 문제를 질문 → 채점 → 종료

〈부록 6〉 의정부광동고 검사, 변호사 선발 구술면접 채점표

평가항목　　　　　　　　　　　　　　　　면접교사	교 사	교 사	교 사
1. 발음이 정확하고 성량, 속도, 어조가 적절한가?	1,2,3,4,5	1,2,3,4,5	1,2,3,4,5
2. 면접에 임하는 태도가 적극적이고 자신감에 넘치는가?	1,2,3,4,5	1,2,3,4,5	1,2,3,4,5
3. 전체적으로 자유롭게 답하며 차분한 자세를 유지 하는가?	1,2,3,4,5	1,2,3,4,5	1,2,3,4,5
4. 주어진 상황 속에서 가능한 많은 아이디어를 산출 하는가?	1,2,3,4,5	1,2,3,4,5	1,2,3,4,5
5. 문제가 요구하는 바를 정확하게 파악하고, 문제의 핵심과 본질에 초점을 맞추었는가?	1,2,3,4,5	1,2,3,4,5	1,2,3,4,5
6. 자신이 생각하고 있는 삶의 방향이 얼마나 긍정적 인가?	1,2,3,4,5	1,2,3,4,5	1,2,3,4,5
7. 결론에 도달함에 있어서 감정적, 주관적 요소를 배제하고 결정적 증거나 타당한 논의를 근거로 하는가?	1,2,3,4,5	1,2,3,4,5	1,2,3,4,5
8. 자신의 사고하는 관점이 얼마나 일관성이 있는가?	1,2,3,4,5	1,2,3,4,5	1,2,3,4,5

〈부록 7〉 제천고 배심원 메모지

배심원 메모지

항 목		내 용
벌점자	선도부 측 주장	
	변호인 측 주장	
	쟁점 및 내용 정리	

〈부록 8〉

제천고 '상벌점제 운영에 대한 의식 및 태도조사' 설문지(교사용)

상벌점제 운영에 대한 의식 및 태도 조사

제천고 선생님 안녕하십니까?

이 설문은 여러분이 상벌점제에 대해 어떻게 생각하고 어떤 태도를 가지고 계신지를 알아보기 위해 만들어졌습니다.

여러분이 답하신 내용은 앞으로 상벌점제 운영과 개선에 중요한 밑거름이 될 것입니다.

여러분이 응답하신 내용은 상벌점제 운영과 관련한 계획 수립 및 운영 평가에만 활용될 것이며 타인에게 일체 알려지지 않을 것입니다.

문항 하나하나 성실하고 정직하게 응답해주시면 감사하겠습니다.

선생님께 늘 건강과 행운이 함께 하시길 기원합니다.

2006년 11월

제천고등학교 학생복지부장 유승조
자치법정 담당 이승준

다음 해당되는 내용에 V표 해 주세요

1. 성 별

   ① _____ 남   ② _____ 여

2. 교직경력

   ① _____ 5년 미만   ② _____ 6년~10년

③ _____ 11년~20년   ④ _____ 20년 이상

3. 소속부서
    ① _____ 1학년 교무실   ② _____ 2학년 교무실   ③ _____ 3학년 교무실
    ④ _____ 본교무실   ⑤ _____ 정보실

4. 직위: ① _____ 교사   ② _____ 부장교사

Ⅰ. 상점제 운영 실태 - 다음 해당되는 내용에 V표 해 주세요.

1. 상점 부과는 얼마나 자주 하십니까 (일주일 평균)
    ① _____ 부과해 본 적 없다.
    ② _____ 1회
    ③ _____ 2회~3회
    ④ _____ 4회~5회
    ⑤ _____ 6회 이상

* 1번에서 ①번을 택하신 분은 2번으로, ②~⑤번에 응답하신 분은 1-2번과 1-3번 항
  목에 답해 주십시오.

1-2. 상점을 부과하였다면 어떤 경우에 하셨습니까?
      (2개까지 중복해서 응답 하실 수 있습니다.)

* 상점카드 뒷면의 상점항목을 참고해서 작성하시면 됩니다.
    ① _____ 기본 상점 항목
    ② _____ 기타 상점을 부여할 수 있는 항목
    ③ _____ 봉사활동

1-3. 상점을 부과 한다면 주로 어디에서 하십니까?

    ① _____ 선생님들이 계시는 교무실에서

    ② _____ 친구들이 보는 교실에서

    ③ _____ 학생 혼자 불러서

    ④ _____ 현장에서 즉시

    ⑤ _____ 기타(   )

2. 상점부과를 하지 않은 이유는 무엇입니까?

    ① _____ 상점 부과할 만한 학생들이 없어서

    ② _____ 상점 제도가 교육적으로 좋지 않아서

    ③ _____ 상점 부과 과정이 귀찮아 보여서

    ④ _____ 상점 부과 대신 다른 방법으로 칭찬해서

    ⑤ _____ 기타(   )

II. 상점의 인식 – 다음 해당되는 내용에 V표 해 주세요.

1. 상점은 학생 생활지도에 도움이 된다.

    ① _____ 매우 그렇다   ② _____ 그렇다   ③ _____ 보통이다

    ④ _____ 그렇지 않다   ⑤ _____ 전혀 그렇지 않다

2. 상점은 학습지도에 도움이 된다.

    ① _____ 매우 그렇다   ② _____ 그렇다   ③ _____ 보통이다

    ④ _____ 그렇지 않다   ⑤ _____ 전혀 그렇지 않다

3. 상점은 학급경영에 도움이 된다.

    ① _____ 매우 그렇다   ② _____ 그렇다   ③ _____ 보통이다

    ④ _____ 그렇지 않다   ⑤ _____ 전혀 그렇지 않다

4. 현재 상점항목으로는 상점을 부과할 수 없는 경우가 있다.

① _____ 매우 그렇다   ② _____ 그렇다   ③ _____ 보통이다

④ _____ 그렇지 않다   ⑤ _____ 전혀 그렇지 않다

5. 현재 상점 점수를 차등화 할 필요가 있다.

①_____매우 그렇다   ②_____그렇다   ③_____보통이다

④_____그렇지 않다   ⑤_____전혀 그렇지 않다

Ⅲ. 벌점제 운영 실태 – 다음 해당되는 내용에 V표 해 주세요.

1. 벌점 부과는 얼마나 자주 하십니까 (일주일 평균)

①_____부과해 본 적 없다.

②_____1회

③_____2회~3회

④_____4회~5회

⑤_____6회 이상

* 1번에서 ①번을 택하신 분은 2번을 답해주시고, ②~⑤번에 응답하신 분은 1-2번과 1-3번, 1-4번 항목에 답해 주십시오.

1-2. 벌점을 부과하였다면 어떤 경우에 하셨습니까? (2개까지 중복해서 응답 하실 수 있습니다.)

* 벌점카드 뒷면의 상점항목을 참고해서 작성하시면 됩니다.

①_____용의 항목

②_____복장 항목

③_____교내외 준법 항목

④_____수업태도 항목

⑤_____출결 항목

⑥_____교권 항목

1-3. 벌점을 부과 한다면 주로 어디에서 하십니까?
　　① _____ 선생님들이 계시는 교무실에서
　　② _____ 친구들이 보는 교실에서
　　③ _____ 학생 혼자 불러서
　　④ _____ 현장에서 즉시
　　⑤ _____ 기타(　　　　　　　　　　　)

1-4. 벌점을 부과하고도 체벌을 한 적이 있다.
　　① _____ 그렇다　　　　　② _____ 아니다.

2. 벌점부과를 하지 않은 이유는 무엇입니까?
　　① _____ 벌점 부과할 만한 학생들이 없어서
　　② _____ 벌점 제도가 교육적으로 좋지 않아서
　　③ _____ 벌점 부과 과정이 귀찮아 보여서
　　④ _____ 벌점 부과 대신 체벌을 함으로
　　⑤ _____ 기타(　　　　　　　　　　　)

Ⅳ. 벌점의 인식 – 다음 해당되는 내용에 V표 해 주세요.

1. 벌점은 학생 생활지도에 도움이 된다.
　　① _____ 매우 그렇다　　② _____ 그렇다　　③ _____ 보통이다
　　④ _____ 그렇지 않다　　⑤ _____ 전혀 그렇지 않다

2. 벌점은 학습지도에 도움이 된다.
　　① _____ 매우 그렇다　　② _____ 그렇다　　③ _____ 보통이다
　　④ _____ 그렇지 않다　　⑤ _____ 전혀 그렇지 않다

3. 벌점은 학급경영에 도움이 된다.
　　① _____ 매우 그렇다　　② _____ 그렇다　　③ _____ 보통이다

④_____그렇지 않다   ⑤_____전혀 그렇지 않다

4. 현재 벌점항목으로는 벌점을 부과할 수 없는 경우가 있다.
   ①_____매우 그렇다   ②_____그렇다   ③_____보통이다
   ④_____그렇지 않다   ⑤_____전혀 그렇지 않다

5. 현재 벌점 점수를 개선할 필요가 있다.
   ①_____매우 그렇다   ②_____그렇다   ③_____보통이다
   ④_____그렇지 않다   ⑤_____전혀 그렇지 않다

Ⅴ. 체벌 대안으로서의 벌점 부과–해당되는 내용에 V표 해 주세요.

1. 벌점제 실시 이후 체벌이 줄었다고 생각한다.
   ①_____매우 그렇다   ②_____그렇다   ③_____보통이다
   ④_____그렇지 않다   ⑤_____전혀 그렇지 않다

2. 자치법정에 대해 알고 있다.
   ①_____매우 그렇다   ②_____그렇다   ③_____보통이다
   ④ _____그렇지 않다   ⑤_____전혀 그렇지 않다

3. 자치법정에서 내려지는 벌 종류에 대해 알고 있다.
   ①_____매우 그렇다   ②_____그렇다   ③_____보통이다
   ④_____그렇지 않다   ⑤_____전혀 그렇지 않다

* 5번에 ①~③을 답하셨으면 5–1번을 해주시기 바랍니다.

5–1. 자치법정에서 내려지는 벌이 효과가 있다고 생각한다.
   ①_____매우 그렇다   ②_____그렇다   ③_____보통이다
   ④_____그렇지 않다   ⑤_____전혀 그렇지 않다

6. 학생에게 내리는 체벌을 대신할 수 있는 벌로 적당한 것은 무엇이라고 생각 하십니까? (중복해서 세 개까지 답하실 수 있습니다.)

① _____ 재량휴업일 학교에 출석하여 천자문 쓰기(또는 사자성어)

② _____ 교장실에 머물러 있기

③ _____ 시 외우기

④ _____ 독후감 쓰기

⑤ _____ 선생님과 일정시간 상담하기

⑥ _____ 사자성어 쓰기

⑦ _____ 학교 봉사

⑧ _____ 기타 (   )

◆ 응답해 주셔서 감사합니다 ◆

〈부록 9〉 제천고 '상벌점제 및 자치법정 운영에 대한 의식 및 태도조사' 설문지(학생용)

상벌점제 및 자치법정 운영에 대한 의식 및 태도 조사

제천고 학생 여러분 안녕하십니까

이 설문은 여러분이 상벌점제에 대해 어떻게 생각하고 어떤 태도를 가지고 계신지를 알아 보기 위해 만들어졌습니다.

여러분이 답하신 내용은 앞으로 상벌점제 운영과 개선에 중요한 밑거름이 될 것입니다.

여러분이 응답하신 내용은 상벌점제 운영과 관련한 계획 수립 및 운영 평가에만 활용될 것이며 타인에게 일체 알려지지 않을 것입니다.

문항 하나하나 성실하고 정직하게 응답해주시면 감사하겠습니다.

학생 여러분들께 늘 건강과 행운이 함께 하시길 기원합니다.

2006년 12월

제천고등학교 학생복지부장 유승조
자치법정 담당 이승준

다음 해당되는 내용에 V표 해 주세요

1. 학년

　　①_____1학년　　　　②_____2학년

Ⅰ. 상점제 운영 실태 – 다음 해당되는 내용에 V표 해 주세요.

1. 2학기 동안 상점을 몇 회 받아보았습니까?

① _____ 부과해 본 적 없다.

② _____ 1회

③ _____ 2회~3회

④ _____ 4회~5회

⑤ _____ 6회 이상

* 1번에서 ①번을 택하신 분은 2번으로, ②~⑤번에 응답하신 분은 1-2번~1-4번 항목까지만 답해 주십시오.

1-2. 상점을 받아보았다면 어떤 경우에 받았습니까? (2개까지 중복해서 응답하실 수 있습니다.)

* 상점카드 뒷면의 상점항목을 참고해서 작성하시면 됩니다.

① _____ 기본 상점 항목

② _____ 기타 상점을 부여할 수 있는 항목

③ _____ 봉사활동

1-3. 상점은 주로 어디에서 받았습니까?

① _____ 선생님들이 계시는 교무실에서

② _____ 친구들이 보는 교실에서

③ _____ 학생 혼자 불러서

④ _____ 현장에서 즉시

⑤ _____ 기타( )

1-4. 상점을 받고 난 뒤 나타난 생활의 변화가 있습니까?

① _____ 변화 없다

② _____ 의도적으로 행동을 바람직하게 하게 된다

③_____친구들이 놀린다.

④_____벌점이 감해져서 좋다

⑤_____기타(　　　　　　　　　)

2. 상점을 받지 못한 이유는 무엇이라고 생각합니까?

①_____특별히 상점 받을 행동을 한 것이 없어서

②_____상점을 받아야 할 필요성을 못 느껴서

③_____상점 받을 행동을 했는데 선생님이 주지 않으셔서

④_____기타(　　　　　　　　　)

II. 상점의 인식 – 다음 해당되는 내용에 V표 해 주세요.

1. 상점은 학교생활에 도움이 된다.

①_____매우 그렇다　②_____그렇다　③_____보통이다

④_____그렇지 않다　⑤_____전혀 그렇지 않다

2. 상점은 성적 향상에 도움이 된다.

①_____매우 그렇다　②_____그렇다　③_____보통이다

④_____그렇지 않다　⑤_____전혀 그렇지 않다

3. 상점은 교우관계에 도움이 된다.

①_____매우 그렇다　②_____그렇다　③_____보통이다

④_____그렇지 않다　⑤_____전혀 그렇지 않다

4. 현재 상점항목으로는 상점을 부과할 수 없는 경우가 있다.

①_____매우 그렇다　②_____그렇다　③_____보통이다

④_____그렇지 않다　⑤_____전혀 그렇지 않다

5. 현재 상점 점수를 차등화 할 필요가 있다.
　①_____매우 그렇다　　②_____그렇다　　③_____보통이다
　④_____그렇지 않다　　⑤_____전혀 그렇지 않다

Ⅲ. **벌점제 운영 실태**－다음 해당되는 내용에 Ｖ표 해 주세요.

1. 2학기 동안 벌점을 몇 회 받아보았습니까?
　①_____부과해 본 적 없다.
　②_____1회
　③_____2회～3회
　④_____4회～5회
　⑤_____6회 이상

* 1번에서 ①번을 택하신 분은 2번을 답해주시고, ②～⑤번에 응답하신 분은 1－2번～1－4번, 2번 항목에 답해 주십시오.

　1－2. 벌점을 부과 받았다면 주로 어떤 경우에 받았습니까? (벌점이 큰 것을 기준으로 2개까지 중복해서 응답하실 수 있습니다.)

* 벌점카드 뒷면의 상점항목을 참고해서 작성하시면 됩니다.
　①_____용의 항목
　②_____복장 항목
　③_____교내외 준법 항목
　④_____수업태도 항목
　⑤_____출결 항목
　⑥_____교권 항목

　1－3. 벌점을 받았다면 주로 어디에서 받았습니까?
　①_____선생님들이 계시는 교무실에서

②_____친구들이 보는 교실에서

③_____학생 혼자 불러서

④_____현장에서 즉시

⑤_____기타(   )

1-4. 벌점을 받으면서 선생님의 훈계가 함께 있었습니까?

①_____그렇다   ②_____아니다.

1-5 벌점을 받으면서 선생님의 체벌이 함께 있었습니까?

①_____그렇다   ②_____아니다.

1-6 벌점을 받고 난 뒤 나타난 생활의 변화가 있습니까?

①_____변화 없다

②_____의도적으로 행동을 조심하게 된다.

③_____친구들이 놀린다.

④_____억울한 감정이 든다.

⑤_____상점을 받아야겠다고 생각하고 노력한다.

⑥_____기 타(   )

2. 벌점을 부과 받는 학생을 보고 생각나는 바는 무엇입니까?

①_____억울하게 벌점을 받았다고 생각한다.

②_____별 관심 없다.

③_____나라도 행동을 조심해야 겠다고 생각한다.

④_____어떻게 벌점을 받았는지 알아본다.

⑤_____기타(   )

Ⅳ. 벌점의 인식 – 다음 해당되는 내용에 V표 해 주세요.

1. 벌점은 학교생활에 도움이 된다.
   ①_____매우 그렇다   ②_____그렇다   ③_____보통이다
   ④_____그렇지 않다   ⑤_____전혀 그렇지 않다

2. 벌점은 자신의 잘못된 행동을 바로잡는데 도움이 된다.
   ①_____매우 그렇다   ②_____그렇다   ③_____보통이다
   ④_____그렇지 않다   ⑤_____전혀 그렇지 않다

3. 벌점은 교우 관계를 올바르게 하는데 도움이 된다.
   ①_____매우 그렇다   ②_____그렇다   ③_____보통이다
   ④_____그렇지 않다   ⑤_____전혀 그렇지 않다

4. 현재 벌점항목으로는 벌점을 부과할 수 없는 경우가 있다.
   ①_____매우 그렇다   ②_____그렇다   ③_____보통이다
   ④_____그렇지 않다   ⑤_____전혀 그렇지 않다

5. 현재 벌점 점수를 차등화 할 필요가 있다.
   ①_____매우 그렇다   ②_____그렇다   ③_____보통이다
   ④_____그렇지 않다   ⑤_____전혀 그렇지 않다

Ⅴ. 체벌 대안으로서의 벌점 부과 – 해당되는 내용에 V표 해 주세요.

1. 상벌점제 실시 이후 체벌이 줄었다고 생각한다.
   ①_____매우 그렇다   ②_____그렇다   ③_____보통이다
   ④_____그렇지 않다   ⑤_____전혀 그렇지 않다

2. 자치법정제 실시 이후 체벌이 줄었다고 생각한다.

①_____매우 그렇다   ②_____그렇다   ③_____보통이다
④_____그렇지 않다   ⑤_____전혀 그렇지 않다

3. 자치법정에서 내려지는 벌 종류에 대해 알고 있다.

①_____매우 그렇다   ②_____그렇다   ③_____보통이다
④_____그렇지 않다   ⑤_____전혀 그렇지 않다

* 3번에 ①~③을 답하셨으면 3-1번을 해주시기 바랍니다.

3-1. 자치법정에서 내려지는 벌이 효과가 있다고 생각한다.

①_____매우 그렇다   ②_____그렇다   ③_____보통이다
④_____그렇지 않다   ⑤_____전혀 그렇지 않다

4. 학생에게 내리는 체벌을 대신할 수 있는 벌로 적당한 것은 무엇이라고 생각하십니까? (중복해서 세 개까지 답하실 수 있습니다.)

①_____재량휴업일 학교에 출석하여 천자문 쓰기(또는 사자성어)
②_____교장실에 머물러 있기
③_____시 외우기
④__ 독후감 쓰기
⑤_____선생님과 일정시간 상담하기
⑥_____사자성어 쓰기
⑦_____학교 봉사
⑧_____기타 (   )

◆ 응답해 주셔서 감사합니다 ◆

박성혁

서울대학교 교육학 박사
전주교대 교수
현재 서울대학교 사회교육과 교수

곽한영

서울대학교 교육학 박사(법교육 전공)
서울대학교, 이화여자대학교 강사
현재 한국법교육센터 본부장

연구원-김자영(한국법교육센터), 오윤주(한국법교육센터), 남성희(토평고)

학생자치법정의 이론과 실제

- 초판 인쇄   2007년 5월 2일
- 초판 발행   2007년 5월 2일

- 지 은 이   박성혁·곽한영
- 펴 낸 이   채종준
- 펴 낸 곳   한국학술정보㈜
          경기도 파주시 교하읍 문발리 526-2
          파주출판문화정보산업단지
          전화 031) 908-3181(대표) · 팩스 031) 908-3189
          홈페이지 http://www.kstudy.com
          e-mail(출판사업팀사업부) publish@kstudy.com
- 등   록   제일산-115호(2000. 6. 19)
- 가   격   25,000원

ISBN   978-89-534-6843-6 93360 (Paper Book)
          978-89-534-6844-3 98360 (e-Book)